행복을 디자인하는 요가

행복을 디자인하는 요가

사람들은 예외 없이 행복한 삶을 꿈꿉니다. 세계인들이 서로 삶의 질을 따질 때에도, '행복지수'라는 것을 늘 인용합니다. 행복이란 이처럼 동서고금을 막론하고 모든 인간이 추구하는 보편적이고 궁극적인 가치라고 말할 수 있습니다. 그런데 우리 요가계는 어떠한가요? 행복, 요가, 행복을 주는 요가 등등과 같이 행복과 요가를 연결시키기도 하지만, 실제로 행복이라는 것은 결코 요가 담론의 중심으로 들어오지 못하고 있습니다. 요가를 통해 더 행복한 삶을 누릴 수 있다고 강하게 믿고는 있지만, 어떻게 행복해질 수 있으며 어떠한 행복을 얻을 수 있는지 구체적으로 이야기하지 않고 있습니다.

그래서 이제 우리는, 요가가 행복을 이야기해야 한다고 생각합니다. 요가도 인간이 고안한 것이기 때문에 더 행복한 삶을 목표로 삼는 하나의 수단임에 틀림없습니다. 전통적인 모든 요가가 추구하는 목표들도 오늘날의 언어로 재해석한다면 행복 그 자체라고 짐작할 수 있습니다. 현대 요가의 다양한 흐름도 행복이라는 하나의 중심어로 묶을 수 있을 것입니다. 이처럼 우리는 '행복'이라는 만인 공통의 언어를 통해 요가를 다시 이해하고 평가해보려고 합니다. 어쩌면 이러한 시도는 현재 무수히 분화되는 요가가 하나의 접점을 찾아가는 데 실마리를 제공할 수도 있고 불투명한 요가의 미래와 관계하여 건설적인 이야기를 시작하는 데 첫걸음이 될 수도 있을 것입니다.

원광대학교 요가학 연구소 엮음

사람들은 예외 없이 행복한 삶을 꿈꿉니다. 세계인들이 서로 삶의 질을 따질 때에도 '행복지수'라는 것을 늘 인용합니다. 행복이란 이처럼 동서고금을 막론하고 모든 인간이 추구하는 보편적이고 궁극적인 가치라고 말할 수 있습니다. 그런데 우리의 요가계는 어떠합니까? 행복 요가, 행복을 주는 요가 등등과 같이 행복과 요가를 연결시키기도 하지만, 실제로 행복이라는 것은 결코 요가 담론의 중심으로 들어오지 못하고 있습니다. 요가를 통해 더 행복한 삶을 누릴 수 있다고 강하게 믿고는 있지만, 어떠한 행복을 어떻게 얻을 수 있는지 구체적으로 이야기하지 않고 있습니다.

그래서 이제 우리는, 요가가 행복을 이야기해야 한다고 생각합니다. 요가도 인간이 고안한 것이기 때문에 더 행복한 삶을 목표로 삼는 하나의 수단임에 틀림없습니다. 전통적인 모든 요가가 추구하는 목표들도 오늘날의 언어로 재해석한다면 행복 그 자체라고 짐작할 수 있습니다. 현대 요가의 다양한 흐름도 행복이라는 하나의 중심어로 묶을 수 있을 것입니다. 이처럼 우리는 '행복'이라는 만인 공통의 언어를 통해 요가를 다시 이해하고 평가해 보려고 합니다. 어쩌면 이러한 시도는 현재 무수히 분화되는 요가가 하나의 접점을 찾아가는 데 실마리를 제공할 수도 있고 불투명한 요가의 미래와 관계하여 건설적인 이야기를 시작하는 데 첫걸음이 될 수도 있을 것입니다.

이와 같은 취지 아래 이 책은 요가가 어떻게 행복을 디자인할 수 있는지 여러 가지 가능성을 진단하고 있습니다. 요가를 통해 행복에 도달하는 두 가지의 방법론부터 시작하여 요가의 경전들에서 알려지는 행복의 조건과 과정, 요가 수련의 현장에서 행복을 체험하기 위한 시도와 노력, 일상적인 삶 속에서 요가와 함께 더 행복해질 수 있는 방식과 방향에 관해 여러 목소리를 들려주고 있습니다. 요가에 관해 다양한 생각을 가진 저자들이 행복에 관해서도 다양한 담론들을 연출하고 있습니다. 그리하여 이 책은 오늘날 크게 유행하고 있는 요가가 우리의 행복한 삶에 구체적으로 어떤 기여를 할 수 있을지 생각할 거리를 풍부하게 제공하고 있습니다.

이 책은 원광대학교 〈요가학 연구소〉의 두 번째 기획 도서입니다. 〈요가학 연구소〉는 생소한 요가학을 하나의 학문으로 정립하고 복잡한 요가 담론을 인문학의 영역으로 선도하고 다양한 요가 수행을 유기적으로 조화시키기 위해 항상 노력을 기울이고 있습니다. 또 하나의 기획 도서가 출간되는 데 아낌없이 지원해 주신 박광수 소장님께 고마운 마음을 전합니다. 그리고 다소 파편적인 원고들을 주제별로 묶도록 조언을 해주시고 업계의 불황기에 출간을 감행해 주신 여래의 정창진 사장님께도 고마운 마음을 전합니다. 모쪼록 이 책이 국내 요가계에 상큼한 자극제가 되고 묵직한 자양분이 되기를 기원합니다.

2016년 10월

박효엽 합장

| 차례 |

제1부

행복을 디자인하기 위한 요가의 방법론

행복 추구와 그 역설에 관한 단상(임승택)

요가, 행복을 향한 행복한 여정(김형준)

행복 추구와 그 역설에 관한 단상

임승택(경북대 철학과 교수)

행복 담론의 갈래들

인간은 누구나 행복을 추구한다. 행복이라는 단어는 삶의 목적이라든가 꿈, 미래의 희망 등을 이야기할 때마다 예외 없이 머릿속에 떠오르곤 한다. 우리는 행복 성취의 꿈을 품고서 서로에게 펼쳐질 장밋빛 미래를 상상하곤 한다. 아마 불행을 추구하는 사람은 없을 것이다. 설령 불행을 좇는 것처럼 보이는 경우가 있다고 하더라도 불행 자체가 진정한 목적은 아닐 것이다. 지독히 불우한 환경에 놓이게 되더라도 마음은 늘 그 너머의 행복을 향해 있을 것이다. 인간이 행위하고 소망하는 대부분은 행복 성취라는 방향성을 벗어나지 않을 것이다. 인간이라는 존재에게 행복이란 포기할 수 없는 것이며, 궁극의 무엇처럼 여겨지는 것이기도 하다.

위키백과에서는 행복에 대해 "욕구와 욕망이 충족되어 만족하거나 즐거움을 느끼는 상태, 불안감을 느끼지 않고 안심해 하거나 또는 희망을 그리는 상태에서의 좋은 감정으로 심리적인 상태 및 이성적 경지를 의미한다"라는 방식으로 설명한다.[1] 이 설명은 행복에 대한 일반적인 관념을 대변한다고 할 수 있다. 그렇다면 어떻게 해서 욕구와 욕망을 충족하고 즐거움을 느끼는 상태를 얻을 수 있을까. 먼저 부나 명예, 권력, 학력과 같은 객관적이고 외향적 요인들을 떠올릴 수 있다. 그러나 아무리 외향적인 요인들이 충족되더라도 불행한 사람이 적지 않다. 사실 육체적인 건강과 경제적인 여유를 갖추었다고 하더라도 행복의 정도가 거기에 비례해서 반드시 높아지는 것은 아니다.[2] 행복에 관한 논의가 복잡해질 수밖에 없는 이유가 여기에 있다. 과연 무엇이 행복인지에 대해서는 저마다 생각이 다르다.

행복이란 개인이 갖는 가치에 따라 전혀 다른 방향으로 추구될 수 있다. 궁핍한 이들에게 물질적인 풍요로움은 우선적으로 고려될 수밖에 없다. 사실 당장 배고픈 사람에게 정신적인 행복은 큰 의미를 지니기 힘들다. 그러나 일정 정도 생활수준이 갖추어지면 물질적인 여건은 덜 중요한 것으로 물러나게 된다. 육체적인 쾌락만이 아니라 정신적인 쾌락에 대해서도 각성이 일어나기 시작한다. 역사적으로 살펴볼 때 정신적인 쾌락을 강조했던 대표적인 사례로는 에피쿠로스Epicurus를 꼽을 수 있다. 그가 생각했던 쾌락으

---

1) https://ko.wikipedia.org/wiki/%ED%96%89%EB%B3%B5
2) 홍병선(2011), pp. 100~102.

로서의 행복은 현재에 만족한 즐거운 상태로서, 육체적으로 즐거울지라도 마음이 기쁘지 않으면 얻을 수 없는 것이었다.[3] 그는 이 기적이고 저급한 쾌락의 탐닉이 가져오는 부작용에 대해서도 인식하고 있었다. 따라서 에피쿠로스가 추구했던 이상적인 행복은 금욕적이고 이타적인 색채마저 띠었다.[4]

한편 그보다 약간 후대에 등장한 스토아학파(Stoicism)는 금욕주의적 행복 담론의 전형을 보여주었다. 그들은 감각적 욕망에서 비롯되는 무지와 탐욕 그리고 그것에 흔들릴 수밖에 없는 유약함이 인간을 불행하게 만든다고 보았다. 따라서 행복해지기 위해서는 불행에 빠지게 되는 근본 원인을 분명히 인식하고서 흔들리지 않는 이성으로 욕망의 절제를 위한 훈련을 해야 한다고 생각했다. 여기에서 절제와 평정, 초연함과 엄격함 등으로 특징지어지는 스토아학파 고유의 완고한 행동 강령이 등장하게 된다. 그들은 이것의 실천이야말로 현자가 되는 길이자 행복에 이르는 길이라고 보았다. 이 점에서 스토아학파는 행복의 추구라기보다는 불행을 극복하는 데 더 많은 관심과 노력을 기울였다고 할 수 있다. 그들의 행복 담론은 쾌락의 추구를 원동력으로 하였던 에피쿠로스와 대척점을 이루는 것으로 간주된다.

스토아학파는 스스로 통제할 수 있는 생각과 의지 그리고 미래에 대한 태도를 통해서만 진정한 행복을 찾을 수 있다고 보았다. 스스로 행복하다고 느끼는 사람은 아무리 불우한 환경에 놓이더라

---

3) 이상형(2013), p.109.
4) 김상봉(2004), p.148.

도 여전히 행복한 사람일 수 있다. 바로 그와 같은 능력은 모든 사람이 동등하게 소유하고 있으며 결코 불운이 훔쳐갈 수 없다. 스토아학파는 이 생각을 타인과의 관계 문제로까지 확장해 나갔다. 그들은 타인에 대한 관심과 배려의 정신을 강조하면서 도덕적 감정을 지녀야만 한다고 주장했다. 도덕적 감정에 따르는 행위는 내면의 욕망을 다스리고 타인과의 관계를 원만한 방향으로 이끌 수 있다. 이것은 결국 자기 자신의 행복을 증가시켜 준다. 그러나 스토아학파가 지향했던 행복은 기본적으로 자기 보존 본능에 바탕을 둔 것이었다는 점에서 재고의 여지를 남긴다.[5]

　행복에 관한 논의에서 가장 큰 영향력을 지닌 인물은 아리스토텔레스Aristotle일 것이다. 그는 행복의 본질을 드러내기 위해 다른 존재와 구별되는 인간의 본성과 기능에 대해 탐구했다. 그에 따르면 식물이나 동물과 공유하는 부분을 빼고 남은 인간만의 고유한 기능이자 본질은 이성적 정신 혹은 영혼이다. 그리고 이성적 요소에 부합하는 정신의 활동성이야말로 인간이 도달할 수 있는 최고의 선, 즉 '좋음'이다. 그는 바로 이것을 행복으로 규정했다.[6] 또한 그는 인간은 사회적인 존재이며, 행복한 삶이란 개인적인 차원을 넘어 공동체 속에서 이루어진다고 덧붙였다. 따라서 행복이란 사회적 존재로서의 인간이 행위를 통해 도달할 수 있는 최고의 선인 동시에 지속적인 정신의 활동성이어야 한다. 그는 이것을 구비한 이상적 삶을 관조적인 삶에서 찾았다. 사색하고 관조하는 삶을 실

---

5) 윤병운(1996), pp.124~125.
6) 김양현(1999), pp.167 이하.

현해 나가는 것이야말로 최고의 행복이다.

아리스토텔레스에 의해 행복이란 무엇을 얻거나 소유하고 있는 '상태'가 아니라는 인식이 비로소 분명해졌다고 할 수 있다. 부를 소유한 상태도, 권력을 소유한 상태도, 건강한 상태도 행복의 외적 조건이 될 수 있을지언정 그 자체로는 행복이 아니다. 행복이란 인간 고유의 능력이 탁월하게 발휘되는 '활동성'이며, 그러한 탁월한 행위는 자체적으로 즐거운 것이고 선하고 고귀하다. '탁월함에 따른 정신적 활동'으로서의 행복은 불우한 환경에 놓이게 되더라도 그것을 넘어설 수 있도록 해준다. 바로 이것이야말로 다른 어떤 것과도 바꿀 수 없는 지고의 것이다. 이 점에서 행복이란 다른 것에 의존하지 않는 자족적인 것이며, 그 자체로서 삶을 이끄는 구심점이 될 수 있다. 의학에서는 건강이, 건축에서는 집이 본래적인 목적이 되는 것과 마찬가지로 행복은 다른 무엇을 성취하기 위해서가 아니라 그 자체로 추구해야 할 목적이 된다.[7]

고귀한 성품을 지닌 사람은 비록 운이 따르지 않고 큰 불행을 당하게 될지라도 오히려 그 속에서 빛을 발한다. 행복한 사람은 자신에게 주어진 환경을 잘 이용하는 사람이며 자신의 삶의 의미를 충족하는 사람이다. 이처럼 행복을 인간 행위의 최고 원칙으로 삼는 아리스토텔레스의 윤리학을 행복주의 윤리학이라고 부른다. 그런데 칸트Kant는 이것에 대해 비판적 태고를 견지한다.[8] 그에 따르면 한 사람을 자신의 이익에 밝은 영리한 존재로 이끄는 것과 덕

---

7) 박병준(2015), pp.15 이하.
8) 김양현(1999), pp.175 이하.

스럽게 살아가도록 가르치는 것은 전혀 다른 문제이다. 이 지적은 정신의 활동성과 도덕적인 삶의 일치를 전제로 하는 아리스토텔레스의 행복주의 윤리학이 지닌 맹점을 예리하게 간파한 것이라고 할 수 있다. 이와 같은 관점에서 칸트는 행복의 원리와 도덕의 원리는 다르며, 도덕적 의무의 실현을 위해서는 행복의 유보가 요구될 수도 있다는 사실을 강조하였다.

칸트는 행복의 추구 자체를 부정하지도 않았고, 행복과 도덕을 정면에서 대립시킨 것도 아니었다. 그는 다만 행복의 추구로 인해 도덕성이 훼손되는 것을 경계했을 뿐이며, 행복이 보편적인 실천법칙으로서의 도덕법의 근거가 될 수 없다는 사실만을 짚고자 하였다. 이와 같은 칸트의 비판은 충분한 설득력을 지닌다고 할 수 있으며, 특히 행복 담론의 철학사적 흐름에 관련하여 애초에 의도하지 않았던 의외의 파급 효과를 가져왔다는 점에서 주목할 만하다. 행복이 도덕의 전제가 아니라면 행복이란 도덕과 별개로 추구될 수 있다는 것이다. 이러한 생각은 행복한 삶이 반드시 도덕적이어야 할 이유가 없다는 점을 각성시키는 계기가 되었다. 이렇게 해서 행복 담론은 도덕이라는 무거운 짐을 홀로 떠맡아야 하는 부담감을 벗어나게 된다.

행복에 관한 최근의 담론은 철학이라는 울타리를 뛰어넘는다. 행복의 기원을 진화생물학적으로 탐색해 들어간 한 연구에 따르면 행복이란 진화의 산물에 불과하다.[9] 다른 동물과 마찬가지로 인간은 진화를 거듭해 왔고, 생존과 번식에 유리한 방식으로 스스로를

---

9) 서은국(2014), pp.15 이하.

업그레이드해 왔다. 행복이란 생존과 번식을 위해 요구되는 적절한 상태이며 그 자체로는 삶의 최종 목적이 될 수 없다. 인간은 행복하기 위해 사는 것이 아니라 살기 위해 행복감을 느끼도록 설계되었다. 과학적 방법론을 바탕으로 하는 이러한 통찰은 철학에 뿌리를 둔 전통적인 행복 담론에 대해 의문을 제기한다. 생존과 번식이라는 본질적인 측면을 외면한 행복 담론이란 비과학적이고 자의적인 생각에 불과한 것이 아닌가.

진화생물학적 행복 담론은 인간의 모든 특성이 생존을 위해 최적화된 도구이며 행복 또한 마찬가지라는 사실을 설득력 있게 드러낸다. 이러한 논리는 먹고 마시고 노는 것과 같은 자연스러운 욕구의 충족이야말로 행복의 진솔한 모습일 수 있다는 결론으로 나아간다. 이러한 행복관은 그간의 철학적 행복 담론이 삶의 진실을 왜곡했을 뿐만 아니라 아무런 역할도 하지 못했다는 생각을 부추긴다. 그러나 진화생물학적 행복관은 우리에게 이미 친숙한 통속적 쾌락주의와 사실상 달라 보이지 않는다. 그들의 행복 담론은 스스로가 비판하는 철학적 행복 담론이 인류의 생존과 번영에 완전히 무용했다는 사실을 객관적으로 입증해 내지 못하는 한 완결적일 수 없다. 인간은 여전히 동물적 존재이지만 도덕적 감정을 지닌 사회적 존재이기도 하다. 또한 그간의 철학적 행복 담론 자체를 인간의 진화 과정과 굳이 별개로 취급해야 할 이유도 없어 보인다.

오늘날의 행복 담론을 주도하는 또 하나의 흐름이 긍정심리학이다.[10] 이것을 이끈 셀리그만Martin Seligman은 H=S+C+V라는 행복

---

10) 권석만(2010), pp.326~379.

공식을 제안하면서, 영속적인 행복의 수준(H, Happiness)은 설정된 행복의 범위(S, Set Range)와 삶의 상황(C, Circumstance), 그리고 개인이 자발적으로 통제할 수 있는 요소들(V, Voluntary)을 더한 값이라고 주장한다.[11] 설정된 행복의 범위는 유전적인 특성과 같이 행복에 필요한 선천적 요소인 반면, 삶의 상황은 돈, 결혼, 사회생활, 나이, 건강 등과 같은 후천적 측면을 망라한다. 한편 자발적으로 통제할 수 있는 요소들은 과거에 대한 만족도, 미래에 대한 낙관주의, 현재의 행복감 등 자신이 스스로 생각하고 평가·판단하는 요소이다. 설정된 행복의 범위는 변하지 않는 상수이지만 삶의 상황이라는 외적인 환경은 어느 정도 변화시킬 수 있다. 반면 자발적으로 통제할 수 있는 요소들은 마음먹기에 따라 얼마든지 변화시킬 수 있다. 행복해지기 위해서는 바로 이 부분을 집중적으로 변화시켜야 한다.

긍정심리학에서는 행복 공식에 따라 단점을 고치는 데 치중하기보다는 장점과 미덕을 파악하고 계발하는 데 주력한다. 행복한 삶은 자신의 대표 강점(signature strength)을 발휘하면서 지식과 선을 촉진시키고 행복을 만들어 나가는 것이다. 우리는 객관적이고 과학적인 방법을 통해 자신의 탁월한 특성들을 찾아낼 수 있고, 또한 긍정적인 감정들을 키우기 위한 기법들을 고안해 낼 수 있다. 이러한 노력이야말로 전반적인 행복의 수준을 끌어올릴 수 있다. 긍정심리학은 출범 직후부터 즉각적인 호응을 얻었고 급속히 세계적인 파급력을 지니게 되었다. 행복 지수로 제시되는 긍정심리학의 성과는 심리학이나 심리상담, 코칭 등에 광범위하게 적용되고 있으

---

11) 이진남(2015), p.95.

며, 표준화된 안녕감이라는 개념은 정치·경제적 정책들을 구상하고 입안하는 데까지 활용되고 있다.

그러나 긍정심리학에 대해서는 그 파급력만큼이나 우려의 시선도 많다. 삶 전체를 외면하고 긍정적 측면에만 매달리게 만든다는 것이다. 이것은 착각 혹은 최면의 상태를 조장할 수 있으며, 바로 이것이 국가적 시책이나 사회 정책에까지 영향을 미치게 되면 국가나 사회 전체의 균형과 안정에 심각한 위협이 될 수 있다. 인간의 삶에서 긍정과 부정은 유기적 연관성을 지니며 각각은 나름의 역할을 수행한다.[12] 인공적으로 조장된 행복은 불가피한 과정으로서의 불행에 인위적인 행복감을 덮어씌우는 것일 수 있다. 이것은 반전의 동기를 상실한 무덤덤한 안락의 늪에 빠뜨리는 결과를 초래한다. 최근의 긍정심리학은 스스로의 행복 개념이 유쾌한 기분에만 초점을 모으며 삶의 만족도를 지나치게 강조했다는 비판과 함께 웰빙wellbeing 이론으로 방향을 선회한다.[13] 그러나 웰빙 이론 역시 긍정과 부정이라는 이분법적 구도를 전제로 한다는 점에서 삶의 현실을 온전히 반영하지 못한다는 비판에서 자유롭지 못하다. 인공 행복에 대한 우려는 긍정심리학에서 그치는 것이 아니다. 유감스럽게도 명상·요가·기도 등을 치료에 접목시킨 심신의학(mind-body medicine)에 대해서도 차가운 시선이 이어지고 있다.[14]

---

12) 권수영(2012), pp.388~391.
13) 이진남(2015), pp.97 이하.
14) 로널드 W. 드워킨(2014), pp.125~130.

긍정성의 과잉과 피로사회

독일에서 활동 중인 한국 출신의 철학자 한병철에 따르면 오늘날 우리 사회는 긍정성에 대한 강조로 특징지어진다.[15] 긍정성은 거의 모든 삶의 지평에서 급속하게 부정성을 해체해 가고 있다. 긍정사회는 어떠한 부정적인 감정도 허용하려 하지 않는다. 긍정사회의 일반화된 판정 형식은 '좋아요'이다. 이것은 인간의 영혼마저 완전히 새롭게 조직화하려는 움직임을 보이고 있다. 긍정화의 흐름 속에서 모든 사물은 매끈하게 다듬어지고 평탄해 진다. 이제 우리는 부정성 혹은 이질성의 실종이라는 새로운 병리적 상태에 직면하게 되었다. 변이를 통해 들어오는 암세포처럼 긍정성의 과잉은 끝없는 증식의 비대화를 일으키고 있다. 이것은 결국 사회 구성원 모두를 내부로부터 소진시키는 피로사회로 이끈다.

정신의 특별한 능력은 자신에 대한 부정을, 부정성의 고통을 감내해 낼 수 있다는 데 있다. 정신은 타자를 대면할 때 깨어나며, 타자의 부정성과 마주함으로써 스스로의 생명력을 발하게 된다. 자기 자신의 벽을 넘어서지 못하는 사람, 자기 속에 틀어박혀 있는 사람은 건강한 정신을 가지지 못한다. 타자에 의한 부정성이 완전히 차단된 진공 상태에서의 긍정성은 우리를 생동감이 없는 죽은 존재로 만들고 만다. 가다머Hans-Georg Gadamer가 언급했듯이 삶의 고유한 영역은 돌이킬 수 없는 치명적인 고통에 노출되었을 때라

---

15) 한병철(2012).

야 비로소 시작될 수 있다.[16] 부정성이 없고 고통이 사라진 상태에서는 생생한 삶의 경험이 불가능하게 된다.

한병철에 따르면 긍정성의 과잉은 자아를 새로운 궁지로 몰아간다. 금지와 강제의 철폐, 억압의 해체, 타자에 대한 관용의 확대는 개인의 무한한 자유를 보장하는 것처럼 보인다. 그러나 과다 긍정성은 괴로움과 고통을 대하는 법, 그러한 감정을 형식에 담는 법을 망각하도록 만든다. 21세기 초의 병리학적 상황을 지배하고 있는 우울증, 주의력결핍과잉행동장애, 경계성성격장애, 소진증후군 등은 모두 긍정성의 과잉으로 인한 질병이다.[17] 긍정성의 폭력은 적대성을 전제로 하지 않는 까닭에 눈에 잘 띄지 않는다. 이것은 부정이 없는 동질적인 공간, 적과 동지, 내부와 외부, 자아와 타자의 양극화가 일어나지 않는 공간에서 고개를 쳐든다.

긍정의 힘만 있게 되면 무엇인가를 수동적으로 지각하고 반응하는 수준에서만 맴돌게 된다. 이것은 밀려드는 자극과 충동에 무기력하게 내맡겨진 처지에 다름이 아니다. 무언가를 실행에 옮기는 힘만 기계적인 방식으로 작동하게 되고 그것을 멈출 수 있는 부정의 힘은 상실된다. 이렇게 양육된 수동적 존재들은 아무런 저항 없이 자본과 커뮤니케이션과 정보의 흐름에 순응하게 된다. 그 결과로서 나타나는 과잉 가동, 과잉 생산, 과잉 커뮤니케이션은 개개인의 삶 전체를 치명적인 활동 과잉과 피곤으로 내몬다. 긍정성의 과잉으로 인한 자기 착취는 자유라는 착각을 동반하기 때문에

---

16) 한스-게오르그 가다머(2005).
17) 한병철(2012), pp.11 이하.

타자에 의한 착취보다 훨씬 더 효과적이고 능률적인 것이 된다. 성과의 주체는 완전히 타버릴 때까지 스스로를 착취하며, 거기에서 생겨나는 자학성은 드물지 않게 자살로까지 연결된다.[18]

부정의 힘은 현실의 흐름을 멈추게 할 수 있는 힘을 지닌다. 반면에 긍정의 힘에 지배된 상태에서는 돌이켜 생각하는 것이 불가능해지고 오로지 계속해서 한 방향으로 생각해 나가는 것만이 허용된다. 무언가를 할 수 있는 힘만 있고 하지 않을 힘이 없는 상태에서는 활동의 과잉에 빠지게 되는 것이 불가피하다. 또한 무언가를 생각할 힘밖에 없고 멈출 수 있는 능력이 없다면 사유는 아무런 결론도 내리지 못한 채 무한한 대상들 속으로 흩어지고 말 것이다. 이러한 상황에 대한 대처법으로서 동양 전통의 참선參禪은 주목할 만하다.[19] 참선은 자신에게 들이닥쳐 오는 것에서 스스로를 해방함으로써 무위의 부정성, 즉 공空에 도달하려 한다. 이것은 매우 능동적인 과정으로 긍정성에 순응하는 것과는 본질적으로 다르다. 참선은 자기 안에서 어떤 주권적인 지점에 도달하기 위한 연습, 중심이 되고자 하는 연습이다.

그러나 긍정성의 강제는 사회 전체에 걸쳐 구조적인 차원에서 진행되고 있다. 신자유주의는 삶의 모든 영역에서 시장적 가치를 강요한다. 거대 자본을 소유한 극소수의 대기업이 전체 시장을 장악해 나가는 와중에 경쟁력이 약한 개인과 소규모 기업들은 도태되고 있다. 이제는 국가 간의 장벽도 보호벽이 되어주지 못한다.

---

18) 한병철(2012), pp.102 이하.
19) 한병철(2012), pp.53 이하.

어떠한 움직임이든 시장적 가치로 환산될 수 있으며 다국적 거대 자본의 감시와 지배의 손아귀를 벗어나지 못한다. 대다수 사람들은 이러한 흐름에 편입될 수 있을 뿐 거부하거나 부정할 자유는 지니지 못하며, 심지어는 자발적으로 편입해 들어가지 못해 안달하는 모습을 내보일 뿐이다. 이제 거대 자본의 폭주를 제지하거나 저항할 만한 장치란 존재하지 않는다. 전통적인 관습이나 가치마저도 상품으로 포장되고 있으며, 경쟁력 강화를 명분으로 감각적인 쾌락 충족의 수단이 되어가고 있다. 유감스럽게도 참선, 요가, 템플스테이 등도 이러한 운명에서 자유로워 보이지 않는다.

한병철에 따르면 신자유주의적 경제 주체들은 행동을 함께 할 수 있는 '우리'를 형성하지 못한다.[20] 사회가 원자화되고 자기중심주의가 강화됨에 따라 함께 행동할 수 있는 여지는 급속히 축소된다. 이제 거대 자본에 의한 세계 질서를 위협할 어떤 반대 세력의 형성도 어려워지고 말았다. 이처럼 사회가 원자화되고 사회성이 마모된 상황에서 남는 것은 몸에 대한 관심의 증가이다.[21] 개별화된 자아의 건강 가치와 전시 가치는 이상적 가치를 상실하고 난후의 빈 공간을 채운다. 무슨 수를 써서라도 보존해야 할 것은 오직 자아의 몸밖에 없다는 생각이 지배적이게 된다. 벌거벗은 생명은 모든 목표 의식을 말끔히 지워버린 채 '좋아요'만을 중얼거리면서 이곳저곳을 떠돈다. 헬스·요가·성형 등과 같은 외모 관리 산업의 호황이 이러한 사회 분위기와 무관하지 않다. 먹고 마시는

---

20) 한병철(2013), p.134.
21) 한병철(2012), pp.113 이하.

것, 음식에 대한 폭증하는 관심도 마찬가지이다. 여기에는 무조건 긍정적이어야 하고 어떻게든 건강하고 재미있고 좋아야만 하는 목적성을 상실한 자아의 어두운 그림자가 드리워져 있다.

몸body의 중요성과 '나쁜 것'[22]

우리는 흔히 정서나 감정이 바른 인식을 가로막는 장애가 될 수 있다고 생각한다. 정서 혹은 감정은 몸(body)으로부터 기인한 것이고, 바른 인식은 마음(mind)의 작용에 의한 것으로 서로는 구분된다고 여긴다. 사실 이와 같은 생각은 그간의 서양철학사를 주도해 왔다고 할 수 있다. 예컨대 플라톤Platon은 몸에 대해 마음의 작용을 방해하는 요인으로서 간주한다. 그는 싸움이나 전쟁 등의 비극이 다름 아닌 몸과 몸으로 인한 욕망으로부터 발생한다고 보았다.[23] 또한 그에 따르면 탐욕이라든가 분노 혹은 느낌 따위의 정서적 요인들은 직접적인 몸의 욕구로부터 비롯되어 순수 정신에 악영향을 미친다. 따라서 플라톤은 몸에 이끌리거나 몸의 본성으로부터 영향을 받는 일이 없도록 하라고 권장하였다.

몸을 정신精神, 혹은 이성理性과 구분하려는 사고의 이면에는 경험적 차원을 넘어선 절대적이고 순수한 존재에 대한 믿음이 자리한다. 순수정신이 주재하는 이데아의 세계라든가 연장되지 않는

---

22) 이 글의 제3장 '몸의 중요성(body)과 나쁜 것'은 필자가 기존에 발표했던 논문을 발췌한 것이다. 임승택(2014).
23) 플라톤(2003), p.66.

존재로서의 데카르트적(Cartesian) '마음'을 대표적 사례로 꼽을 수 있다. 이러한 신념 아래 이성은 세계에 대한 인식의 문제에서부터 행위를 이끌어 가는 실천의 측면에 이르기까지 항상 독보적인 위치를 차지해 왔다. 그러나 최근 대두되기 시작한 몸에 대한 새로운 관심은 그간의 전통에 대해 근본적인 반성과 변화를 불러일으키고 있다. 이성은 더 이상 몸으로부터 독립된 실재로 간주되지 않으며, 두뇌와 몸 그리고 신체적 경험의 본성에서 유래하는 것이라는 주장이 설득력을 얻어가고 있다. 이성에 대한 관점의 변화는 인간 자신에 관한 이해의 잣대가 달라짐을 의미한다. 몸에 대한 경험적·과학적 연구의 축적은 인간의 합리성이 그간의 철학적 전통에서 주장해 온 것과 다르다는 사실을 충격적으로 보여주고 있다.

몸 담론을 선도하는 체험주의(experientialism)에 따르면 이성은 동물에게도 동일한 방식으로 존재하는 지각적·근육운동적 추론에 근거한다.[24] 따라서 이성은 인간과 동물을 구분 짓게 하는 것이 아니라 오히려 서로를 연속선상에 배치시킨다. 이성이란 몸에 의해 형성되는 것이며 마음은 본유적으로 신체화된(embodied) 것이다. 이점에서 이성은 초월적이지도 않고 선험적이지도 않으며 다만 경험적 차원에서 공유되는 능력으로서의 의미만을 지닌다. 모든 인간에게서 정확히 일치하는 방식으로 존재한다고 주장되어 온 이성이란 상상에 불과한 것으로 밝혀지고 말았다. 요컨대 데카르트적 이원론에 부합하는 정신이란 존재하지 않는다는 사실이 명백해졌다. 더 이상 몸으로부터 분리된 채 마음을 이끌어 가는 순수한 이성이

---

24) G. 레이코프.M. 존슨 지음(2002), p.46 이하.

란 존재하지 않는다.

체험주의가 의존하는 인지과학의 증거들은 마음이 독립적 실체가 아니라 신체적 활동의 정교한 확장이라는 사실을 확인시켜 준다. 체험주의는 인지과학의 성과를 바탕으로 객관주의와 상대주의 모두를 거부한 채 자신들만의 고유한 관점을 드러낸다. 몸을 도외시한 이론들은 순수정신으로서의 주체와 그것에 의해 인식되는 대상 사이의 메울 수 없는 존재론적 간격을 조장해 왔다. 일단 주체와 대상의 분리가 일어나면 객관성이 사물 그 자체에 의해 확보된다거나 혹은 모든 사람이 공유하는 상호 주관적 의식구조에 의해 주어진다는 생각을 품게 된다. 그러나 사물 그 자체로 존재하면서 서술화와 범주화를 포함하는 대상이란 존재하지 않는다. 한편 상호 주관성이 사회적 또는 공동체적 합의만을 의미하는 것이라면 그러한 상호 주관성은 이 세계와의 접촉을 고려하지 않은 것이 된다. 요컨대 객관성이든 상호 주관성이든 생생한 삶의 현실을 반영하지 못한다는 사실이 분명해졌다.

체험주의는 철학적 개념들이 구체화하는 과정을 소위 '개념적 은유 이론'으로 설명한다. 인간의 경험은 신체적 · 물리적 층위에서 현저한 공공성(commonality)을 드러내며, 점차 정신적 · 추상적 층위로 확장되면서 증가하는 다양한 변이들을 제약하는 역할을 담당한다.[25] 신체적 경험을 통해 발생하는 영상도식(image schema)은 은유적 사상(mapping)을 통해 추상적 층위의 경험으로 확장되어 나간다. 진리 · 이성 · 주체 · 자유 따위의 개념들은 물론 시대별로 나타난

---

25) 노양진(2013), p.9.

철학적 이론들 역시 바로 이와 같은 과정을 통해 구체화된 결과물에 지나지 않는다.[26] 이들 각종의 철학적 이론 체계에 대해서는 중심적인 은유에 대한 분석을 통해 해명해 들어가는 것이 가능하다. 이러한 방식으로 체험주의는 서양철학사 전체를 자신들의 입장에서 새롭게 해석해 들어간다.

체험주의는 인지적 무의식이 사고와 행위에 결정적인 영향을 미친다는 사실을 강조한다.[27] 이것에 따르면 우리는 우리 자신의 사고와 행위에 대해서마저 확실한 지식에 이를 수 없다. 생각이나 행동이 무의식에 지배된다는 의미가 되기 때문이다. 그러한 마당에 타인의 사고와 행위에 대해 확실한 지식에 도달할 수 없다는 것은 더욱 분명하다. 결국 사변적인 방식으로 인식의 확실성에 도달할 수 있을 것이라는 가정 자체가 인지적으로 그릇된 것이 되고 만다. 따라서 체험주의에서는 확실성의 탐구로 특징지어지는 인식론적 기획이 적어도 인지적으로는 무망한 기획이라고 단언한다. 체험주의에서는 종래의 철학적 전통에 대한 스스로의 지적 도전을 인지적 전환(Cognitive Turn)으로 부르며, 이것이야말로 철학사에 기록될 결정적 전환이 될 것이라고 예상한다.

체험주의에 따르면 추상적 층위에서 구성되는 개념이나 이론은 본성상 결코 객관적이거나 절대적일 수 없다. 지적 영역에서든 도덕적 영역에서든 절대성을 자임하는 모든 이론적 개념들은 그 자체로 허구이다. 초월적이든 선험적이든 해체론적이든 모든 철학

---

26) G. 레이코프.M. 존슨 지음(2002), p.506 이하.
27) 노양진(2013), p.42.

이론은 은유적인 경로를 따라 구성되며, 그 은유적 체계 안에서만 나름의 정합성을 유지한다.[28] 이것에 대한 확인은 정신의 선험성에 대한 믿음을 포기하도록 만든다. 이러한 방식으로 정신성에 대한 그릇된 믿음이 사라지게 되면 그 귀결로서 몸에 대한 관심으로 다시 돌아가게 된다. 체험주의에서는 바로 이것을 인지의 발생과 연관된 몸의 우선성에 연관시킨다.[29] 모든 정신적 활동은 몸과 몸의 활동을 중심으로 형성되는 신체적 층위의 경험으로부터 확장되어 나온 것에 다름이 아니다.

노양진은 체험주의의 이러한 입장을 도덕의 문제로까지 확대시킨다. 그에 따르면 절대주의적 사고가 추구해 왔던 그간의 도덕적 객관성은 경험적 사실이라기보다는 철학적 열망의 산물에 불과하다.[30] 그것은 철학자들의 바람과 희망을 대변할 뿐 현실과는 무관하다. 절대주의적 도덕 이론의 핵심 과제는 최고선의 근거를 밝히는 일이었으며, 그것은 언제나 경험적 영역을 넘어서야만 얻어질 수 있는 것으로 여겨졌다. 따라서 절대주의 도덕 이론은 초월이나 선험에 의지하는 사변의 길을 걷게 되었고, 그들이 도달한 최고선은 현실에서 획득 가능한 것이 아닌 피안彼岸의 영역에 자리하게 되었다. 그러나 지난 역사를 통해 드러났듯이 최고선은 단일한 방식으로 표현되지 않았으며, 서로는 극단적인 충돌의 양상을 보여 왔다. 인류 역사상 대규모로 자행되었던 박해와 핍박에는 최고선에 대한 추구가 변함없는 이유로 자리하고 있었다.

---

28) 노양진(2013), p.42 인용.
29) 노양진(2013), p.196.
30) 노양진(2007), p.338.

노양진은 이러한 문제점에 착안하여 도덕적인 것의 본성을 규명해 들어간다.[31] 그에 따르면 전통적인 절대주의적 윤리학은 '좋은 것' 혹은 최고선을 통해 규범적 강제성의 근거를 확립하려는 시도에서부터 그 실패가 예고된 것이었다. 최고선을 앞세운 도덕 이론들은 인간을 도덕적으로 만드는 데 기여하기보다는 오히려 특정한 권력을 옹호함으로써 인간을 억압하고 소외시키는 도구로 변질되고 말았다. 노양진은 이것을 단지 시대적인 우연의 산물로 보지 않는다. 최고선을 내세우는 이론들은 본질적으로 경험적 세계를 넘어서려는 경향을 지닌다. 이것은 사변적 이론이 본성적으로 안고 있는 위험성에 해당한다. 사변적 이론이 도달한 최고선은 현재 '주어진 것'이라기보다는 앞으로 얻기를 '원하는 것'이다. 바로 그것이 실제 세계에 대한 해명을 자처하고 나설 때 그것에 부합하지 않는 실제 세계의 다른 일부는 억압되거나 소외될 수밖에 없다.

이러한 반성을 통해 노양진은 '나쁜 것'의 윤리학으로 관심의 방향을 돌려야 한다고 촉구한다. 초월적인 사변의 길을 포기하게 되면 당면한 현실이 남게 되고, 현실에서 마주하는 괴로움에 자연스레 눈 뜰 수밖에 없다. 이 점에서 도덕적 탐구의 키워드는 '좋은 것'이 아닌 '나쁜 것'이어야 하고, '나쁜 것'을 어떻게 대처하느냐의 문제야말로 도덕의 온당한 출발점이 되어야 한다. 그 중에서도 특히 '타인에 대한 해악'은 도덕적 규범이 강제성을 띨 수 있는 근거가 되며, '나쁜 것'의 윤리학이 포기할 수 없는 마지노선에 해당한다. 바로 이것은 사변적인 방식으로 논증되어야 할 문제가 아니

---

31) 노양진(2013), p.150.

라 몸(body)을 가진 유기체로서의 인간이라면 누구나 공유할 수 있는 경험의 공공성의 문제이다.[32] 무엇이 '좋은 것'인가에 대해서는 의견을 모으기 힘들지만 무엇이 '나쁜 것'인가에 대해서는 어렵지 않게 일치된 의견을 도출해 낼 수 있기 때문이다.

괴로움 혹은 '나쁜 것'의 재인식

'나쁜 것'의 윤리학은 서양철학사 전반을 비판의 대상으로 삼는다. 그런데 이것은 동양 문명의 주축을 이루었던 붓다Buddha의 가르침에 비추어 볼 때 그다지 낯설지 않다. 붓다는 머릿속 이상을 실현하기 위해 현실을 희생시키지 않았다. 그는 당면한 현실로서 마주하는 괴로움으로부터 모든 문제 해결의 실마리를 찾았다. 그가 제시하는 사성제四聖諦는 괴로움이라는 거룩한 진리 즉 고성제苦聖諦로부터 시작된다. 또한 그는 사성제의 실현을 몸과 마음에 대한 지속적인 관찰로 구성되는 사념처四念處의 실천과 연계시킨다. 사념처의 원리인 마음지킴(念, sati)과 알아차림(知, sampajañña)은 현재 순간의 몸과 느낌에 대해 깨어있도록 해준다. 이것은 스스로가 괴로움에 노출되어 있다는 사실 즉 '나쁜 것'에 대한 자각을 일차적인 과제로 한다.

괴로움에 대한 바른 인식이 전제될 때 비로소 괴로움의 원인(集聖諦)이 규명될 수 있다. 나아가 괴로움이 제거된 상태(滅聖諦)에 대

---

32) 노양진(2013), p.154.

한 전망과 함께, 괴로움을 완전히 뿌리 뽑기 위한 완성된 바른 실천(道聖諦)으로 옮겨갈 수 있다. 이러한 방식으로 붓다는 괴로움이라는 '나쁜 것'을 교리와 실천 수행의 출발점으로 삼고서 점진적인 실천 과정으로 나아간다. 초기불교의 궁극 목적에 해당하는 열반(涅槃, nibbāna) 또한 유사한 방식으로 묘사된다. 예컨대 "갈애의 소멸이 열반이다"라든가,[33] "갈애를 버리는 것이 열반이다" 등으로 묘사되는 경구가 그것이다.[34] 열반이란 보통 '갈애'라는 '나쁜 것'의 부정으로 묘사된다. 붓다의 가르침은 교리와 실천 수행, 나아가 궁극의 목적에 이르기까지 절대주의적 최고선의 방식이 아닌 '나쁜 것'의 윤리학에서 볼 수 있는 그것과 유사한 특징을 보인다.

또한 붓다는 "몸으로 최상의 진리를 실현한다(kāyena paramasaccaṁ sacchikaroti.)"라는 언급으로써 몸의 중요성을 일깨운다.[35] 몸은 당면해 있는 괴로움 혹은 '나쁜 것'이 무엇인지를 자각하게 하는 바로미터이다. 따라서 사념처의 실천은 몸에 대한 관찰(身念處)로부터 시작된다. 몸은 무엇보다도 직접적인 현실 자체이다. 인간은 목숨이 붙어 있는 한 육체적인 움직임을 멈추지 않는다. 붓다는 바로 그것을 마음지킴과 알아차림의 대상으로 삼으라고 가르친다. 몸에 대한 알아차림은 자연스럽게 내면의 현상들에 대한 알아차림으로 확장된다. 느낌에 대한 알아차림(受念處), 마음에 대한 알아차림(心念處), 법에 대한 알아차림(法念處)이 그것이다. 이러한 방식으로 붓다는 안팎의 모든 현상에 대해 깨어 있는 삶을 살아나갈 것을 가르

---

33) SN. III, p.190.
34) SN. I, p.39.
35) MN. II, p.173.

쳤다.

드문 경우이지만 궁극의 목적인 열반은 행복하고 신비로운 초월적 상태로 그려지기도 한다. "열반에 대해 행복이라고 관찰하면서 머문다"라는 경구가 그것이다.[36] 따라서 불교학 전공자들 사이에서도 행복한 상태로서의 열반(Nirvāṇa as a happy state)과 부정적 개념으로서의 열반(Nirvāṇa as a negative conception)이라는 상반된 이해가 존재한다.[37] 예컨대 요한슨Johansson은 전자의 입장에서 열반에 대해 신비적이고 초경험적인 미분화된 의식 상태(nondifferentiated state of consciousness)로 규정한다.[38] 한편 후자를 지지하는 칼루파하나Kalupahana는 열반의 성취란 어떠한 초경험적 인식도 필요로 하지 않으며, 열반에 대한 묘사 역시 욕망이라든가 분노의 소멸과 같은 부정적 방식에 제한되어야 한다고 강조한다.[39] 그는 멸진정滅盡定과 같은 고원한 삼매 체험 역시 갈애와 같은 부정적인 것의 소멸과 연관되는 한에서만 의미를 지닐 수 있다고 덧붙인다.

사실 열반에 대해 축복이 넘치는 초월적 세계라는 관념을 갖게 되는 순간 절대주의적 최고선이 야기했던 동일한 방식의 부작용을 예상하지 않을 수 없다. 그러한 이해는 자칫 열반의 경지를 특정한 체험의 상태에 한정시키고, 거기에 속하지 않은 다른 상태를 억압하거나 소외시키는 결과를 초래할 수 있다. "열반이란 도대체 무엇인가? 탐냄의 소멸, 성냄의 소멸, 어리석음의 소멸, 바로 그것

---

36) AN. IV, p.14.
37) 임승택(2008), pp.68~75.
38) Rune E. A.(1969).
39) David J.(1976), pp.69~89.

이 열반이다"라는 유명한 경구는 그러한 문제점을 미연에 방지한다고 할 수 있다.[40] 특히 이 설명은 열반이 '나쁜 것'의 윤리학에서 마지노선으로 내세우는 '타인에 대한 해악'과 밀접한 상관관계에 있음을 드러낸다는 점에서 더욱 주목된다. 탐냄이라든가 성냄 따위는 내면의 상태이지만 반드시 타인과의 관계 속에서만 부각되는 특징을 지닌다. 혼자서 살아간다면 탐냄이라든가 성냄 따위가 문제시되지 않는다. 모든 유형의 타인에 대한 해악에는 탐냄과 성냄과 어리석음이 전제된다고 보아야 한다. 사념처의 세 번째 단계인 마음에 대한 알아차림(心念處)이 바로 이 부분의 실천에 초점을 모은다.

붓다는 "욕심 따위는 몸이나 말로써 버릴 수 있는 것이 아니며 지혜로써 관찰하고 관찰하여 버려야만 한다"라고 말한다.[41] 또한 "지혜로써 보고 나면 번뇌가 완전히 소멸한다"라거나,[42] "지혜로써 바르게 닦인 마음은 모든 번뇌로부터 바르게 해탈한다"라고 언급한다.[43] 이러한 방식으로 붓다는 있는 그대로(yathabhūtaṁ)의 몸과 마음을 통찰함으로써 탐냄도 성냄도 불필요하다는 것을 체득하도록 하였다. 몸(身)·느낌(受)·마음(心)·법法으로 확대되는 사념처의 통찰은 모든 경험 내용에 대해 무상함(無常, anicca)과 실체 없음(無我, anatta)을 일깨워 그들의 영향으로부터 벗어날 수 있도록 이끈다. 이것은 탐냄과 성냄 따위에 붙잡힌 상태, 즉 타인에 대한 해악을 근

---

40) SN. IV, p.251.
41) AN. V, p.39.
42) MN. I, p.160.
43) MN. II, p.81.

원에서부터 해소시킨다고 할 수 있다. 사념처를 통한 이상적 경지로서의 열반이란 탐냄과 성냄 따위의 '나쁜 것'에 유혹되지 않고 동요 없이 살아가는 능력으로 이해된다.

초기불교와 경쟁 관계에 있었던 고전 요가(Classical Yoga)에서는 고유의 이원론적二元論的 형이상학 체계를 내세웠다. 물질계에 해당하는 프라크리티prakṛti와 정신적 실체인 푸루샤puruṣa가 그 골자를 이룬다. 따라서 고전 요가는 일체의 형이상학적 담론에 냉소적이었던 초기불교와 다른 길을 걸었다고 할 수 있다. 그러나 고전 요가 또한 괴로움으로부터 벗어나는 것을 실천 수행의 목표로 삼았으며, 고유의 형이상학 역시 그것의 실현을 위한 방편으로서의 의미를 지녔다. 이 점에서 초기불교와 고전 요가의 목적이 완전히 달랐던 것은 아니다. 고전 요가에서는 물질계의 프라크리티에 매몰된 상태를 자각하도록 유도하여, 바로 그것이 자신의 참된 모습이 아니라는 사실을 일깨우는 데 주력했다. 고전 요가의 실천론에서 각별한 의미를 지니는 식별지(識別知, viveka-khyātir)란 프라크리티와 푸루샤가 근원적으로 다르다는 사실을 인식하는 것을 말한다. 이러한 깨달음과 더불어 순수한 정신적 주체이자 관찰자로서의 푸루샤가 본연의 모습을 드러내게 된다.

고전 요가에 따르면 스스로의 정체성을 프라크리티의 물질계와 동일시하는 것은 무지無知이다. 바로 이 무지야말로 자기 자신을 괴로움의 상태에 빠뜨리는 원인이 된다. 업력(業力, karmavaśa)은 무지의 상태를 조장하여 지속적인 윤회(輪廻, saṃsāra)의 굴레에 빠뜨린다. 괴로움으로 점철된 윤회를 벗어나는 유일한 방법은 물질계 너

머의 푸루샤만이 참된 자아라는 사실을 식별하는 것이다. 바로 이
것이 고전 요가에서 제시하는 해탈의 길이다. 이렇게 얻어지는 해
탈의 경지는 푸루샤의 독존(獨存, kaivalya)으로 달리 표현되기도 한
다. 그런데 푸루샤의 독존이란 푸루샤 자체에 대한 추구를 통해 이
루어지는 것이 아니라는 사실에 유념할 필요가 있다. 이것은 오직
물질계의 프라크리티가 참된 자아가 아니라는 사실을 간파하여 식
별해 냄으로써 가능해진다. 즉 프라크리티에 매몰된 상태에 대한
부정의 형식을 취한다. 식별지란 괴로움의 현실에 매몰되지 않는
지적 능력이며, 푸루샤의 독존이란 그와 같은 '나쁜 것'에 물들지
않는 경지라고 풀이할 수 있다.[44]

　고전 요가에서는 팔지칙(八支勅, aṣṭāṅga)이라는 일련의 실천적 과
정을 제시한다. 팔지칙은 윤리적·신체적·심리적 수행을 망라하
는 여덟 단계로 구성되며, 그 중에서도 특히 세 번째의 아사나(坐法,
āsana)는 요가 수행의 특징적인 단면을 드러낸다. 다양한 육체적 포
즈들로 구성되는 아사나는 몸에 대한 적극적인 통제와 조절을 포
함한다. 오늘날 아사나는 요가의 상징으로 여겨지기도 하며, 심지
어는 요가의 모든 것으로 오인되는 경우마저 없지 않다. 그러나 원
래의 아사나는 육체와 정신의 조화로운 실천을 위한 과정에 해당
한다. 아사나는 육체적인 조절을 통해 업력을 정화해주며, 궁극적
으로는 식별지가 발현될 수 있는 여건을 조성시킨다. 바로 이것이

---

44) 다음의 경구는 이러한 내용을 집약한다. "무지가 사라짐으로써 [현상계와의]
　동일시 또한 사라진다. 이것이 [괴로움의] 그침이며 보는 자의 독존이다. 그침을
　얻는 방법은 동요 없는 식별지이다.(tad-abhāvāt saṃyoga-abhāvo hānaṃ tad-dṛśeḥ
　kaivalyam. viveka-khyātir-aviplavā hāna-upāyaḥ.)" YS. II. 25~26.

아사나의 본래적 의의이다. 유감스럽게도 신자유주의 시대의 아사나는 이윤 창출을 위한 상품의 일종으로 변질되어 가는 느낌이 없지 않다. 상품화된 요가는 '좋은 것'에 대한 추구만을 조장하여 프라크리티의 물질계에 더욱 깊숙이 매몰되도록 만드는 결과를 초래할 수 있다. 그러나 고전 요가의 원래 목적은 '좋은 것'과 '나쁜 것'이 뒤엉켜 있는 물질계의 속박 자체로부터 벗어나 해탈과 자유로 나아가게 하는 데 있다. '좋은 것', '좋은 느낌', '좋은 몸매' 따위가 요가에 대한 관심을 불러일으킨다는 사실을 굳이 부정적으로 바라볼 필요는 없을 듯하다. 그러나 이들에 대한 지나친 집착과 탐닉이 요가의 본래 목적을 망각하게 할 수도 있다는 사실에 유념할 필요가 있다.

인지적 탈융합Cognitive Defusion과 식별지viveka-khyātir

초기불교와 고전 요가는 괴로움으로부터의 벗어남을 궁극 목적으로 한다. 괴로움으로부터의 벗어남이라는 방식은 적극적인 행복 추구의 방식과 다소 거리가 있다. 그러나 이것은 즐거움 혹은 행복 자체에 대한 부정을 의미하지 않는다는 사실에 주목해야 한다. 예컨대 붓다는 스스로에 대해 즐거움을 누리며 살아가는 사람이라고 밝힌다. "세상에서 즐거움을 누리는 사람들이 있다면 나는 그들 중 한 사람이다(ye ca pana loke sukhaṃ senti, ahaṃ tesaṃ aññataro ti.)"라는 경구가 그것을 말해준다.[45] 이 점을 고려할 때 괴로움으로부터의 벗어남이라는 것 또한 즐거움과 행복을 추구하는 하나의 방식에 속한다고 할 수 있다. 그렇지만 괴로움으로부터의 벗어남이라는 부정적이고 소극적인 방식과 즐거움의 추구라는 긍정적이고 적극적인 접근법 사이에는 간과할 수 없는 차이점이 존재한다. 바로 이 부분을 명확히 할 때 초기불교와 고전 요가의 실천적 특성에 대해 더욱 분명한 이해를 도모할 수 있을 것이다.

긍정적인 방식의 행복 추구에 대해서부터 살펴보자. 이것이 지니는 장점은 무엇보다도 가시적인 목표가 무엇인지를 용이하게 드러낼 수 있다는 점이다. 또한 이 방식은 즐거움이나 행복의 성취에 필요한 행동 지침과 강령을 구체적으로 모색하게 해줄 수 있다. 그러나 앞에서 살펴보았듯이 이와 같은 태도는 자칫 특정한 방향과 형식을 강요하게 될 위험성이 있다. 스스로의 눈높이를 넘어서는 다른 방안들에 대해서는 배타성을 조장하기 쉽다. 특정한 형태의 '좋은 것'에 집착하게 만들고, 그 이외의 가능성에 대해서는 억압과 폭력을 휘두르게 될 가능성이 언제든 상존해 있다. 지난 역사를 통해 드러났던 절대주의적 최고선의 추구와 그것이 불러왔던 갖가지 폐해는 이러한 위험성이 밖으로 표출된 사례에 해당한다고 할 수 있다.

그렇다면 괴로움으로부터의 벗어남이라는 부정적인 방식은 어떠한가. 이것은 '나쁜 것'의 거부 혹은 부정이라는 모습으로 드러난다. 따라서 이 방식은 당장 무엇을 어떻게 해야 한다는 건설적인

---

45) AN. I. 136.

대안을 제시하기는 어렵다. 자칫 '대안 없는 비판' 혹은 '비판을 위한 비판'으로 비추어질 위험성마저 없지 않다. 그러나 이 방식은 절대주의적 최고선의 추구를 단념하게 하는 대신 피해야 할 '나쁜 것'에 대해서는 민감하면서도 단호하게 반응하도록 해 줄 수 있다. 특정한 방향과 형식을 강요하지 않는 까닭에 열린 태도로 '좋은 것'과 '나쁜 것' 모두에 대해 깨어있도록 해 줄 수 있다. '좋은 것'과 '나쁜 것'에 일희일비하지 않는 여유와 안목을 갖게 하는 동시에 그들 모두를 초탈한 고양된 의식을 일깨울 수 있다. 초기불교와 고전 요가에서 괴로움으로부터의 벗어남을 내세웠던 데에는 바로 이 부분에 대한 인식이 전제되어 있었다고 보아야 한다.

인지행동치료(Cognitive Behavior Therapy)의 한 동향으로서 수용전념치료(Acceptance & Commitment Therapy)가 있다.[46] 이것의 주된 치료 기법은 인지적 탈융합(Cognitive Defusion)이다.[47] 인지적 탈융합은 '좋은 것' 혹은 '나쁜 것'을 내용으로 하는 생각의 과정에는 개입하지 않는다. 이 기법은 다만 생각의 과정에 깨어있도록 함으로써 생각이나 감정에 융합된 상태로부터 이탈시키는 전략을 취한다. 즉 생각 속에서 보는 것이 아니라 그러한 생각의 흐름 자체를 보도록 유도한다. 예컨대 "나는 그것이 괴로워!"라고 생각하는 것과 "나는 그것이 괴롭다는 생각을 하고 있다"라고 알아차리는 것은 다르며,

---

46) 한국에 소개된 수용-전념치료(Acceptance & Commitment Therapy) 관련 문헌들로는 다음이 있다. 문현미 옮김(Steven C. Hayes 등 지음), 『마음에서 빠져나와 삶 속으로 들어가라』, 서울: 학지사, 2010; 고진하 옮김(Steven C. Hayes 등 지음), 『알아차림과 수용』, 서울: 명상상담연구원, 2010.
47) 문현미(2010), p.169.

전자보다 후자가 훨씬 괴로움을 덜 유발한다.[48] 인지적 탈융합은 괴로움으로부터의 벗어남이라는 부정적이고 소극적인 방식에 친화적이다. 이것은 적극적으로 행복 추구에 나설 것을 강요하지 않는다. 그러나 과학적으로 입증된 탁월한 효능으로 행복의 증진에 실질적인 도움이 되는 것으로 보고되고 있다.[49]

수용전념치료의 인지적 탈융합 기법은 사념처(四念處, cattāro-sati-paṭṭhānā) 명상과 주요 맥락을 같이한다.[50] 수세기에 걸쳐 동양에서 전해 내려온 명상 기법을 주요 기반으로 하며, 특히 사념처란 몸(身)·느낌(受)·마음(心)·법法 등의 4가지 대상을 지속적으로 알아차리는 것(pajānāti)을 주요 내용으로 한다.[51] 예컨대 몸(身)에 관련하여 "'[숨을] 길게 마신다'라고 알아차린다"라든가, "'[숨을] 짧게 내쉰다'라고 알아차린다"라는 표현이 그것이며, 느낌(受)에 관해서는 "'즐거운 느낌을 느낀다'고 알아차린다"라는 언급이 그것이다. 이것은 내면의 정서를 포함하는 마음(心)과 심리현상으로서의 법法에 대해서도 동일한 방식으로 적용된다. 사념처의 실천은 경험하는 일체의 현상에 대해 관찰자로 남아있을 수 있는 능력을 길러준다. 여기에 숙달되면 경험하는 현상들과 융합되어 살아온 기존의 삶의 패턴으로부터 벗어나게 되고, 자아라는 관념에서 자유로운 해탈의 경지를 누리게 된다. 사념처는 적극적인 행복 추구의 방식과는 거리가 있지만, 해탈(解脫, vimutti)이라는 궁극의 행복 실현을 최종 목

---

48) 문현미(2010), p.170.
49) Ruth A. Baer 편저(2009), pp.413~430; Christopher K. Germer, p.21.
50) 문현미(2010), pp.29~30.
51) DN. II, pp.290~315.

적으로 한다.

사념처든 인지적 탈융합 기법이든 '좋은 것' 혹은 '나쁜 것'을 문제 삼지 않는다는 사실에 주목할 필요가 있다. 이들은 좋거나 나쁜 것에 대한 생각이나 신념에 얽매인 상태로부터 벗어나게 하는 데 주력할 뿐이다. 생각의 내용이나 과정은 간섭이나 통제의 대상이 되어서는 안 되며, 오히려 그러한 간섭이나 통제야말로 바람직하지 못한 상태에 얽혀들게 만드는 원인이 된다. 이와 같은 통찰은 현재의 순간에 대한 접촉을 증대시키고 맥락으로서의 자기(self as context)에 대한 이해를 심화시킨다.[52] 보거나 들은 것 혹은 느끼거나 의식한 것 따위는 인위적으로 변화시켜야 할 대상이 아니며 다만 알아차려야 할 내용에 불과하다. 그렇게 할 때 모든 경험 내용은 저절로 변화하는 것으로 드러나고, 또한 바로 그것을 자기 자신과 일치시킬 필요가 없다는 사실을 알게 된다. 바로 이것이 초기불교의 모든 교리를 집약하는 무상無常과 무아無我의 진리이다. 무아의 체험은 자기 자신의 정체성으로 간주해 왔던 일체의 것이 가변적이며, 단지 스쳐가는 관찰 대상에 불과하다는 자각을 가져온다. 이렇게 해서 옳음에 대한 편집증적 추구의 귀결로서 도출되는 절대주의적 사고방식으로부터의 탈출구가 마련된다.

한편 고전 요가의 형이상학에 따르면 물질계(prakṛti) 안에서 얻어지는 자아란 진정한 자아가 아니다. 오히려 그것은 물질계 너머의 참된 자아인 푸르샤puruṣa를 인식하지 못하도록 가로막는 장애의 역할을 할 뿐이다. 갖가지 경험적 내용들에 뒤섞여 형성되는 거

---

52) DN. II, pp.290~315.

짓된 자아 관념에 붙들리게 되면 스스로를 물질계 안에 갇힌 존재로 착각하게 된다. 바로 이것이 스스로를 프라크리티의 물질계와 동일시하는 무지(無知, avidyā)이다.[53] 무지에 처한 상태에서 드러나는 거짓된 자아는 수용-전념치료에서 언급하는 개념화된 자기(conceptualized self)에 빗댈 수 있다.[54] 개념화된 자기는 스스로를 고립되고 고착화된 존재로 규정하고서 특정한 폐쇄적인 방식으로 사고와 행위를 강제한다. 항상 정해진 틀대로만 행동해 나갈 것을 강제하기 때문에 스스로를 괴로움의 악순환으로부터 벗어나지 못하게 만드는 원인이 된다. 건강하지 못한 상태, 예컨대 불안이라든가 우울, 혹은 스트레스 따위에는 이러한 개념화된 자기가 도사리고 있다고 보아야 한다.

수용-전념치료에서는 이러한 건강하지 못한 상태에 대한 타개책으로 지속적인 자기 자각(ongoing self-awareness)을 제시한다.[55] 지속적인 자기 자각이란 사념처에서처럼 현재 순간에 경험하는 내용을 계속해서 비평가적으로 알아차리는 것을 말한다. 이것은 개념화되고 고착화된 자아가 거짓이라는 사실을 식별하게 해준다. 고전 요가의 식별지(viveka-khyātir)야말로 이러한 역할을 수행하는 특화된 지혜라고 할 수 있다. 식별지의 발현은 물질계(prakṛti)에 예속된 거짓 자아와 그것을 넘어선 초월적 자아인 푸루샤(puruṣa)와 다르다는 사실을 일깨운다. 식별지를 통해 드러나는 푸루샤는 일체의 경험 영역을 벗어나며 지속적인 자각의 과정으로만 존재한다. 이것은 경

---

53) YS, II-5.
54) 문현미(2010), p.212.
55) 문현미(2010), p.217.

험되는 일체의 사건과 구분되는 자기로서 순수한 체험의 영역에서만 존재한다. 수용-전념치료에서는 이러한 자기를 괴로움으로부터 벗어난 이상적 모델로 간주하면서 '관찰하는 자기(observing self)'로 묘사한다.[56] '관찰하는 자기'란 관찰되는 내용에 기초한 자기가 아니므로 언어적으로 기술할 수 없다. 이것은 다만 그때그때의 맥락에 따라 초월적 자아(transcendental self), 영적 자아(spiritual self), 비사물적 자아(無我, no-thing self) 등으로 달리 일컬어질 수 있을 뿐이다.[57] 푸루샤야말로 바로 이 경우에 부합하는 이상적 개념일 것이다.

---

56) 문현미(2010), p.219.
57) 문현미(2010), p.219.

요가, 행복을 향한 행복한 여정

김형준(건국대, 원광대 강사)

들어가는 말

우리는 누구나 행복을 꿈꾸며 행복하기를 원한다. 그런 관점에서 본다면 행복은 삶의 궁극 목표이다. 그렇기 때문에 미국의 독립선언문에 보면 '행복의 추구는 인간의 양보할 수 없는 (혹은 빼앗을 수 없는) 권리'[1]라고 규정한다. 요가를 포함한 인도 사상 전체가 해탈을 목표로 삼는다는 말 역시 따지고 보면 행복의 추구에 대한 또 다른 표현일 뿐이다. 그렇다면 왜 우리는 행복을 추구하는가? 그 이유는 매우 단순하고도 명쾌하다. 우리는 우리가 생각하는 만큼 행복하지 못하기 때문이다. 왜 우리는 우리가 생각만큼 행복하지 못할까? 그것은 우리가 생각하는 것이 지나치거나 잘못되어서

---

1) Georg Feurstein(2003), p.101.

일까? 아니면 또 다른 이유가 있어서 일까? 우리의 생각과 행복은 왜 일치하지 않을까? 우리가 생각하는 만큼 행복이 크지 않기 때문에, 아니면 행복을 잘못 생각해서, 그도 아니라면 혹시 행복이라는 것이 실상은 존재하지 않는데도 억지로 그것을 꿈꾸기 때문에 그런 것은 아닐까? 어떤 이는 절망의 구렁텅이에 빠져서 어디에도 희망과 행복은 없다고 느낀 적도 있지 않은가? 이와는 다르게 과연 우리가 추구하는 것이 진정으로 행복일까? 그것보다는 만족감, 성취감, 즐거움 등의 물질적이거나 심적인 포만감등이 아닐까? 일반적인 관점에서 본다면 우리는 행복보다는 만족한 느낌, 무엇인가를 이루거나 획득했다는 성취감들을 이루려는 것을 목표로 삼고 있는 것은 아닐까? 아니 그렇다면 그러한 감정을 넘어선 행복이라는 것이 달리 존재한다는 것인가? 그렇다면 행복은 무엇인가?

동서양을 막론하고 우리의 삶에 있어서 행복에 대한 추구는 누구도 부인할 수 없는 공통된 목표이다. 그렇기에 행복이 무엇이며 그것은 어떻게 얻을 수 있는지에 대한 다양한 대답이 주어져 있다. 다양한 민족과 국가뿐만 아니라 다양한 개인에 따라 서로 다르게 정의되고 있는 행복에 대해 그렇다면, 그에 대한 다양한 견해들 가운데, 인도는 어떤 관점을 취하고 있을까? 예로부터 인도는 물질적 행복보다 정신적 또는 영원의 행복을 추구해 왔다고 주장한다. 그렇기에 그런 영적 전통은 오늘날 우리들이 인도를 바라볼 때 가장 먼저 고려해야할 특징으로 간주한다. 물질적 가난 너머 영원한 정신적 행복을 꿈꾸는 인도에 대한 우리의 판단에는 긍정과 부정이 공존한다. 그럼에도 불구하고 인도에 대한 우리의 관심은 언제나 물질적인 부분보다는 정신적이고 영적인 부분으로 향한다. 이러한 관점을 토대로 이제부터 우리는 인도 특히나 그 중에서도 요가적 관점에서 행복은 어떻게 규명되고 그것을 향해 어떤 여정을 시작하였는지를 알아보고자 한다.

일시적 행복

"일반적으로 우리가 행복하다고 말할 때 그것은 무엇, 즉 대상에 대한 행복이다."[2] 다시 말해서 행복은 재물이나 명예, 건강 등과 같은 외적 대상들이 충족되었을 때 느끼는 내적인 만족감처럼 반드시 특정 대상과 연관하여 나타난다는 것이다. 여기서 일차적으로 생각할 수 있는 행복의 대상은 물질적인 것이다. 그렇다면 물질적 대상은 우리에게 과연 행복을 보장하는가? 『브리하다란야카-우파니샤드』Bṛhadāraṇyaka-Upaniṣad에서 야갸발키야Yājñavalkya는 가정생활기를 떠나 숲 속으로 은둔하기 위하여 부인인 마이트레위Maitreyī와 카트야야니Kātyāyanī에게 전 재산을 물려주려 한다. 그러자 마이트레위가 만일 재산으로 가득한 이 모든 땅이 그녀의 것이 된다면 그것을 통해서 불사를 얻을 수 있는지를 묻는다. 야갸발키야는 그것은 물질이 풍족한 사람들의 삶이 될 뿐 재산으로 불사를 얻을 수 없다고 대답한다.[3] 이 말은 물질적인 삶은 생활의 풍족함을 보

---

2) Georg Feurstein(1998), p.76.
3) *Bṛahadāraṇyaka Upaniṣad*, II. 4.1~3 참조.

장할 수 있어도 그 자체가 우리가 추구하는 행복은 아니라는 의미이다. 여기서 주의할 점은 물질적인 풍요로움이 그 자체로 잘못된 것은 아니라는 사실이다. 그것은 우리에게 현실적인 안정감을 주면서 삶을 어느 정도 즐겁게 영위할 수 있는 수단이기도 하다. 그럼에도 불구하고 그것이 문제가 되는 것은 물질 자체가 행복의 필수 조건이 되지 못한다는 사실에 있다. 물질적 풍요로움은 만족과 동시에 불안감을 동반하기도 한다. 행여나 그것을 잃어버리지는 않을까? 누군가 나의 것을 시기하거나 탐내면서 노리지는 않을까? 이러한 불안감은 곧바로 심적인 동요를 야기하면서 우리를 힘들게 만든다.

행복의 대상으로서의 물질이 문제되는 것은 물질의 본질이 영원하지 못하다는 것이다. 다시 말해서 물질은 생겨나고 사라지는 유한한 것일 뿐이다. 물질의 유한한 속성은 끝없이 우리를 괴롭힌다. 재물과 같은 물질적 대상은 그것을 얻으면 기뻐하고 없어지면 슬퍼한다. 그보다 더욱 안타까운 일은 물질로서의 재화는 한정되어 있는 반면 우리의 욕망은 무한하다는 사실이다. 인간의 끝없는 욕구에 비해 얻을 수 있는 재화는 한정되어 있을 뿐만 아니라 애써 얻은 재화조차 정해진 기한이 지나면 사라져버리는 유한한 것이다. 이러한 사실을 『마이트라야니야 우파니샤드』*Maitrāyaṇīya-Upaniṣad*에서는 다음과 같이 표현한다.

"뼈, 피부, 근육, 골수, 살, 정액, 피, 점액, 눈물, 분비물, 똥, 오줌, 가스, 담즙, 그리고 점액이 뭉쳐져 있는 이 악취 나고 무기력한 육체 속에서 대체 어떤 것이 욕망의 향유를 누릴 수 있단 말인가? 육욕, 분노, 탐욕, 미혹, 두려움, 낙담, 질투, 사랑하는 것과의 헤어짐, 사랑하지 않는 것과의 만남, 배고픔, 갈증, 늙음, 죽음, 병, 슬픔 등등이 들어있는 이 육체 속에서 대체 어떤 것이 욕망의 향유를 누릴 수 있단 말인가? 우리는 마치 개미나 모기 그리고 나무의 풀들이 자라고 죽는 것처럼, 이 모든 것이 사라지는 것을 본다, 진실로 이들은 무엇인가? 위대한 존재, 강력한 전사들, 그들 가운데 수듐나Sudyumna, 부리듐나Bhuridyumna와 같은 황제들…… 마룻타Marutta, 바라타Bharata와 같은 왕들과 그 밖의 사람들, 그들 모두가 가족 전부가 보고 있는 데서 자신들의 거대한 부를 포기하고 이승을 떠나 저승으로 가버렸다.”[4]

이처럼 물질이 행복의 필수적 조건이 되지 못한다면 문제가 되는 것은 우리의 욕망이라는 말인가? 행복의 대상 가운데 하나인 물질이 진정한 행복을 보장하지 못한다면 자연스럽게 또 다른 대상인 욕망으로 옮겨가지 않을 수 없다. 욕망은 비물질적 대상으로 우리의 생각과 또 다른 감정이 복합적으로 섞여 일어나는 내적인 반응이다. 데카르트(René Descartes, 1596~1650)는 그리스 사상의 연장선상에서 정신과 물질이라는 두 가지 실체들을 인정함으로써 서구 사상의 전통을 지켜나갔다. 그는 물질의 속성은 공간을 차지하는 것(연장)이며 정신의 속성은 사유라고 말했다. 인도 역시 이와 유사하게 상키야 철학에서 푸루샤Puruṣa와 프라크리티Prakṛti의 이원론을 주장한다. 우리는 서구적 영향 하에서 상키야의 양자는 정신과 물

---

4) *Maitrāyaṇīya-Upaniṣad*, 1.2 이하.

질(또는 자연)으로 이해하려는 경향이 강하다. 그러나 양자 사이에는 분명한 차이가 존재하는 것처럼 보인다. 전자는 서양철학 관점에서 존재론적 입장인데 비하여 후자는 인식론적 성향이 강하게 느껴진다는 것이다. 다시 말해서 푸루샤와 프라크리티는 두 가지 실체라는 의미에서 분명히 존재론적이지만 그것의 실질적 구별은 존재 그 자체의 문제가 아니라 인식론적 관점에서 분석된 존재의 양상이라는 것이다. 다시 말해서 우리의 사유가 존재를 대상으로 삼아 분석한 결과로 드러난 모습이라는 것이다. 인식이 성립하기 위해서는 우선 인식의 주체와 대상 그리고 양자의 관계성 세 가지가 필요하다. 상키야 철학에서 푸루샤는 인식 주체를 그리고 프라크리티는 인식의 대상과 연관된다고 볼 수 있다. 인식의 대상은 물질과 비물질 양자로 구분된다. 여기서 비물질적 요소는 우리의 생각과 이해 그리고 판단을 의미하는 사유와 그 과정을 의미한다. 이것은 그 자체로 우리의 사유가 곧바로 영혼의 속성이 아니라 바로 프라크리티의 대상적 영역에 속하는 것이라는 사실이다. 다시 말해서 우리의 사유가 대상과 연관되는 한 그때 사유 작용은 프라크리티에 속하는 것이지 푸루샤의 속성이 아니라는 것이다. 푸루샤는 그 같은 사유 작용을 벗어난 단순한 목격자일 뿐이라는 주장은 바로 이 같은 사실을 뒷받침한다.

불교를 포함한 인도 사상에서 사유가 이런 특성을 갖는 것은 서양철학이 주장하는 것처럼 인식론을 통해 우리가 어떻게 객관적이고 합리적인 지식을 얻을 수 있는가가 목적이 아니라 왜 우리의 일상 의식에서 옳고 그름이 발생하는가를 규명하는 것이 주된 목적이기 때문이다. 그렇기 때문에 인도의 인식론에서는 우리의 사유 과정에 좋고 싫음의 감정적 혹은 가치론적 요소가 포함되는 것을 당연하게 받아들이고 그것을 욕망이라는 이름 아래 조심스럽게 분석한다. 그리고 그러한 욕망 역시 앞에서 살펴본 것처럼 인식의 대상인 프라크리티에 속한다면 그것 역시 영원불변한 것이 아니라 변화하는 것이다. 다시 말해서 욕망은 대상을 따라 끊임없이 변화한다. 뿐만 아니라 욕망조차도 생겨나고 사라짐을 반복하는 변덕스런 특징을 갖는다. 따라서 욕망에 의한 만족 역시 당연히 변할 수밖에 없다. 이렇게 본다면 욕망에 의한 만족감 역시 물질적 재화와 마찬가지로 진정한 의미의 행복이 될 수 없다.

그렇다면 어떻게 할 것인가? 이에 대해 인도는 한걸음 더 나아가 욕망의 원인을 분석한다. "무지(avidyā), 나라는 이기적인 생각(asmitā), 집착(rāga), 혐오(dveṣa), 그리고 살려는 의지(abhiniveśa)가 5가지 괴로움의 원인들이다."[5] 이러한 욕망의 원인들은 모두 의식(manas)를 통해 표출된다. 의식에 의해 감각기관으로 표출되는 욕망은 그것이 무엇이든 그 대상을 필요로 하고 그것들의 충족 여부에 따라 만족 또는 불만족을 통한 행복감을 느낀다. 다시 말해서 눈은 모양과 색을, 귀는 소리를, 코는 냄새를, 입은 맛을, 피부는 촉감을 각각의 대상을 통해 받아들이고 그것을 통해 좋고, 싫고, 무감각의 감정을 포함한 지각을 일으킨다. 그러나 그렇게 받아들인 지각은 불완전할 수밖에 없다. 그것은 변화하는 대상들의 불완전함과 시력, 청력 등과 같은 감각기관들의 온전하거나 그렇지 않거나 한 기능

---

5) *Yoga-Sūtra*, II.3

과 눈이 귀의 역할을 대신할 수 없다는 것과 같은 그들 각각 제한성이 일차적 원인이다. 그리고 그 보다 더 중요한 것은 나 혹은 나의 것(ahaṃkāra, asmitā)이라고 하는 보다 상위 의식이 하위의 의식이라고 할 수 있는 마나스manas를 이미 제한하고 있다는 사실이다. 인도적 관점에서 보면 인식론적으로 말해서 내 앎이 옳다, 즉 대상과 일치한다는 것은 감정적으로 만족한다는 것을 그리고 틀리다는 것은 불만족을 이미 그 안에 함축하고 있다. 여기서 우리의 감각적 지각의 불완전함은 먼저 대상이 끊임없이 변화한다는 사실과 좋고 싫음의 감정적 요소 역시 나라는 의식에 기반을 둔 불완전하고 제한적이라는 사실 두 가지 모두에서 비롯된다고 할 수 있다. 이처럼 의식을 통한 감각적 지각에서 비롯된 앎이 불완전하다는 사실은 그것이 외적인 물질이든 내적인 욕망이든 대상을 통한 만족으로서의 행복 역시 완전하지 못하다는 사실을 의미한다. 이것이 불완전하다는 것은 그때의 행복은 언제나 불행, 괴로움, 두려움, 의심 등의 부정적 요소를 동반한다는 의미이다.

진정한 행복

그리스신화에 의하면 행복과 불행은 자매간으로 상정된다. 사람들이 행운의 여신을 초대하면 반드시 자매인 불행의 여신이 동반하게 된다. 사람들은 행운의 여신만을 초대하기를 원하지만 그것은 불가능하다. 우리의 고민은, 행운의 여신은 언제나 불행의 여신과 함께 한다는 사실에 있다. 산스크리트어에서 행복을 의미하는 수카sukha 역시 일반적으로 괴로움, 고통, 불완전함을 의미하는 두카duḥkha를 반드시 짝으로 동반한다. 인도의 영적 전통에 의하면 (현상적) 존재는 본질적으로 괴로움으로 가득 차 있다. 이 이론은 인도철학이 비관주의라는 서구의 비판을 이끈다. 하지만 이러한 비판은 분명히 문제가 있다. 모든 철학과 종교가 그 출발점을 궁극의 행복으로 삼는 것은 아니다. 그것은 최종의 목적일 뿐이며 출발은 회의 또는 죄와 같은 부정적 의식에서 비롯된다. 그렇게 본다면 인도철학 역시 그 같은 보편적 관점의 인도적 표현일 뿐이라고 보아야 한다. 인도 역시 서구 사상과 마찬가지로 모든 학파가 무한한 지복(ānanda)이 궁극의 실재라고 말한다.[6] 이에 반해 행복으로서의 수카는 두카(고통)와의 연관 속에서 기쁨, 즐거움, 감각적 쾌락을 의미하며 그것은 집착(rāga)을 낳는다.[7] 이런 관점에서 본다면 행복은 감각적 즐거움 또는 만족감인 수카를 경험하는 동시에 괴로움인 두카를 피하는 것이다. 이것은 수카로서의 행복이 완전하고 절대적인 행복이 아니라 불완전하고 상대적이라는 의미이다. 인도의 영적인 관점에서 보면 감각적이거나 감정적이거나 지적인 만족은 인간을 절대적으로 만족시킬 수 없다. 오히려 그보다는 자신의 참된 자아 또는 초월적 자아(Ātman)의 회복에 있다.[8]

내적 · 외적 대상을 통한 상대적 행복이 불완전한 것은 상대적 세계인 현상계, 다시 말해서 인도적인 용어로 카르마와 윤회의 세

---

6) Georg Feurstein(1990), p.103 참조.
7) Georg Feurstein(1990), p.352 참조.
8) Georg Feurstein(1990), p.129 참조.

계에 속하기 때문이다. 따라서 한정된 재화에 대한 무한한 욕망은 단순히 일회적인 삶 속에서 투쟁과 불화만을 낳는 것으로 끝나는 것이 아니다. 무한한 욕망은 단순히 일회적 생으로 그것의 역할을 다하는 것이 아니라 생을 넘어 끝없이 지속된다. 다시 말해서 재화가 아무리 한정되어 있어도 인간의 욕망의 무한성이 해소되거나 제어되지 않는다. 인도의 윤회라는 관점에서 본다면 욕망의 무한성은 한 번의 생으로 그 의미가 완전히 파악되지 않는다. 오히려 계속된 윤회를 통해 욕망의 무한성은 지속적으로 발휘되면서 괴로움으로서의 삶 역시 연속적으로 지속된다. 그리하여 윤회를 통해서도 욕망의 무한성이 달성되지 않음을 자각했을 때 비로소 그는 욕망을 벗어나 완전한 행복을 추구하기 시작한다. 이처럼 내적·외적 대상으로 통한 만족감이 진정한 만족이 될 수 없다는 사실에 대해 『아누 기타』Anu Gītā에서는 깨달음을 얻은 브라만을 통해 다음 같이 고백한다.

"아들아, 혼합된 특성을 지닌 또는 덕(선한 결과)이 있고 순수한 그들의 행위에 의해 모든 가시적 존재는 이생에서 다양한 목적을 얻거나 (윤회의 단계인) 신들의 세계에 머문다. 거기에서는 어디에도 영원한 행복은 없다. 또한 어디에도 영원한 거처는 없다. 계속해서 괴로움을 얻어 최상의 영역에서 떨어지기를 반복한다. 욕망과 분노에 휩싸이고 탐욕에 눈이 멀어버린 나는 괴로움을 낳는 여러 가지 비참하고 불운한 결과들을 얻어야만 했다. 나는 여러 종류의 음식을 먹었고 다양한 젖가슴들을 빨았다. 나는 서로 다른 여러 종류의 어머니들과 아버지들을 보았다.

죄 없는 자여, 다양한 종류의 행복과 불행이 나의 것이 되었다. 다양한 일에서 내가 인정하는 것과 분리되고 인정할 수 없는 것과 결합했다. 힘든 수고를 거쳐 부를 축적했지만 나는 그것을 잃어야만 했다. 가혹한 정신적이고 육체적인 고통이 내 것이 되었다. 나는 수치스러움을 겪었고 참혹함 속에서 죽기도 하고 유폐되기도 하였다. 나는 지옥에 떨어졌고 야마yama의 영역에서 엄청난 고통을 겪었다. 노쇠함과 병이 반복해서 나를 괴롭혔고 많은 재난이 자주 나에게 닥쳤다. 이 세상에서 나는 모든 상대적인 개념에서 흘러나온 그들 모든 고통을 반복해서 겪었다. 이 모든 일을 겪은 후에 어느 날 괴로움에 압도당해 있을 때 텅 빈 절망이 나에게 다가왔다. 나는 형상 없음에 피난처를 구했다. 커다란 절망으로 고통 받은 나는 모든 즐거움과 괴로움을 가진 세상을 포기했다. 이 길을 이해하고 나서 나는 이 세상 속에서 스스로 그것을 실행했다. 그 후 영혼의 평정을 통하여 나는 네가 보는 이것을 성취했다. 나는 (이 생에서의 나의 죽음 이후) 다시 이 세상으로 되돌아오지 않을 것이다. 진실로 영원한 브라만과 합일할 때까지 즉, 우주의 마지막 해체까지 나는 나의 것인 이 행복과 이 우주를 구성하고 있는 그 존재를 바라볼 것이다."[9]

두카를 상대로 품고 있는 수카가 불완전한 일시적 행복에 불과하다는 사실이 인도로 하여금 완전하고 절대적인 행복을 추구하게 만든다. 그렇다면 두카를 상대로 갖지 않는 그 자체로 완전한 행복은 과연 무엇이며 어떻게 얻어질 수 있을까? 그것이 대상을 갖지

---

9) *Anu-Gītā*, XVI.

않는 것이라면 비물질적 특성을 지닌 우리의 생각, 판단일까? 이에 대해서는 이미 앞에서 아항카라ahaṃkāra에 기반을 둔 욕망을 전제로 한 의식의 분석에서 분명하게 아니라는 사실이 드러났다. 그렇다면 욕망도 의식도 아닌 그 무엇으로서의 완전하고 절대적인 행복이란 무엇인가? 행복이 무엇인가를 묻기 전에 우리는 그것이 과연 존재하기는 하는가 하는 물음에 대해 먼저 대답하는 것이 옳을 것이다. 행복은 과연 실제로 존재하는가? 극단적인 염세주의자와 같은 경우에는 행복이란 존재하지 않으며 우리가 행복이 있다라고 말하는 것은 자기만족을 위한 감정적 기만에 불과하다고 주장하기도 한다. 그리스를 비롯한 동서양의 신화 상의 영웅들은 대부분 목적을 달성하지 못하는 비극으로 끝나는 경우가 많다. 이처럼 그들이 궁극의 목적을 달성하지 못했다는 사실은 행복이 실제로 존재하지 않는다는 사실을 은연중에 암시하는 것이 아닐까? 그럼에도 불구하고 대부분의 사람들은 행복이 실제로 존재하는 것이며 우리의 삶은 그 행복을 찾아서 누리는 것을 목적으로 삼는다. 하지만 이 경우에도 행복이 실제로 존재한다는 것을 알기 때문이 아니라 존재할 것이라고 믿거나 그랬으면 좋겠다는 바람 또는 희망이다. 그렇다면 그 같은 희망과 바람은 어떻게 해서 생겨난 것인가? 이에 대해서는 두 가지 견해가 가능하다. 첫째는 삶의 반복되는 괴로움에 지친 사람들이 막연하게 품게 된 희망이거나 아니면, 둘째로 치열한 노력을 통해 행복을 찾아냈다고 주장하는 종교적 지도자들, 위대한 수행자들 또는 스승의 말씀을 통해서 이다. 양자 가운데 그 어느 것이든 그것이 자신의 직적접인 앎의 결과가 아닌 믿음이라는 사실은 변함이 없다.

행복이 이처럼 믿음을 전제로 해서 있다는 사실이 주어지면 이제 어떻게 해야 우리도 그 행복을 성취할 수 있는가 하는 문제가 남는다. 다시 말해서 행복을 얻은 수 있을 방법은 무엇인가? 그런 의미에서 본다면 인도가 추구하는 요가는 행복을 얻기 위한 다양한 방법론들을 수행이라는 이름으로 우리에게 제시하는 것이며 요가를 비롯한 인도철학의 궁극 목적인 해탈은 그 자체로 행복이 된다고 할 수 있다. 요가에서는 궁극목적으로서의 해탈, 즉 행복을 얻기 위해 주어진 방법론을 다음과 같이 제시한다. 먼저 앞에서 제시한 것처럼 대상을 통한 외적 만족으로서의 행복은 그 자체로 불완전한 것이며 언제나 괴로움으로서의 두카를 동반한다. 따라서 그것을 통해 완전한 행복을 얻을 수는 없으며 기껏해야 일시적이고 불완전한 행복일 뿐이다. 그러므로 괴로움을 제거하지 않는 한 또는 수카를 동반하고 있는 두카를 초월하지 않는 한 영원하고 절대적인 행복은 불가능하다. 그것을 제거하는 방법은 포기이다. 포기의 방법은 우선적으로 외적 대상들에 대한 집착을 내려놓는 것(virāgya)이다. 파탄잘리Patañjali『요가 수트라』Yoga-Sūtra의 8지支 요가 가운데 두 번째 부분인 니야마niyama의 한 요소로 냉정함, 또는 '집착을 버림'으로 번역되는 바이라기야virāgya는 눈으로 볼 수 있거나 드러난 (또는 눈에 보이지 않는) 사물들에 대해 갈망이 없는 요가 수행이 확실하게 숙달된 것이다.[10] 그것은 욕망(rāga)의 포기 또는 포기

---

10) *Yoga Sūtra*, 1.15.

의 실행이나 양상을 의미한다.[11] 그러나 포기는 이러한 외적 대상을 포기하는 것만이 아니다. 외적 대상을 통한 감각적 지각의 원인이 되는 마나스manas에 대한 정확한 이해 없이는 결코 행복이 주어질 수 없다. 외적 대상을 향해 치달아 나가는 마나스의 움직임을 멈추기 위해서는 그것의 작용이 어떻게 이루어지는지를 알아야 한다. 마나스에 의한 감각적 지각이 언제나 아항카라에 영향을 벗어날 수 없다는 사실이 규명되고 더 나아가 그것이 프라크리티의 세 가지 양태인 구나guṇa들의 움직임의 결과라는 것을 파악하는 순간 진정한 행복으로서의 해탈은 결국 전체의식의 움직임을 멈추거나 제어하는 것(citta vṛtti nirodha)뿐임을 자각한다. 이러한 절대적이고 완전한 행복을 전자의 수카에 비해 마하 수카mahā sukha라고 표현하기도 하며 그것의 성취를 해탈이라고 부른다.

인도인의 삶의 네 단계 가운데 전자의 학습기梵行期와 가정생활기家住期를 넘어 후자의 은둔기林棲期와 유랑기遊行期의 두 단계는 바로 포기의 과정을 그대로 드러낸다. 먼저 은둔의 조건은 세속적·의무들에 대한 포기이며 그것은 두카에 대한 포기를 의미한다. 그것은 또한 감각적 지각에 의한 대상적 만족을 통한 일시적이고 불완전한 행복의 추구에 대한 포기이기도 하다. 더 나아가 은둔 생활을 통해 마나스와 아항카라 등의 내적 의식의 작용에 대한 멈춤 또는 제어를 통해 포기는 한 단계 더 나아가게 된다. 결과적으로 삶의 네 단계 가운데 마지막의 산니야사saṃnyāsa 단계는 외적이고 내적인 완전한 포기를 의미한다. 그리고 이러한 완전한 포기를 통

---

11) Georg Feurstein(1990), p.381 참조.

해 궁극의 절대적이고 완전한 행복이 주어진다. 산니야사는 삶의 네 가지 목적 가운데 감각적 대상을 통한 상대적 행복을 의미하는 카마(kāma; 애욕, 생명욕), 아르타(Artha; 재물, 소유욕) 그리고 모든 세속적 의무(dharma)를 벗어나 절대적 행복으로서의 모크샤(mokṣa)를 누리는 것을 의미한다. 절대적 행복으로서의 해탈은 때로는 홀로 있음을 의미하는 카이발리야(Kaivalya)로, 때로는 무한한 지복을 의미하는 아난다(ānanda) 등의 여러 가지로 정의된다. 파탄잘리(Patañjali)에게 해탈은 프라크리티의 원초적 요소인 구나(guṇa)들이 자연의 초월적인 근원으로 재흡수되면서 모든 구체화의 단계인 몸과 마음 전체가 용해되는 것을 의미한다.[12]

행복에 대한 우리의 착각

해탈의 추구는 행복의 추구이며 그것을 위한 방법으로서의 요가는 과연 행복이란 무엇인가를 파악해 나가는 전체 과정이라 할수 있다. 여기서 주의할 점은 '행복이란 무엇인가'를 묻는 것이 참된 목적이지 '행복이 무엇이어야 하는가'를 묻는 것이 아니라는 사실이다. 양자의 물음은 명백하게 서로 다른 것이다. 행복이 무엇인가하는 전자의 물음은 우리의 개인적 욕구나 감정과는 전혀 관계없이 말 그대로 행복이 과연 무엇인가를 묻는 것이다. 그렇기 때문에 그 물음을 통해 행복이 무엇이라고 정의되면 우리는 우리

---

12) Georg Feursteinra(1998), p.257 참조.

의 감정이나 바람과는 관계없이 그것을 마치 절대 명제처럼 추구할 수밖에 없다. 이에 반해 후자의 행복이 무엇이어야 하는가 하는 물음은 이미 우리의 개인적 욕구나 감정이 반영되어 있다고 볼 수 있다. 그렇기 때문에 그에 따른 행복의 정의는 우리의 개인적 감정의 영향을 벗어날 수 없다. 후자를 통해 추구된 행복은 절대로 인간의 개인적이고 주관적인 판단을 넘어설 수 없다. 다시 말해서 그렇게 내려진 결론은 개인적 행복으로는 타당할 수 있어도 우리 모두가 추구해야할 전체적이고 객관적인 행복은 될 수 없다. 그 같은 행복은 앞에서 언급한 현상적이고 불완전한 행복의 범주를 넘어서기 힘들다. 왜냐하면 그것은 대상을 통한 만족으로서의 행복과 다르지 않기 때문이다. 요가를 비롯한 인도 사상에서는 이와 같은 행복은 포기의 대상이지 결코 추구의 대상이 아니다. 그것은 『요가 수트라』*Yoga Sūtra*에서 말하고 있는 니로다nirodha의 대상일 뿐이다. 제어 또는 돌아다니는 것을 멈추는 것을 의미하는 니로다는 고통 없고 밝게 빛나는 정신적 행위들에 의해 달성된다.[13]

포기를 위한 수단 또는 포기의 또 다른 의미인 니로다는 고전 요가에서 의식을 제어하는 다음의 네 가지 단계로 구별된다. (1) 감정적 동요를 제어하는 브릿티-니로다vṛtti-nirodha는 명상에 의해 달성되며, (2) 현존하는 관념의 제어를 의미하는 프라티야야-니로다pratyaya-nirodha는 의식적인 무아경(samprajñāta-samādhi)의 단계에서 얻어지며, (3) 잠재의식적인 동인(saṃskāra)의 제어를 의미하는 상스카라-니로다saṃskāra-nirodha는 초의식적 무아경(asamprajñāta-samādhi)에서

---

13) *Yoga Sūtra*, 1.36.

나타나며 마지막으로 (4) 완전한 제어를 의미하는 사르와 니로다 sarva-nirodha는 다르마의 구름의 황홀경(dharma-megha-samādhi)의 자각 과 일치한다.[14] 사르와 니로다를 통해 얻어진 행복은 대상을 통한 만족이 아니라 행복 그 자체로서의 행복이라고 할 수 있다. 이러 한 사실을 『브리하다란야카 우파니샤드』 *Bṛhadāraṇyaka-Upaniṣad*에서는 '남편을 위해서 남편이 사랑스러운 것이 아니라 자아를 위해 남편 이 사랑스러운 것이다. …… 모든 것을 위해서 모든 것이 사랑스러 운 것이 아니라 자아를 위해 모든 것이 사랑스러운 것이다'[15]라고 말한다. 다시 말해서 누군가가 사랑스러운 것은 그가 사랑스럽기 때문이 아니라 그를 통해 내 마음속에 있는 사랑의 감정이 촉발된 것일 뿐이라는 것이다. 다시 말해서 진정한 사랑은 바로 대상에 있 는 것이 아니라 이미 내 속에 주어져 있다. 우리는 이러한 사실을 모르고 대상 속에서 사랑을 구하려 하는 것이다. 이것은 행복에 대 해서도 마찬가지이다. 행복이 어떤 대상을 통해 촉발된다는 것은 그 대상 그 자체가 행복이 아니라 우리 각자의 마음속에 있는 행 복감이 그 대상을 통해 의식 속에 떠오른 것일 뿐이라는 사실이다. 그러므로 만일 우리가 우리 속에 내재한 행복을 올바로 자각할 수 만 있다면 대상을 통한 촉발이 아니어도 충분히 행복감을 누릴 수 있다. 사르와 니로다sarva-nirodha를 통해 얻어진 행복은 그렇기에 의 식적인 무아경과 초의식적인 무아경 모두를 넘어선 행복 그 자체 로서의 행복이다. 결국 사르와니로다에 도달하기까지의 전 과정

---

14) Georg Feurstein(1990), p.239 참조.
15) *Bṛhadāraṇyaka-Upaniṣad*, II. 4.5 참조.

은 우파니샤드Upaniṣad적 표현에 의하면 '이것도 아니고 이것도 아니다(neti neti)'라는 포기 또는 니로다로 행해져야 한다.

"이 같은 사마디samādhi적 합일의 정점에 이르면 요가 수행자들은 더 이상 되돌아가지 않는 지점에 도달한다. 그들은 해탈된다. 고전 요가의 이원론적 방법에 의하면 그것은 유한한 몸과 마음의 하락을 의미한다. 해탈된 존재는 완전한 독존(kaivalya)에 머문다. 그것은 순수한 현존과 순수한 깨달음의 초심리적 상태이다. 궁극적 실재가 이원적이 아니라고 주장한 몇몇 베단타Vedānta학파들은 해탈이 물질적 신체의 죽음과 일치하는 것이 아니라고 논증한다. 이것은 살아있는 상태의 해탈(jīvan-mukti)의 이상이다. 하지만 파탄잘리Patañjali는 이러한 이상에 동의했던 것처럼 보이지 않는다. 그에게 있어서 요가 수행자의 가장 위대한 선은 자신을 자연(prakriti)의 범위에서 완전히 잘라내어 단지 다수 속에 있는 일자인 무속성적인 자아에 머물며 우리가 추측하듯이 영원한 무한성 속에 다른 모든 자아들과 교차하는데 있다. 이것은 또한 고전 상키야의 이상이기도 하다.

일상적인 사람이 그 같은 더러움 없는 자아 상태가 무엇과 같은지 상상하기는 어렵다. 심지어 깊은 명상 중에 에고 초월의 상태를 어렴풋이 감지했을 때도 마찬가지이다. 분명한 것은 그것이 경험이 아니라 사실이다. 왜냐하면 거기에는 지식 관계를 낳도록 남겨놓은 주체도 대상도 존재하지 않기 때문이다. 그러나 그것은 무의식의 상태도 아니다. 깨달은 모든 사람들은 그것이 절대적으로 바람직한 조건이며 우리의 절대적 위임을 받을 만한 가치가 있다는 사실에 동의한다."[16]

행복이 무엇인가에 대한 요가적 추구는 해탈에 대한 다양한 정의를 낳는다. 그 같은 다양성은 특정 요가학파의 흐름의 기준이 되며 그를 따르는 사람들에게는 요가 수행에 있어 궁극의 목표에 대한 믿음이 된다. 하지만 그럼에도 불구하고 다양성 자체가 일반인에게는 오히려 또 다른 혼란을 야기하기도 하면서 과연 행복은 무엇인가라는 물음을 여전히 이어가게 만들기도 한다.

　우리는 요가의 궁극 목적이 행복이 무엇인가를 규명하는 것이고 요가의 다양한 방법들은 행복을 알기 위한 과정에서 필요한 수행이라고 정의하였다. 그렇다면 행복이 무엇인지 요가를 통해 규명된다면 그것으로 모든 것이 끝나는가? 그것은 결코 아니다. 앎은 삶에 투영되어야 한다. 우리가 앎을 추구하는 궁극목적은 그것이 앎 그자체로 끝나는 것이 아니라 삶 속에서 실천을 통해 구체적으로 드러나야 한다. 맛(rasa)은 단순히 그것이 무엇인지 아는 것으로 끝나는 것이 아니라 실질적으로 그 맛이 우리에게 향유(bhoga)되어야 한다. 행복 역시 마찬가지이다. 행복은 아는 것이 아니라 구체적으로 삶 속에서 향유되어야 한다. 그것이 행복의 완성이다. 향유되지 않는 행복은 진정한 행복이 아니라 가상 또는 착각의 또 다른 불완전한 행복일 뿐이다. 그렇기 때문에 행복을 향한 여정으로서의 요가를 통해 그것이 무엇인지 확연하게 깨닫게 된다면 다시 말해서 해탈이 무엇인지 알게 된다면 그 다음에는 반드시 그것을 향유해야만 한다.

---

16) Georg Feurstein(2008), pp.516~517.

나가는 말

행복의 완성은 행복이 무엇인지 자각하고 그 자각된 대로 삶을 영위하는 것이다. 그렇다면 자각된 대로 산다는 것은 무엇인가? 이에 대해서 요가는 그것이 상키야Sāṃkhya적 전통을 따르는가 아니면 베단타Vedānta적 관점을 따르느냐에 따라 다르게 해석된다. 먼저 전자는 고전 이전의 타파스tapas 전통의 육체적 고행과 금욕주의 전통과 더불어 고전 요가에서 주로 나타나며 전체적인 요가의 흐름으로 특징 지워진다. 요가는 일반적으로 고대 타파스 전통을 시원으로 삼는다. 불타다를 의미하는 동사 어근 tap에서 파생되어 수행 중 정신집중을 통해 몸에서 발생하는 열을 의미하는 타파스 전통은 베다에 나타나는 무니Muni, 『아타르바 베다』Atharva Veda에 나타나는 브라타(vrata: 서약한) 수행자들과 『마하니르바나 탄트라』Mahānir-vāṇa Tantra에서 처음으로 언급된 것으로 말해지는 산니야신saṃnyāsin 전통 가운데 하나인 아바두타(avadhūta: 벗어버린) 수행자들에서 그 흔적을 엿볼 수 있다. 그들의 전통은 대상을 통한 만족으로서의 행복을 벗어나기 위해 육체와 감각에 대한 무욕을 통한 철저한 포기를 뜻하는 금욕과 고행으로 특징 지워진다.

비非브라마니즘Brahmanism적 전통을 가진 타파스 전통은 이후 브라마나스의 제식주의를 토대로 한 카르마 요가karma Yoga와 우파니샤드의 갸나 요가jñāna Yoga, 혹은 명상과 융합하면서 보다 온화한 해탈이라는 방식으로 나아가면서 우리가 이해하고 있는 요가로서의 특징을 갖추게 된다. 이 과정 속에서 인도인의 삶의 단계인 아슈라마āśrama 전통에서 학습기를 의미하는 브라마차리야brahmacarya에서 스승에 대한 학생의 헌신과 신과 조상들에 대한 제식에서 나타나는 믿음과 헌신의 형식은 박티 요가bhakti Yoga를 탄생시키면서 『바가바드 기타』Bhagavad-Gītā에 나타난 세 가지 요가의 형식을 성립시켰다. 이와 더불어 타파스의 수행 방식은 아슈라마의 탈세속적 단계인 숲 속으로의 은둔 시기와 산니야사saṃnyāsa의 유행기로 흡수되었다.

요가의 이러한 시대적 변화는 후기 베다 시대의 자이나교와 불교에 의해 또 다른 형식으로 발전하는 한편 아마도 민중 종교의 형태였을 비슈누Viṣṇu와 쉬바Śiva파의 흥기로 인해 보다 다양한 힌두 요가로 발전한다. 이러한 발전 과정 속에서 또 다른 주목할 만한 요인으로는 기존의 남성 중심의 전통에서 쉬바의 여성 원리이며 창조력을 상징하는 샥티śakti파의 탄트라가 흥기하면서 이후 요가 흐름의 주된 맥을 형성했다는 사실이다. 이처럼 타파스 전통에서 브라마니즘 그리고 탄트라Tantra와의 만남은 특히나 고대 고행주의의 의미 변화를 초래했다. 다시 말해서 타파스의 고행주의는 육체적 고행과 도덕적 금욕이라는 두 가지 요소가 함께했지만 우파니샤드와 불교의 만남은 육체적 고행을 포기 또는 완화하도록 만들면서 내적 명상의 방법을 발전시켰다. 다음으로 탄트라와의 만남은 종래의 수행 방식에 대한 또 다른 변화를 야기 시킨다. 종래의 전통 속에서의 요가 수행은 주로 사회적 의무를 다하고 숲 속으로 은둔하여 탈세속적 의무인 영혼의 완전한 자유를 추구했던 수행자의 몫이었다. 그들은 사회적 의무를 내려놓고 탈세속적 의무를 위한 수행 규칙을 따르면서 영혼의 해탈을 추구했다. 하지만 탄트라 전통은 탈세속적 목적을 위한 규칙들마저 내려놓으면서 진정한 의미의 자유로움을 추구했다. 그러나 탈세속적 의무에서 벗어났다는 사실이 바로 세속적인 의무로 다시 되돌아 간 것이 아님은 분명하다. 다시 말해서 탄트라는 세속적 의무와 탈세속적 의무 양자를 모두 내려놓은 진정한 초월의 정신을 실현한 것이다. 이러한 초월적 정신은 양자의 의무를 모두 거부하는 것이 아니라 상황에 따라 적절하게 활용될 수 있음을 의미한다. 그 결과 마이투나 Maithuna와 같은 성조차도 수행의 방식으로 적용될 수 있는 계기를 마련한다. 이 같은 상황은 종래의 금욕적 전통에 대한 또 다른 해석을 필요로 하면서 요가의 개념들은 원래의 소박한 의미를 벗어나 다양하게 해석된다. 탄트라의 초월적 특성은 베단타 철학을 기반으로 해서 정립된다. 베단타는 낙관주의(optimistic)도 비관주의(pessimistic)도 아니다. 그것은 삶이 모두 즐겁거나 또는 고통스러울 수 있다는 사실을 믿지 않는다……. 베단타는 우리가 양자를 넘어가 선과 함께하는 악을 제거하면 내적인 자아의 단계로 갈 수 있다고 주장한다.[17]

상키야Sāṃkhya 사상을 기반으로 한 고대의 요가는 행복을 향한 여정으로서의 요가로 정의될 수 있다. 이에 반해 이처럼 세속과 탈세속 양자의 초월은 우리로 하여금 요가가 행복을 향한 여정이 아니라 그 자체 행복한 여정임을 암시한다. 다시 말해서 행복을 향한

---

17) Swami Vivekananda(1987), p.190 참조.

여정으로서의 요가는 이제 행복한 여정으로서의 요가로 변한다. 절대적이고 완전한 행복은 우리의 삶에서 부정적인 그 무엇을 제거하여서 얻어지는 특수한 것이 아니라 주어진 삶 자체가 그대로 행복임을 아는 전체적인 것이라는 사실이다. 이를 위해서는 단지 우리의 삶의 여정 가운데 행복 아닌 것이 아무 것도 없다는 사실만 깨닫는다면 그것으로 충분하다. 이렇게 본다면 우리에게 남은 것은 행복을 추구하는 것이 아니라 이미 주어져 있는 행복을 누리는 일 뿐이다. 그 외에는 아무 것도 필요치 않다. 그래도 무엇인가 남아있다고 생각하고 싶은가? 행복은 말한다. 바로 그런 마음조차 내려놓으라고…….

제2부

요가 경전을 통해 디자인하는 행복

아유르베다와 요가에서 행복론(문을식)

고전 요가에서 행복한 마음 찾기(장소연)

아유르 베다와 요가에서 행복론

문을식(전 서울불교대학원대학교 교수)

행복을 디자인하는 기본 이론

사람은 일반적으로 누구나 행복하기를 바란다. 그래서 누구나 행복해지기 위해 나름대로 열심히 노력을 한다. 그런데도 왜 세상에는 행복하다고 생각하는 사람보다 불행하다고 생각하는 사람들이 더 많을까? 그 이유는 무엇일까? 누구나 행복을 바라지만 행복해지는 길을 모르고 있기 때문인 것으로 보인다. 행복하기를 바란다면 먼저 행복해질 수 있는 정확한 방향을 찾는 것이 중요하다. 흔히들 행복은 보통 마음먹기에 달려있다고 말한다. 이것은 마음을 잘 쓰면 그만큼 몸은 편안해 지고 마음이 행복해진다는 뜻일 것이다. 인간의 행복과 불행은 마음에서 비롯되기 때문에 마음은 개인의 행복과 불행을 가르는 방향키이다. 그럼에도 많은 사람들은 행복과 불행의 원인이 마음(넓은 의미로 몸도 포함)에 있다는 사실을 모르고 있는 것 같다. 아유르 베다Āyur Veda와 요가Yoga에는 행복으로 가는 길의 방향을 제시하고 있다.

아유르 베다는 주로 신체적 심리적인 행복을, 요가는 몸, 마음, 그리고 영성의 조화를 통해 심리적 행복을, 더 나아가 궁극적으로는 심신의 행복을 추구한다. 이들의 기본 가르침과 수련을 통해 심신이 균형과 조화를 이룬다면 인간은 불행을 멀리하고 행복해질 수 있을 것으로 보인다. 이제 그것들을 소재로 삼아 어떻게 하면 행복한 인생을 디자인할 수 있는 지 이야기해 보려 한다.

아유르 베다는 '사람들이 중요하게 생각하는 장수 문제를 다루고, 우리의 건강을 괴롭히는 질병을 안전하고 부드러우며 효과적인 방법으로 없애주는 생명과학(life science)'이다. 그래서 아유르 베다의 관심은 신체 · 심리적 질병을 완화시키고 심리적 행복을 증진시키는 데에 있다. 아유르 베다의 궁극적 목표는 가장 높은 형태의 자가 치유(self-healing)에 있다.

요가는 신체적, 심리적, 그리고 영적 발전의 체계이다.[1] 요가가 완전해지기 위해서는 반드시 아유르 베다를 고려해야 한다. 요가는 몸에 관해서 아유르 베다의 관점 없이, 요가를 이해하기 어렵다. 아유르 베다가 일반적으로 몸과 마음을 정화하고 치유하는 역할을 한다면, 요가의 궁극적 목표는 정화된 몸과 마음을 기초로 하는 영적 행복인 '지극한 행복한 삶의 성취(mokṣa)'에 있다. 요가의 기초는 아유르 베다이어야 하고, 아유르 베다의 열매는 요가이어

---

1) Satyendra Prasad Mishra(2004), p.6.

야 한다.[2] 아유르 베다와 요가는 생명력(prāṇa, 生氣)이라는 연결 고리를 통해 연결되어 있고, 완전한 하나의 수련법을 제공하며, 이 둘을 함께 수련하면 우리의 존재를 신체적 수준으로부터 영적 수준으로 변형시킬 수 있는 것으로 본다.[3] 따라서 이 글에서는 일상적인 물질적 풍요를 넘어 심신과 영혼이 전인적(holistic)으로 하나가 되면 행복해 진다고 전제 아래 이제 아유르 베다와 요가의 기본 이론을 이야기해 보려 한다.

인간의 몸 구성1:
다섯 거친 원소, 다섯 행위 기관 및 다섯 지각기관

아유르 베다에서 인간이란 단지 신체만을 가리키지 않는다. 그 것은 거친 원소들로부터 마음의 매우 미묘한 층들까지 다양한 물질로 구성된 세 가지 몸에 대한 내용의 집합으로 보고 있다.[4] 이 세 가지 몸 뒤에는 모든 현상적 존재 너머에 '진정한 자신'인 '의식적 순수 존재로서 영혼(Ātman, Puruṣa)'이 있다. 그러므로 이들 세 몸은 영혼을 담는 그릇이다. 『차라카 상히타』Caraka Saṁhitā(1.46~47)에서는 이것에 대한 정의를 다음과 같이 말하고 있다. "몸, 마음, 영혼의 셋은 삼각대와 같다. 세상은 그것들의 결합에 의해 유지되고,

---

2) David Frawle(2002), p.64.
3) David Frawley(2002), p.6.
4) 세 가지 몸이란 '거친 몸(sthūla śarīra)', '미묘한 몸(sūkṣma śarīra)', '원인적인 몸(karaṇa śarīra)'을 말한다.

만물은 그것들 안에 머물러 산다. 이 결합은 의식적인 순수 존재를 위해 존재한다. 이것은 아유르 베다가 다루는 주제이며, 이것을 위해 아유르 베다의 가르침이 주어진다."[5] 그런데 아유르 베다는 이론과 실천을 중요하게 여긴다. 이론이 부족하면 시각장애인처럼 사물을 정확히 볼 수 없고, 실천이 부족하면 걸을 수 없는 절음발이와 같이 되기 때문이다.[6]

아유르 베다의 이론을 보면, '근본 물질원리(mūla prakṛti, pradhāna)'로부터 창조가 시작되어 '지성적 마음(buddhi, mahat)'을 통해 점차로 '자아의식(ahaṁkāra)', '다섯 미세 원소들(pañca tanmātras)'이 창조된다, 한편으로는 이 '자아의식'으로부터 '감각적 마음(manas)'을 포함한 11가지 기관(다섯 지각기관과 다섯 행위 기관)이, 다른 한편으로는 '다섯 미세 원소'로부터 '다섯 거친 원소(pañca mahābhūtas)'가 창조된다.[7] 이들 가운데도 아유르 베다에서 인간을 이해하는데 중요하게 여기는 것은 다섯 거친 원소이다. 그들이 생겨나는 과정은 다음과 같다.

아유르 베다의 이론적 기본 골격은 다섯 거친 원소이다. 다섯 거친 원소란 허공(ākāśa, ether, 虛空), 바람(vāyu, 風), 불(tejas, 火), 물(āp, 水), 흙(pṛthvī, 地)이다. 이 우주는 태초에 표시되지 않은 의식 상태(avyaka,

---

5) Priyavrat Sharma trans(2002), p.67.
6) 상키야 철학의 원전 『상키야 카리카』Sāṁkhya Kārikā에도 이와 같은 유사한 진술이 보인다. "푸루샤가 [프라다나/프라크리티를] 보기 위해서, 또 프라다나/프라크리티가 [푸루샤의] 독존을 위해서, 마치 절름발이와 시각장애자처럼 [푸루샤와 프라다나의] 양자가 결합한다. 그것(결합)에 의해서 [세계의] 창조가 행해진다."(SK. 21) 문을식(2013), p.381 참조.
7) 이러한 사고는 상키야 사상으로부터 영향을 받은 것으로 보인다. 문을식(2013), pp.381~386; SK. 22~38.

미현현)로 존재한다. 그로부터 우주적 소리 없는 소리 옴(AUM, OM)의 미묘한 진동이 일어난다. 그 진동으로부터 맨 처음에 나타난 원소가 '허공'이다. 이 허공으로부터 '바람(풍)'이 만들어진다. 바람은 움직이고 있는 허공이다. 허공의 움직임은 마찰과 저항으로부터 생겨난 에너지의 빛으로부터 '불(화)'이 나타난다. 이 불의 열로부터 일련의 바람 원소가 녹아서 물(수)이 나타나고, 다시 그것이 고체화되어 흙(지)이 생성된다. 이처럼 맨 처음의 허공이 바람, 불, 물, 흙의 네 원소로 변화된 것이다. 다시 흙 원소에서 풀이나 곡식 같은 식물, 그리고 인간을 포함한 동물의 모든 유기체가 만들어진다. 이와 같이 다섯 거친 원소라는 자궁으로부터는 모든 물질적 원소가 태어난다.[8]

이들 다섯 거친 원소는 우주 속에 있다. 그렇다면 소우주는 인간에게도 존재할까? 한 마디로 그렇다. 인간의 육체 안에는 여러 공간이 있다. 예컨대 제1 원소는 허공이다. 제2 원소는 바람(풍)이다. 제3 원소는 불(화)이다. 인간의 육체에서 불의 근원은 물질대사 작용이다. 제4 원소는 물이다. 물 원소는 소화액의 분비와 점막, 원형질, 세포질 등에서 나타난다. 제5 원소는 흙이다. 흙은 대우주와 소우주인 인간의 육체에 존재하기 때문에 생물과 무생물이 존재할 수 있다.

이들 다섯 거친 원소는 인간의 육체에서 다섯 감각기능으로 나타낸다. 또한 그것들은 생리적인 기능에서도 여러 기능을 수행한다. 다섯 거친 원소는 외부 상황을 지각하는 지각 능력과 직접적으

---

8) Vasant Lad(2011), pp. 21~22.

로 관련이 있다. 또한 그것들은 각각의 감각기관을 통해 다섯 기능을 수행한다. 허공 원소는 소리를 전달하는 매체로서 청각과 관련이 있다(허공 ↝ 청각). 바람 원소는 촉각과 연관되어 있고(바람 ↝ 촉각), 불 원소는 시각과 연관되어 있다(불 ↝ 시각). 시각기관인 눈은 걷는 행위에 대해 방향을 제시하며 조절하므로 발과 연관되어 있다. 물 원소는 미각기관인 혀와 연관되어 있다(물 ↝ 미각). 마지막으로 흙 원소는 후각기관과 연관되어 있다(흙 ↝ 후각). 후각기관인 코는 기능적으로 배설 행위와 연관되어 있다.[9]

이와 같이 다섯 행위 기관은 다섯 감각기관 및 다섯 거친 원소와 서로 어울린다. 육체의 기관들은 이것들을 물질세계에서 기능할 수 있도록 하는 구조물에 지나지 않는다. 육체는 어떤 행위들이 이루어지도록 하고, 마음은 그 경험을 얻도록 디자인된 매체이다. 행위 기관은 다만 능동적으로 표현하는 역할만 하고, 그것들의 수용 능력은 감각기관/지각기관을 통해 이루어진다. 행위 기관은 다섯 거친 원소와 깊은 연관이 있으므로 그것들에 작용한다면, 감각기관들은 다섯 미세한 원소들에 더 잘 어울린다.[10] 이런 복잡한 관계를 표로 나타내면 다음과 같다.

---

9) Vasant Lad(2011), pp.23~25.
10) David Frawley(2002), pp.24~25.

원소	감각	감각기관	행위	행위 기관
허공[空]	청각	귀	말하기	발성기관(혀, 성대, 입)
바람[風]	촉각	피부	잡기	손
불[火]	시각	눈	걷기	발
물[水]	미각	혀	생식	생식기관
흙[地]	후각	코	배설	배설기관

[표1] 다섯 거친 원소, 감각과 감각기관, 행위 및 행위 기관[11]

인간의 몸 구성2: 세 체질

에너지와 생명이 바람 원소를 통해 작용한다면, 빛과 지성은 불 원소를 통해 기능한다. 물질은 신체 조직을 유지하는 물 원소에 의해 좌우된다. 몸을 지닌 생명은 물 원소에서 생기고 그것을 통해 자양분을 공급받는다. 이들 세 힘에 생명력을 불어넣을 때 물, 불, 바람의 세 성분은 각각 바타(vāta, 허공+바람), 핏타(pitta, 불+물), 카파(kapha, 물+흙)라는 세 체질(tri doṣa)[12]을 창조한다.

(1) 바타 체질: 대장, 골반의 빈 곳, 뼈, 피부, 귀, 대퇴골 등에 머문다. 몸 안에 바타 체질이 지나치면 이들 부위에 바타 성분이 축적된다.

(2) 핏타 체질: 불로써 열과 빛을 창조하며, 이것을 통해 우리는

---

11) Vasnat Lad(2011), p.24.
12) 도샤doṣa는 '단점', '결점'의 뜻이며, 질병과 노화를 일으키는 요인을 가리킨다. 이것은 인간의 몸을 질병이나 노화를 일으키는 '체질', '성질', '성분', '기질'의 뜻으로 이해되는데 이 글에서는 문맥에 따라 '체질'이나 '성분'을 사용할 것이다.

보고, 소화하며, 변형된다.

(3) 카파 체질: 생물학적 물을 의미하며, 흙과 물의 두 원소로부터 생성된다.[13]

우리는 건강을 유지하기 위해서는 이 세 체질이 균형을 이루어야 한다. 이 세 체질은 모든 신진대사를 관할한다. 바타 체질은 이화작용을, 핏타 체질은 모든 신진대사를, 카파 체질은 동화작용을 관할한다. 따라서 세 체질이 많아지면 바타 체질은 몸을 여위게 하고, 핏타 체질은 신진대사를 방해하며, 카파 체질은 동화작용의 비율을 증가시킨다. 따라서 이 세 체질은 균형을 이룰 때 비로소 우리 몸은 건강하여 행복으로 가는 길을 열어준다.[14]

또한 다섯 거친 원소들은 인간의 몸 안에서 이들 기본적인 세 체질로 나타난다. 허공과 바람 원소로부터는 '바람 체질(vāta doṣa)'이, 물과 불 원소로부터는 '불 체질(pitta doṣa)'이, 흙과 물 원소로부터는 '물 체질(kapha doṣa)'이 나타난다. 이 세 체질은 몸을 구성하는 기본 체질이다.[15] 육체가 정상적인 생리학적 상태에 있을 때는 육체를 보호하여 건강하게 하지만, 이 세 체질의 균형이 깨지면 노화와 질병을 일으키는 원인이 된다. 따라서 이 세 체질은 몸 조직의 생성, 유지, 소멸을 관장한다. 뿐만 아니라, 몸으로부터 불필요한 물질을 밖으로 배출하는 기능도 담당한다.[16]

세 체질에서 바타 체질은 창자에, 핏타 체질은 복부에, 카파 체

---

13) David Frawley(2002), pp.37~38.
14) 박종운(2008), pp.110~113.
15) CS. 1.57.
16) Vasant Lad(2011), p.26.

질은 흉부에 위치한다.[17] 그러나 누구나 선천적으로 이 세 가지 체질이 섞여 있고, 또한 세 체질 가운데 어떤 유형의 체질이 우세하게 나타난다.

(1) 바타 유형의 사람: 신체적 발달에서 키가 지나치게 크거나 또는 작다. 이 유형은 생리학적으로 단맛, 신맛, 짠맛을 좋아하며, 뜨거운 음료수를 즐겨 마신다. 심리학적으로는 기억력은 떨어지지만 이해는 빠른 편이다. 또 재정적인 면에서는 돈을 빨리 모으지만 소비하는 것도 빨라서 대체로 가난한 편이다.

(2) 핏타 유형의 사람: 중간키에 호리호리하다. 생리학적으로 강한 신진대사와 소화력을 가지고 있어 식욕이 왕성하고, 단맛, 쓴맛, 떫은맛을 좋아하며, 찬 음료수를 즐겨 마신다. 심리학적으로는 이해력이 뛰어나며 매우 명석하고 말재주도 뛰어난 편이다. 이 유형은 물질적인 풍요를 즐기며, 재정적으로도 넉넉한 편이어서 부와 사치품을 과시하기를 즐긴다.

(3) 카파 유형의 사람: 육체가 잘 발달되어 있고 비교적 비대한 편이다. 생리학적으로 식욕의 굴곡이 심하고, 소화 과정이 빠르지 않아 음식물을 섭취하는 양이 많지 않다. 매운맛, 쓴맛, 떫은맛의 음식을 즐긴다. 또 재정적으로는 부유한 편이고, 돈은 잘 벌어도 쉽사리 낭비하지 않는다.[18]

이들 각 유형은 장점도 있고 단점도 있다. 예컨대 바타 유형은 가장 약골이지만 그것을 보호하는 변화와 적응에 가장 큰 능력을

---

17) CS. 20.8.
18) Vasant Lad(2011), pp.31~34.

지니고 있다. 핏타 유형은 보통 체력을 가졌지만 정신적 정서적인 힘이 뛰어나다. 카파 유형은 가장 강한 신체 골격을 가졌지만 그것을 적절히 사용하는 동기부여와 적응이 부족할 수 있다.[19]

인간의 마음: 세 속성, 의식의 세 상태 및 순수의식의 다섯 층

1) 세 속성

인간의 몸을 이루는 본성에 세 체질이 있다면, 정신적인 마음을 이루는 본성에는 세 속성(tri guṇa), 세 상태(tri avastha), 순수의식의 다섯 층(pañca kośa) 등이 있다.

먼저 세 속성은 삿트와 속성(sattva guṇa, sāttvika), 라자스 속성(rajas guṇa, rājasa), 그리고 타마스 속성(tamas guṇa, tāmasa)이 있다. 세 속성의 본성과 능력은 다음과 같다. 첫째, 삿트와 속성의 본성(ātma)은 즐거움(prīti, 樂)이고, 그것의 능력은 비춤(照明, prakāśa)과 가벼움(laghu)이다. 둘째, 라자스 속성의 본성은 근심(aprīti)이고, 그것의 능력은 활동(pravṛtti), 움직임(calam), 및 자극함(upaṣṭmbhaka)이다. 셋째, 타마스 속성(tamas-guṇa)의 본성은 미혹(viṣāda)이고, 그것의 능력은 억압(niyama), 무거움(guru), 및 장애(varaṇakama)이다.(SK. 12~13)

이들 세 속성 사이의 관계는 서로 지배하고, 의존하며, 생성시키

---

19) David Frawley(2002), p.44; 각 체질에 따른 아유르 베다의 체질표는 다음을 참조. David Frawley(2002), p.45.

고, 동반하며, 작용한다. 이 세 속성을 현대적으로 해석하면, 삿트와 속성을 지닌 사람은 육체적으로 건강하고, 행동과 의식이 순수하다. 라자스 속성을 지닌 사람은 사업, 번영, 권력, 위엄, 지위 등에 관심을 가지며, 부를 즐기며 외향적인 성격을 지니고 있다. 타마스 속성을 지닌 사람은 게으르고 이기적이며 다른 사람을 해칠수 있다.[20] 따라서 아유르 베다와 요가는 공통적으로 현실 세계에서 삿트와 속성을 지닌 인간이 되기를 바란다.

2) 의식의 세 상태

의식의 세 상태에는 '물질적인 거친 몸'[粗大體], '미묘한 몸'[微妙體], 그리고 '원인적인 몸'[原因體]이 있다.

(1) 물질적인 거친 몸: '미묘한 몸'과 '원인적인 몸'으로부터 발달된다. 이 몸은 다섯 거친 원소들의 창조물이며, 거친 단계에서 생명력(prāṇa)이 나타나는 바타, 핏타, 카파 체질들의 지배를 받는다. 이러한 몸은 신체 조직이라는 매개체 안에 감각적 마음(manas), 감각(indriya), 생명력(prāṇa)을 담는 그릇이다.[21]

(2) 미묘한 몸: '물질적인 거친 몸'보다 뛰어난 에너지의 몸이기 때문에 '전기적인 몸(electrical body)'이라 한다. 이 몸은 '빛의 영역(field of light)'이자 '오라의 영역(auric field)'이기 때문에 '신령한 몸(astral body, 靈體)'이라고도 한다. 그러나 이것은 개체적 영혼(jīva)[22]

---

20) Vasant Lad(2011), p.34.
21) David Frawley(2002), pp.81~82.
22) 이것은 몸과 마음의 장막 뒤에서 환생하는 독립적 실체를 뜻하는 산스크리트 생명력(jīva, life power), 또는 개별적 자아/현상적 자아(jīvātman)인데 이것은 최고의 참자아(parātman)와 대비되는 용어로서, 이른바 영혼은 모든 다른

이 반사한 것이기 때문에 '달의 몸(lunar body)'이라고도 한다. '미묘한 몸'은 그 자체 안으로 가져오는 전기력인 에너지와 '인상'(印象, vāsanā, saṁskāra)들의 본질이며, 다섯 생명력[23]과 다섯 미세 원소(pañca tanmātra, 五唯)로부터 만들어진다. 이것은 전기장이며, 매우 활동적이다. 그러므로 이것은 끊임없이 변하는 감각적 마음, 다섯 지각기관, 다섯 행위 기관의 11무리와 함께 늘 변하며 움직인다.[24] 이 몸은 '물질적인 거친 몸'과 비슷하기는 하지만 어떤 특별한 물체라기보다 '인상'으로 존재한다. '미묘한 몸'은 몸에 에너지를 불어넣어 신경계와 호흡기계를 통해 몸을 감싸고 있다. 따라서 모든 신체적인 질병들은 '미묘한 몸'과 생명력 안의 에너지 불균형에서 일어난다.

(3) 원인적인 몸: '미묘한 몸'의 기초가 되는 가장 높은 차원의 몸이다. 이것은 업종자(karmāśraya, 潛在業)를 담고 있어 인간을 다른 몸으로 계속 태어나게 하는 원인이 되는 몸이다. 이 몸은 세 몸으로부터 벗어나서 제거될 경우를 빼고는 없어지지 않는다.

'미묘한 몸'과 '원인적인 몸'은 서로 밀접한 관계가 있어, 때로는 하나의 몸이라고도 한다. '미묘한 몸'은 우리의 일상적인 외향적 감각적인 심성을 이루는 '외적인 마음(bhais sarīra)'이라면, '원인적인 몸'은 형상과 감각 너머에 있는 '내적인 마음(antara sarīra)'이

　　탄생들을 통해 지속되는 윤회의 주체이다.
23) 생명력(vāyu)에는 다섯 가지가 있다. 그것은 프라나prāṇa, 아파나apāna, 사마나samāna, 비야나vyāna, 우다나udāna이다. 프라나는 안쪽으로 움직이는 흡기吸氣이고, 아파나는 밖의 아래로 움직이는 호기呼氣이며, 사마나는 균형 잡힌 행위를 하는 평기平氣이고, 비야나는 확장하는 행위를 하는 산기散氣이며, 우다나는 위로 움직이는 상기上氣이다.
24) cf. SK, 24; 문을식(2013), p.382.

다. '미묘한 몸'이 의식적으로 기능하며, 형상 안에 있는 '지고한 의식의 영역'이며, 순수하고 아름다운 '기쁨의 영역'이라면, '원인 적인 몸'은 의식적으로 기능하며, 형상 너머에 있는 '지고한 의식의 영역'이며 '관념의 영역'이다. 따라서 '원인적인 몸'은 윤회하는 동안에도 줄곧 유지되고, 참자아의 실현으로 가는 진화를 거치지만 그 자체로는 태어나거나 죽지 않는다. 그러나 윤회를 거치면서 새롭게 태어난 '미묘한 몸'은 다른 탄생에서 '원인적인 몸'으로부터 태어나는 몸의 기초가 된다. 따라서 '원인적인 몸'은 '미묘한 몸'의 씨앗(bīja), 또는 아직 나타나지 않는 형상(avyakta)이다. '미묘한 몸'은 '원인적인 몸'이 나타난 형상이므로 '미묘한 몸'의 모든 잠 재력은 '원인적인 몸' 안에 내재되어 있는 것으로 본다.[25]

3) 순수의식의 다섯 층

순수의식의 다섯 층은 '음식층(anna maya kośa)', '생명력층(prāṇa maya kośa)', '감각적 마음층(mano maya kośa)', '지성적 마음층(vijñāna maya kośa/buddhi maya kośa)', '환희층(ānanda maya kośa)'인데 인간을 다섯 층으로 설명한다.

(1) 음식층: 이것은 우리가 흔히 말하는 '육체적인 몸'을 말한다. 이것은 '해부학적 생리적 차원의 몸', 또는 '신체적인 거친 몸'을 가리킨다. 이것은 음식물로 이루어졌지만, 순환계와 호흡기계를 통해 '생명력층'을, 신경계와 감각들을 통해 '감각적 마음층'을, 뇌를 통해 '지성적 마음층'을, 그리고 생식기를 통해 '환희층'을 반

---

25) David Frawley(2002), pp.80~81.

영한 것이다.

(2) 생명력층: 이 몸은 이원적이다. 먼저 '낮은 차원의 생명력층'은 '음식층' 수준에 있는 신체적 생명력이다. 이것은 세 체질을 포함하여 몸 안에서 생명력을 발생시킨다. 또 '높은 차원의 생명력층으로서 몸'은 미묘한 생명력들과 '감각적 마음'의 생명력을 통해 활력을 불어넣어 나타난 '생명력의 영역'이다. 이 '생명력 층'는 외적인 면에서 다섯 행위 기관을 가진 몸으로 살아 움직이게 된다. 이 생명력이 없다면 우리 몸은 단지 살덩어리에 지나지 않을 것이다. 그것은 내적인 면에서 다섯 지각기관과 다섯 행위 기관을 통해 그 자체를 나타내고 표현한다.[26] 이 층은 개별 신체의 에너지 그물이다. 특히 이 층은 육체적인 몸과 '감각적 마음'의 접점이 되는 곳이다. 이 층은 에너지 통로 나디nāḍī와 에너지 저장고 차크라 cakra를 다룬다.[27] 이것의 자각 수준은 소화와 순환과 같은 생리적인 작용은 호흡의 질과 느낌, 감정으로 경험된다.[28]

(3) 감각적 마음층: 이 층은 욕망하는 힘이 있고, 즐거움과 괴로움으로 흔들리며 변덕스러움으로 경험된다. 이 층은 '음식층'과 '생명력층'의 두 층과 '지성적 마음층'과 '환희층'의 내용을 서로 전달하는 매개체 역할을 한다. 이 몸은 감각적 인상을 받아들여 정신적 연상 및 기억, 행동을 통합하는 능력을 지니고 있다.[29]

---

26) David Frawley(2002), p.85.
27) 이 단편 글에서 '나디'와 '차크라'도 주요한 부분이므로 설명을 해야 하지만 다른 글(곽미자)에서 그들에 대해 논의될 것이므로 자세한 이해는 거기로 넘기며 생략한다. cf. Arthur Avalon(1958); 사라스와티, 스와미 사티야난다(2003); 비틀링어, 아놀드(2008); 박미라(2015).
28) 박미라(2015), p.41.
29) 박미라(2015), pp.41~42.

(4) 지성적 마음층: 이 층은 본래 이원적이다. 첫째, 낮은 기능은 외부 세상을 향한 분별기능을 하며, '미묘한 몸'과 '감각적 마음층'의 일부로 감각들과 함께 작용한다. 둘째, 높은 기능은 영원을 향한 분별력으로 기능하는 '원인적인 몸' 또는 '환희층'의 일부이며 감각을 초월한다. 지성적 마음(buddhi)을 통해 오는 행복과 평화는 '환희층'을 통해 기능한다.[30] 따라서 '감각적 마음층'이 외부로부터 들어오는 감각 정보를 수집하는 곳이라면, 이 층은 그것을 통해 들어온 정보를 분석하고 판단하는 기능을 한다.(SK. 23) 전자가 외적 기관이라면 후자는 내적 기관이다. 이 층은 전자의 층보다 심화된 자각 단계로 지혜와 직관의 층이다. 이 층에서는 의사 결정, 분별 등의 활동을 하고, 경험의 의미를 평가하고 인식하며, 직관, 창의성, 의지, 비전에 따라 행동을 하게 된다.[31]

(5) 환희층: 이 층은 앞의 네 층을 나타나게 하는 원인으로 작용하기 때문에 '원인적인 몸'이라고도 한다. 이 층은 가장 내적인 성격 층이다. 그러므로 여기에서는 모든 생각과 인상이 사라져 평화와 기쁨이라는 행복감을 경험하게 된다. 그렇지만 이 층은 참자아의 본질인 환희와 아주 비슷하기는 하지만 참자아 자체는 아니다. 왜냐하면 참자아/순수 영혼(Ātman, Puruṣa)는 '세 몸'과 '다섯 층'을 모두 넘어서 삶과 죽음이라는 순환의 고리로부터 벗어날 때 비로소 발현되기 때문이다.[32]

따라서 다섯 층은 몸의 세 상태와 연관지어보면, '물질적인 거

---

30) David Frawley(2002), pp.85~86.
31) 박미라(2015), p.42.
32) 이에 대한 더 자세한 이해는 다음 글들을 참조. 문을식(2015a)와 문을식(2015b).

친 몸'은 '음식층', '미묘한 몸'은 '생명력층', '감각적 마음층'과 '지성적 마음층'에, '원인적인 몸'은 '환희층'에 해당한다. '물질적 인 거친 몸'은 물질로 이루어졌기 때문에 우리가 말하는 '일상적 인 몸', 또는 '인식할 수 있는 몸'이라면, '미묘한 몸'은 '물질적인 거친 몸'과 '원인적인 몸'을 매개한다. 또 '원인적인 몸'은 현상계 의 원인이지만 아직 드러나지 않은 세계이다. 그렇지만 참자아는 이 세 상태의 몸을 초월한다.[33]

행복을 디자인하기1: 아유르 베다

아유르 베다가 건강 증진을 목표로 한다면, 요가는 신체적 몸 의 한계를 벗어나도록 돕는 것을 궁극적 목표로 한다. 그러므로 아 유르 베다는 신체적 건강을 증진시켜서 체질들, 특히 바타 체질이 몸에 축적되지 않도록 삿트와적 조리된 음식, 균형 잡힌 식이요법 (diet), 원소들로부터 우리 자신을 보호하는 것을 강조한다면, 대부 분의 전통적인 요가 수행들은 가벼운 식단, 생식과 해독 수단들을 포함하며, 요가 자세, 감각 철회, 호흡법과 명상을 포함한 수행을 강조한다.[34]

아유르 베다 치료(cikitsā/kriyā)는 개인의 생물학적 체질을 이해하 는 것에 바탕을 두고 있다. 적합한 음식은 각 체질의 균형을 유지

---

33) 문을식(2015b), pp.415~416.
34) David Frawley(2002), pp.168~169.

시켜준다. 아유르 베다 치료의 열쇠는 체질의 주된 불균형을 알아서 그것을 처리하는 데 있다. 아유르 베다의 건강양생법을 통해 한계가 없는 우리의 모든 능력을 최대한 활용하여 최적의 건강 상태, 곧 행복감에 이를 수 있는 방식으로 살아갈 수 있다. 최적의 건강을 위해서는 아유르 베다에 따른 올바른 생활 규칙을 지혜롭게 따르면 행복한 마음 상태를 지닐 수 있다.

1) 조리된 건강한 음식

아유르 베다 치료는 올바른 식이요법과 함께 시작된다. 올바른 음식은 신체를 만들고, 부적절한 음식은 질병을 일으킨다. 올바른 식이요법은 질병을 치료하는데 효과적이며, 질병을 예방할 수 있는 최고 수단이다. 중요한 것은 무엇을 먹느냐에 있는 게 아니고 어떻게 먹느냐에 있다. 음식은 따뜻하고 촉촉하게 조리된 음식을 적당히 먹어야 한다. 그런데 요즈음 사람들은 채식요법과 생식요법을 혼동하고 있는 것 같다. 채식은 육류나 어류와 같은 다른 동물의 몸이 아닌 채소, 나무 열매나 풀뿌리를 먹는 것이라면, 생식은 이러한 채소든 육류든 조리하지 않고 날 것으로 그냥 먹는 것을 말한다. 그렇지만 익히지 않은 생식은 소화하기 어려워서, 조리된 음식만큼 대량의 영양분을 제공하지 못한다. 그러므로 아유르 베다에서는 단기적 해독이 필요할 경우가 아니라면 생식은 권장하지 않는다. 그 이유는 생식은 우리 몸에 이로움보다 해로움이 더 많기 때문이다.

그렇지만 조리된 음식은 흙과 물 원소인 카파 체질을 증가시키는 데에 좋고, 불 원소인 핏타 체질을 증가시키는데도 좋다. 왜냐하면 조리된 음식은 더 쉽게 소화되도록 하고 몸을 균형 있게 형성하는데 도움을 주기 때문이다. 그렇지만 생식은 생명력과 마음의 섬세한 감각을 촉진시키는 데에 좋다. 그러므로 섬세한 감각을 증진시켜야 할 필요가 있는 사람을 뺀 대부분은 생식을 하지 않고 조리된 음식을 먹는 것이 건강에 좋다.

2) 다섯 거친 원소, 세 속성, 세 체질과 삿트와적 맛과의 관계

물질계는 모두 다섯 거친 원소로 이루어져 있다. 그래서 한 가지 맛만 지니고 있는 물질은 찾을 수 없다. 그러므로 아유르 베다에서 권장하는 '삿트와적 식이요법'을 하려면 먼저 음식의 맛, 곧 여섯 가지 맛六味을 알아야 한다. 여섯 가지 맛은 단맛, 신맛, 짠맛, 매운맛, 쓴맛, 떫은맛이다. 각각의 맛은 다섯 원소 가운데 두 원소의 우세에 따라 이루어진다. 흙과 물의 두 원소는 신체 조직을 결합하는 데에 가장 쓸모가 있다. 흙과 물 원소가 지니고 있는 단맛, 신맛, 떫은맛은 신체 조직을 결합하는데 목적이 있다. 반면에 불과 바람의 두 원소는 쓴맛, 매운맛, 짠맛이 우세하고, 이들 물질들은 주로 신체 조직을 줄이고 독소를 제거하는데 이용된다.[35]

(1) 단맛: 혈장, 혈액, 근육, 지방, 뼈, 신경, 생식기를 포함한 신

---

35) 데이비드 프롤리, 수바슈라나데(2008), pp.174~175.

체 조직을 강화시킨다. 그것은 수명을 늘리고, 감각기관에 영양분과 활력을 주며, 피부색을 좋게 하고, 피부, 머리, 목소리에 대한 윤활 효과가 있으며, 힘을 증진시킨다. 심리적으로는 사랑의 에너지를 포함하여 쾌활함, 에너지 그리고 행복감을 증진시켜준다.

(2) 신맛: 식욕을 증가시키고 침 분비를 촉진시켜 소화력을 자극하고, 연동운동을 조절한다.

(3) 짠맛: 소화를 향상시키고, 음식에 고상한 맛을 주며, 쾌변을 돕고, 몸의 뻣뻣함을 덜어주고, 축적물을 부드럽게 해준다.

(4) 매운맛: 입을 정화시켜주고, 음식에 풍미를 주며, 소화를 자극하고, 박테리아와 기생충을 죽일 수 있도록 도와준다. 이 맛은 그것의 뜨거운 체질에 의해 땀을 나게 해주고, 부종과 비만을 줄이도록 도우며, 몸의 지나친 기름기를 없애준다. 또한 배설물과 가려움증을 완화시켜주고, 혈액순환장애를 돕는다. 그리고 마음과 감각을 자극하고 머리와 목구멍을 맑게 해준다.

(5) 쓴맛: 식욕을 돋아주는 작용을 하고, 몸에서 열을 줄여주며, 해독 작용을 하고, 기생충을 죽인다. 가려움증, 갈증, 피부염증을 완화시켜주며, 비만을 줄여준다.

(6) 떫은맛: 지혈을 해주고, 상처, 베인 곳, 까진 피부 등의 치유를 증진시켜준다. 이 맛은 혈액을 정화하고, 독소와 지나친 노폐물을 줄여주고, 출혈을 막고, 열나는 것, 기침과 설사를 멈추게 해준다.[36]

이들 육미 가운데 '삿트와적 맛'은 단맛이다. 단맛은 마음과 감

---

36) 데이비드 프롤리, 수바슈라난데(2008), pp.178~181.

각에 자양분을 주고, 몸의 균형이 잡히도록 하며, 기분을 좋게 하는 맛이다. 단맛이 아무리 '삿트와적 맛'이라고 하더라도 가공된 설탕과 같은 단맛은 '삿트와적 단맛'이 아니므로 해롭다. 여기서 말하는 '삿트와적 단맛'이란 천연 당분으로부터 뽑아낸 맛이다. '삿트와적 단맛'은 과일, 곡물, 채소, 씨앗과 견과류에 들어있는 천연 당분, 녹말, 탄수화물, 기름 등에서 뽑아낸 단맛이다. 그러므로 이들 식재료들로부터 추출된 '삿트와적 단맛'을 올곧게 섭취해야 몸을 건강하게 할 수 있다.

'라자스적 맛'은 매운맛, 신맛과 짠맛이다. 이들 맛은 자극하는 체질을 지니고 있어 신경계를 흥분시키는 잠재적인 힘을 지니고 있다. 쓴맛이나 떫은맛은 체중 감량에는 효과가 있지만 잠재적인 부작용을 지니고 있다.

그러나 각각의 맛은 그것들이 어떻게 사용되느냐에 따라 '삿트와적 맛', '라자스적 맛', '타마스적 맛'일 수도 있다. 그러므로 중요한 것은 맛의 균형 문제이다. 맛에는 세 체질을 감소시키는 맛이 있거나, 또는 증가시키는 맛이 있기 때문이다.

또한 세 체질과 여섯 가지 맛의 관계는 바타 체질을 감소시키는 맛에는 단맛, 신맛, 짠맛이 있고, 바타 체질을 증가시키는 맛에는 매운맛, 쓴맛, 떫은맛이 있다. 핏타 체질을 감소시키는 맛에는 단맛, 쓴맛, 떫은맛이 있고, 그것을 증가시키는 맛에는 신맛, 짠맛, 매운맛이 있다. 카파 체질을 감소시키는 맛에는 매운맛, 쓴맛, 떫은맛이 있고, 증가시키는 맛에는 단맛, 신맛, 짠맛이 있다. 세 체질의 조화를 이루기 위해서는 여섯 가지 맛의 올바른 균형이 필요하다.[37] 왜냐하면 이 여섯 가지 맛은 그 맛에 따라 몸에 달리 작용하기 때문이다. 세 체질과 여섯 가지 맛의 관계를 표로 나타내면 다음과 같다.

	바타 체질	핏타 체질	카파 체질
단맛	−	−	+
신맛	−	+	+
짠맛	−	+	+
매운맛	+	+	−
쓴맛	+	−	−
떫은맛	+	−	−

[표2] 세 체질과 여섯 가지 맛의 관계(※ 감소: -, 증가: +)

그렇지만 '삿트와적 식이요법'은 음식의 유형 문제만 아니다. 그것은 음식을 먹을 때 문제이다. 아침 식사는 가벼운 음식을 먹고, 저녁 식사는 일찍 먹어야 한다. 과일이나 우유와 같은 것을 빼고 너무 늦게 먹으면 몸과 마음을 무겁게 하므로 피해야 한다. 그러므로 점심 식사가 주된 식사이므로 잘 챙겨먹어야 한다.

행복을 디자인하기2: 요가

아유르 베다가 건강한 신체와 마음을 위한 자연 치유 체계로 이루어져 있다면, 요가는 신체의 유연성을 향상시키고 스트레스를 줄여주는 요가 자세(āsana)를 비롯한 호흡법(prāṇāyāma, kumbhaka), 감각

---

37) David Frawley(2002), pp.179~181.

철회(pratyāhāra), 명상(dhyāna, saṁyama) 등의 심신 건강 체계로 구성되어 있다.[38] 요가와 아유르 베다는 둘 다 인체의 해부학, 생리학 그리고 치료를 같은 방식으로 접근한다. 이것은 둘 다 상키야 사상의 세 속성, 다섯 거친 원소, 다섯 미세 원소 등과 함께 24원리(tattva)를 받아들이고 있다는 점에서 이것을 확인할 수 있다. 이 두 체계에서 아유르 베다가 신체를 아는데 더 많이 이용한다면, 요가는 '미묘한 몸'과 차크라를 이해하는데 더 많이 이용한다.[39] 그러므로 아유르 베다는 이론적으로는 상키야 사상, 실천적으로는 요가 사상에 기초하고 있다.

1) 요가 자세

요가 자세는 아유르 베다도 권장하는 운동 형태이다. 요가 자세는 모든 체질에 이로우므로 바르게 수련하면 모든 체질의 균형이 잡힐 수 있다. 그러나 요가 자세가 적절히 수행되기 위해서는 특정한 방법이 필요하다. 그것이 바로 각 체질에 따른 요가 자세 수련이다.

(1) 바타 체질을 위한 요가 자세

바타 체질을 가진 사람은 활동적이다. 그들은 가만히 앉아 있기 어려운 체질이므로 앉아서 수련하는 요가 자세가 좋다. 따라서 고

---

38) 이들 내용은 『요가경』안에서 다음과 같다. YS. 2.29; 2.46~48; 2.49~53; 2.54~55; 3.2; 3.4~8.
39) 데이비드 프롤리, 수바슈라나데(2008), pp.332~333.

요하고 기초를 강화하는 요가 자세가 크게 효과적이다. 그들을 위한 요가 자세로는 '행복한 요가 자세(sukhāsana)', '성취자 요가 자세(siddhāsana)', '연꽃 모양 요가 자세(padmāsana)', '금강형 요가 자세(vajrāsana)', '사자 모양 요가 자세(siṅhāsana)', '맛시엔드라 요가 자세(matsyendrāsana)', '태양 경배 요가 자세(sūryanamaskāra)', '나무 모양 요가 자세(vṛkṣāsana)' 등이 좋다.[40]

(2) 핏타 체질을 위한 요가 자세

핏타 체질을 지닌 사람들은 쉽게 흥분하여 화를 잘 내는 유형이다. 요가 자세는 그것을 진정시킴으로써 성급하거나 부적절한 행동에서 벗어날 수 있고, 예리한 지성을 자기 자신에게 돌리도록 도와준다. 이에 도움이 되는 요가 자세로 '코브라 모양 요가 자세(bhujaṅgāsana)', '어깨로 물구나무서기 요가 자세(sarvāṅgāsana)', '쟁기 모양 요가 자세(halāsana)', '달 경배 요가 자세(candranamaskāra)', '삼각 모양 요가 자세(trikoṇāsana)' 등이 있다.[41]

(3) 카파 체질을 위한 요가 자세

카파 체질의 사람들은 신체의 폐부가 막히기 쉬운 체질이다. 그들은 카파 체질의 과잉이나 침체를 방지하는 요가 자세가 필요하다. 이 유형의 사람들은 요가 자세와 호흡법을 통해 내적 에너지를 움직여서 삶을 긍정적인 방향으로 변화시킬 수 있도록 해준다. 그

---

40) David Frawley(2002), pp.223~224.
41) David Frawley(2002), pp.224~225.

런 요가 자세로는 '등펴기 요가 자세(paścimatānāsana)', '가부좌 요가 자세(vīrāsana)', '행복한 현인 요가 자세(bhadrāsana)', '낙타 모양 요가 자세(ustrāsana)' 등이 좋다.[42]

2) 호흡법

우리는 의식을 하건 하지 않건 생명력(prāṇa, vāyu)을 추구하고 있다. 인간의 수명은 선천적으로 타고난다(人命在天)고 한다. 그러나 요가에서는 이와 달리, 인간의 수명은 태어날 때부터 호흡수가 정해져 있다고 한다. 이것은 선천적으로 주어진 호흡수를 호흡법의 수련을 통해 되도록 아껴야 장수할 수 있다는 메시지로 인식된다. 이것은 요가에서 호흡법이 얼마나 중요한 지를 강조하는 의미로 이해된다.

따라서 인간의 즐거움은 오직 생명력의 조절을 통해 계속 유지될 수 있다. 우리가 생명력을 다스리는 법을 배우게 되면 더 이상 외적인 즐거움의 추구에 머물지 않고, 내적 즐거움, 곧 내적 행복을 얻을 수 있다. 이 호흡법은 요가 수행 가운데 가장 핵심적인 수행법의 하나이다. 호흡법은 고전 요가의 8갈래 요가 가운데 네 번째에 해당한다. 호흡법은 요가체계 전체를 받치고 있는 버팀목이다. 호흡법은 '생명력의 확장'의 뜻인데 우리는 이것을 보통 '생명력의 유지'라고 번역하고 있다. 호흡이 바르게 기능하면 호흡기계, 순환계, 신경계의 질병을 치료하는 데에 매우 효과적이다. 또한 이

---

42) David Frawley(2002), p.225.

것은 신경쇠약, 만성피로, 약한 면역력 등에 뛰어난 효과가 있어 심리적 장애와 정서적 장애들을 치료하는 중요한 수단이 된다. 그 것은 우울증을 막고, 괴로움과 집착을 내려놓으며, 스트레스와 긴 장을 줄이는데 뛰어나다.[43)]

호흡법에서 프라나와 아파나[44)]의 균형은 매우 중요하다. 아파 나가 아래로 움직이면 질병, 늙음, 죽음 의식이 감소하고, 프라 나는 위로 올라가 흩어지기 때문이다. 우리는 호흡법 수련을 통 해 아파나를 상승시켜 프라나와 결합하게 하고, 프라나를 하강시 켜 아파나와 배꼽 부위에서 결합하도록 해야 한다. 이렇게 함으로 써 호흡법은 배꼽 부위에 자리하며 소화를 책임지는 프라나 아그 니(prāṇāgni, 프라나 소화의 불)를 발달시킨다. 배꼽은 서로 연결된 하 위 세 차크라 가운데 가장 상위의 마니푸라 차크라manipura-cakra가 위치하는 부위이다. '프라나 아그니'는 이런 세 차크라를 일깨워 서 상승시키고, 프라나와 아파나를 전달하여 쿤달리니 샥티kuṇḍalinī śakti를 일깨워준다.[45)]

또한 호흡법은 세 체질을 취급한다. 올바른 호흡법 수련은 바타 체질을 정상화하고, 카파 성분을 감소시키는 주요한 수단이 된다.

---

43) David Frawley(2002), p.243.
44) 태양(sūrya)은 프라나prāṇa, 달(candra)은 아파나āpana를 상징한다. 그래서 하타 요가는 핑갈라 나디(piṅgalā nāḍī, 오른쪽 기도)와 이다 나디(iḍā nāḍī, 왼쪽 기도)가 결합하여 수슘나 나디(sūṣumnā nāḍī, 중앙기도)로 흐르거나, 또는 프라나와 아파나의 결합이 바로 호흡법(prāṇāyāma=kumbhaka)이라고 한다. 따라서 하타 요가란 생명 에너지의 조절을 통해 얻는 실천적 수행법이다. 이 생명 에너지(vital energy)의 조절을 통해 우리의 생각과 마음의 움직임을 알 수 있다. 문을식(2015c), pp.139~140; 따라서 "아파나를 위로 끌어올리고 프라나를 목 아래로 내리면 요가수행자는 늙음에서 벗어나고 16살 먹은 젊은 소년과 같이 된다."(HP. 2.47)
45) David Frawley(2002), p.245.

아유르 베다에서는 잘못된 호흡 수련을 하게 되면 세 체질의 균형이 깨져 질병에 걸리게 된다고 한다. 특히 올바른 호흡 수련은 바타 체질의 질병치료에 탁월한 효과가 있다. 이 질병이란 주로 신경계 계통의 장애로 횡격막이나 호흡기 계통의 근육에 이상이 생겨 발생하는 딸꾹질, 천식, 기관지염 등과 같은 통증질환을 말한다.[46]

3) 감각 철회

고전 요가는 의식을 철회하는 '감각 철회'를 여덟 갈래 가운데 다섯 번째 요가 수련법으로 규정하고 있다.(YS. 2.54~55) 이 감각 철회는 요가의 외적 측면과 내적 측면을 연결해 주는 열쇠와 같은 역할을 한다. '감각 철회'란 무엇인가? 감각 철회(pratyāhāra; prati+āhāra)에서 'prati'는 접두어로서 '~에 대한'이고, 'āhāra'는 '음식'이란 뜻이므로 이 둘은 '음식에 대한 (통제)'이다. 이것은 마치 거북의 네 발이 등껍질 안으로 거두어들이는 것에 비유되기도 한다. 예컨대 『바가바드 기타』*Bhagavad gītā*(2.58)에서 "저 거북이가 등껍질 안으로 사방으로부터 사지를 거두어들이듯, 감각의 대상으로부터 감관을 거두어들일 때, 그의 지혜는 확고히 서 있게 된다." 여기서 거북의 등껍질은 마음, 네 발은 감각을 나타낸다.

그렇지만 'āhāra'는 '감각들로부터 철수', 또는 '감각 철회'인데 이것은 더 많은 의미를 가지고 있다. 이것은 그 수준에 따라 크게 세 가지 뜻이 있다. 첫 번째 수준은 몸에 자양분을 공급하기 위해

---

46) 문을식(2015c), p.171; HP. 2.17.

필요한 '다섯 거친 원소'를 가져다주는 '음식', 두 번째 수준은 마음에 자양분을 공급하는 데에 필요한 '미세한 원소'를 가져다주는 음식으로서 '인상'이다. 세 번째 수준은 가슴 수준에서 간직하고 있는 친밀한 관계들과 사람들이다.[47]

그런데 '감각 철회'는 두 부분으로 이해해야 한다. 첫째, 감각 철회는 그릇된 음식, 그릇된 인상과 그릇된 관계들로부터 철수함과 동시에 올바른 음식, 올바른 인상과 올바른 관계에서 열려있는 마음을 포함한다. 왜냐하면 올바른 식이요법과 올바른 관계가 없이는 정신적 인상들을 통제할 수 없기 때문이다. 둘째, 감각 철회는 감각적 인상들의 통제에 달려 있다. 이것은 우리의 마음을 자유롭게 하여 내면으로 이동하도록 한다. 따라서 건강하고 행복한 삶을 위해서는 부정적인 인상들로부터 우리의 지각을 철수시켜서 '감각 철회'라는 면역력을 강화시켜주어야 한다. 만약에 면역력이 떨어져 저항할 수 없을 때 '감각 철회'를 수행하여 주위의 부정적인 감각적 영향력으로부터 벗어날 수 있기 때문이다.[48]

'감각 철회'는 네 가지 형태로 설명할 수 있다. 그것은 '감각 철회(indriya pratyāhāra)', '생명력 철회(prāṇa pratyāhāra)', '행위 철회(karma pratyāhāra)', 그리고 '감각적 마음 철회(manas pratyāhāra)이다.[49]

---

47) David Frawley(2002), p.261
48) David Frawley(2002), p.262.
49) 곽미자는 이와 달리, 더 세분해서 분류하고 있다. 그것은 감각기관의 통제, 감각지각의 통제, 마나스(감각적 마음)의 철회, 프라나(생명력)의 철회, 잠재인상들의 철회, 자아의 철회 등 일곱 가지로 나누어 설명한다. 여기서 잠재인상은 잠세력(saṃskāra)이고, 자아는 자아의식(ahaṃkāra)을 의미한다. 이에 대한 자세한 설명은 다음을 참조, 곽미자(2014), pp.95~118.

(1) 감각 철회

보통 '프라티야하라'는 감각 철회로만 알고 있지만 그것은 겉으로 드러난 것에 대한 이해일 뿐이다. 왜냐하면 감각 철회는 '감각적 마음 철회' 등의 의미를 함축하고 있기 때문이다. 감각적 인상들은 '감각적 마음'을 위한 주요한 음식이다. 현대인들은 대중 매체(텔레비전, 컴퓨터, 스마트 폰 등)를 지향하는 문화 속에서 살고 있어, 그런 매체들로부터 끊임없이 감각에 폭격을 당하고 있다. 한편으로 우리는 그것들을 탐닉하며 그 안에 빠지는 것을 좋아하는 경우가 있지만, 다른 한편으로 그것들로부터 벗어나고 싶지만 벗어나는데 그럴 방법을 몰라 헤매고 있다. 요가에는 그것의 해결 방법이 없을까? 요가에는 여러 감각들을 차단하는 '감각 철회' 기법들로는 요니 무드라yoni mudrā와 미간 응시 무드라(śāmbhavī mudrā)가 유명하다.

첫째, '요니 무드라'란 달리 요가 전문용어로 '금강감로 무드라(vajrolī mudrā)'[50]라고도 한다. '요니 무드라'에는 두 가지가 있다고 전해온다 하나는 손가락으로 눈, 코, 귀, 입을 막고 근본 반다(mūla bandha, 항문 반다)를 하여 빈두(bindu, nectar)를 위로 끌어올리는 수련법이다. 이것은 샨무키 무드라(śanmukhi mudrā)[51]와 같은 수련법이다. 다른 하나는 손가락으로 요니 무드라에서 하는 특유한 제스처인 손짓이나 몸짓으로 하는 방법이다. 이처럼 눈, 귀, 콧구멍, 입 등을 머리에 있는 감각의 입구를 손가락으로 막고 주의와 에너지를 내

---

50) 이 무드라에 대한 자세한 내용은 HP.3.83-91을 읽으면 도움이 된다. 문을식(2015c), pp.218~221.
51) HP. 4.68; 문을식(2015c), pp.255~256.

면으로 향하게 하는 무드라 법이 있다. 이 무드라는 호흡 수련을
한 뒤에 생명 에너지가 채워질 때 짧은 기간 안 하는 수련법이다.

둘째, '미간 응시 무드라'란 눈을 뜬 채 텅 빈 공간에서 앉아 시
선을 양 미간 사이의 내면으로 향하게 하는 기법이다. 곧 요가 수
행자가 내부의 대상에 마음과 생명력을 몰입시킬 때 몸은 움직이
지 않고 눈을 부릅뜨고 있지만 보지 않는 기법이다.[52]

(2) 생명력 철회

호흡법은 감각 철회의 준비 단계이다. 생명력이 호흡법을 통해
모인다면, 그것은 감각 철회를 통해 철수시킨다. 요가 논전들은 몸
의 각 부분들로부터 생명력을 철수시키는 방법을 설명하고 있다.
이것은 발가락에서 시작하여 가슴이나 다른 차크라, 곧 양 미간의
제3의 눈 등 어디든지 우리의 주의를 고정시키고자 하는 곳에서
끝나면 된다. '생명력 철회'에서 가장 뛰어난 방법은 죽음 과정을
시각화하는 것이다. 이 과정에서 생명력은 몸으로부터 철수하여
발끝부터 머리끝까지 모든 감각들을 닫게 하는 방법이다.[53]

(3) 행위 철회

감각기관을 통제하기 위해서는 반드시 행위 기관을 통제해야
한다. 감각들을 통해 들어온 자극들은 행위 기관을 통해 나타나기
때문이다. 이것은 우리를 더욱 감각적인 것들과 관련되게 만든다.

---

52) HP. 4.35~42; 문을식(2015c), pp.244~245.
53) David Frawley(2002), pp.267~268.

행복은 우리가 더 이상 외적 대상에서 아무것도 필요하지 않는 데에 있다. 이 행위 철회는 우리가 하는 일에 보상을 바라지 않고 인류에 대한 봉사로서 행하는 것을 통해 행해질 수 있다. 이것은 『바가바드 기타』(2.47)에서 "그대의 의무는 행위를 하는 것에 있지, 그대가 하는 일에 대한 보상을 받는 것에 있지 않다."[54]라고 하는 것이 일종의 행위 철회에 해당한다. 이것은 행위 요가(karma yoga)와 박티 요가(bhakti yoga)를 통합하는 길로 이해된다.[55]

(4) 감각적 마음 철회

'감각적 마음'은 여섯 감각[六感] 가운데 마지막 여섯 번째 감각이다. 이것은 다른 모든 감각을 조정하는 역할을 한다. 데이비드 프롤리(D. Frawley)는 "우리는 '감각적 마음'이 집중하는 곳에서만 감각적인 인상들을 받아들인다. 우리가 어떤 감각적 인상에 주의하고 집중하기 위해서는 '감각적 마음'을 다른 인상들로부터 철수해야 한다."[56]고 한다. 이렇게 함으로써 『요가경』은 "감각기관이 자신과 상응하는 대상과 결합하지 않고 마음이 자기 본래의 모습을 닮아갈 때 그것이 감각 철회다."(YS. 2.54)라고 한다. 다시 말하면 감각 철회는 '감각적 마음'의 철회로서 감각들을 그 대상으로부터 철회시켜서 무형의 마음 내면으로 향하게 하는 수련 기법이다. 이것은 『요가경 주석』에서 벌과 여왕벌의 예를 들어 설명하고 있다.

---

54) 문을식(2012), pp.230~236, '포기'편 참고.
55) 행위 요가와 박티 요가는 세 요가 가운데 둘로서 이에 대한 참고 자료는 다음과 같다. 문을식, 앞의 책, pp.185~236(행위 요가)와 pp.314~330(박티 요가).
56) David Frawley(2002), p.269.

"벌들은 여왕벌이 날아가면 따라서 날아가고 내려오면 따라서 내려오듯이 감각적 마음이 철회될 때 감각기관들도 철회된다"[57]라고 하여 '감각적 마음 철회'는 감각기관들을 철회하기 위한 것이라기보다는 '감각적 마음'을 철회하기 위한 것이기 때문이다.

이와 같이 감각 철회는 명상을 위해 '감각적 마음 철회'를 준비하는 많은 방법들을 제공하고, 또 심리적 고통의 근원인 환경적 방해 요소들을 피하도록 돕는다. 그러므로 감각 철회는 우리의 내적 존재가 열리도록 하는 훌륭한 수단이 된다. 이러한 감각 철회는 집중(dhāraṇā)과 연관되어 있다. 감각 철회가 일상적인 대상들로부터 주의 집중을 철회하는 것이라면, 집중(dhāraṇā)는 "한 곳에 감각적 마음을 의식적으로 집중하는 것이다."(YS. 3.1) 이 감각 철회가 동일한 기본 기능의 부정적인 측면이라면, 집중은 긍정적인 측면이다. 따라서 명상을 하는 동안에 감각적 탐닉이 번갈아 가며 반복해서 일어나는 사람이라면 누구나 감각 철회를 수련하면 탁월한 효과가 있다[58]고 한다.

4) 명상

명상은 고전요가의 여덟 갈래에서 일곱 번째 갈래인데, 더 폭넓게는 마지막 세 갈래(집중, 명상, 삼매) 모두이다. 전자는 8갈래 요가 가운데 집중 다음의 갈래라면, 후자는 '집중, 명상과 삼매'를 포

---

57) 비야사(2010), p.145.
58) David Frawley(2002), p.270.

괄하는 더 넓은 의미의 명상이다. 따라서 여기는 말하는 명상은 후자에 더 가깝다. 그것을 '종합적 정신 집중 명상(saṁyama, 總制)'이라고 한다. 곧 "셋(집중, 선정, 삼매)은 하나의 대상에서 [일어나므로] '종합적인 정신 집중 명상'이라 한다."(YS. 3.4)고 한다. 이 명상은 감각 철회, 생명력 철회, 행위 철회, 감각적 마음 철회를 모두 포괄하는 '종합적 철회'라고도 볼 수 있다. 따라서 이 명상은 요가뿐만 아니라 아유르 베다의 주요 치료법 가운데 하나로 권장되기도 한다. 그러므로 이 명상은 무상 삼매(asaṁprajñāta samādhi)에 이르는 직접적인 원인으로 작용할 수 있다.(YS. 1.18) 고전 요가의 1차 목표는 무상삼매이고, 또 아유르 베다의 치료도 마찬가지로 이해되며, 또한 현실 세계에서 행복도 이 상태에 이르면 온전한 행복으로 볼 수 있기 때문에 사실상 명상을 통해 삼매 상태에 이르면 현세에서 '행복'이라는 목적은 달성된 것으로 볼 수 있다.

나가기

지금까지 아유르 베다와 요가에서 행복을 어떻게 디자인할 수 있는지에 대해 살펴보았다.

아유르 베다는 모든 면에서 행복을 증진하기 위해 고안된 삶의 질을 향상시키기 위한 생명과학이다. 아유르 베다가 건강 증진과 장수를 목표로 한다면, 요가는 신체적 몸의 한계를 벗어나도록 돕는 것을 궁극적 목표로 한다. 요가와 아유르 베다는 함께 완전한 하나의 수련법을 제공하며, 이 둘을 함께 수련하면 우리의 존재를 신체적 수준으로부터 영적 수준으로 변형시킬 수 있는 것으로 보았다. 요가는 몸에 관해서는 아유르 베다의 관점이 없이, 마음에 관해서는 요가를 이해하지 않고서는 완전할 수 없다. 요가는 신체적·심리적·영적 발전 체계이기 때문이다. 아유르 베다가 일반적으로 몸과 마음을 정화하고 치유하는 역할을 한다면, 요가는 정화된 몸과 마음을 기초로 하는 '지극한 행복한 삶의 성취에 궁극적 목적'이 있다. 따라서 요가의 기초는 아유르 베다이어야 하고, 아유르 베다의 열매는 요가이어야 한다.

이 글은 먼저 행복을 디자인하기 위한 기본 이론에서는 몸을 이루는 물질적인 신체적 거친 원소와 세 체질, 그리고 마음을 이루는 의식의 세 속성, 다섯 층, 그리고 몸의 세 상태를, 그리고 행복을 디자인하는 길에서는 아유르 베다에서 삿트와적 식이요법을, 요가에서는 요가 자세, 호흡법, 감각 철회 그리고 명상을 모색하였다.

(1) '행복을 디자인하는 기본 이론'편에서는 의식의 다섯 층과 세 상태를 관련지어 이해해야 한다. '물질적인 거친 몸'은 '음식층', '미묘한 몸'은 '생명력층', '감각적 마음층'과 '지성적 마음층'에, '원인적인 몸'은 '환희층'에 해당한다. '물질적인 거친 몸'은 물질로 이루어졌기 때문에 우리가 말하는 '일상적인 몸' 또는 '인식할 수 있는 몸'이라면, '미묘한 몸'은 '물질적인 거친 몸'과 '원인적인 몸'을 매개하며, 또 '원인적인 몸'은 현상계의 원인이지만 아직 드러나지 않은 세계이다. 그렇지만 참자아는 이 세 상태의 몸을 초월한 경지이다.

(2) '행복을 디자인하는 길'편에서는 아유르 베다가 건강한 신체와 마음을 위한 자연치유체계로 이루어져 있다면, 요가는 신체의 유연성을 향상시키고 스트레스를 줄여주는 요가 자세를 비롯한 호흡법, 감각 철회, 명상 등의 심신의 건강체계로 구성되어 있다. 아유르 베다 치료는 올바른 식이요법(diet)과 함께 시작된다. 올바른 음식은 신체를 만들고 부적절한 음식은 질병을 일으킨다. 올바른 식이요법은 질병을 치료하는데 효과적이고, 질병을 예방할 수 있는 최고 수단이다. 아유르 베다 치료의 열쇠는 세 체질의 주된 불균형을 알아서 그것을 바르게 잡기 위해서는 조리된 삿트와적 올바른 식사를 해야 함을 강조한다.

요가에서 (1) 요가 자세는 적절히 수행되기 위해서는 특정한 방법이 필요하다. 그것이 바로 각 체질에 따른 요가 자세 수련, 곧 바타 체질의 체질을 위한 요가 자세, 핏타 체질의 체질을 위한 자세, 카파 체질의 체질을 위한 자세가 있다. (2) 호흡법에서 호흡이 바르게 기능을 하면 호흡기계, 순환계, 신경계의 질병을 치료하는 데에 매우 효과적이고, 또한 신경쇠약, 만성피로, 약한 면역력 등에 뛰어난 효과가 있어 심리적 장애와 정서적 장애들을 치료하는 중요한 수단이 된다. 그것은 우울증을 막고, 괴로움과 집착을 내려놓으며, 스트레스와 긴장을 줄이는데 뛰어나다. (3) 감각 철회는 네 가지 형태로 설명할 수 있다. 그것은 '감각 철회', '생명력 철회', '행위 철회', 그리고 '감각적 마음 철회'이다. 이 가운데 '감각 철회'는 각 단계를 밟아서 궁극적으로 '감각적 마음 철회'를 위한 수련이다. (4) 명상은 고전 요가의 마지막 세 갈래(집중, 명상, 삼매)인데 그것을 '종합적 정신 집중 명상'이라고 한다. 명상은 감각 철회, 생명력 철회, 행위 철회, 감각적 마음 철회를 모두 포괄하며, 집중도 포함하는 종합적 철회이다. 명상은 무상삼매에 이르는 직접적인 원인이다. 우리가 여러 종류의 명상 수련을 통해 이 삼매 상태에 이르면 현실 세계에서 '행복'은 얻을 수 있다.

그렇지만 요가가 추구하는 궁극적 목적은 완전히 자유로운 절대 행복 상태지만, 현실 세계에는 절대 행복이란 존재하지 않기 때문에 '생활에서 기쁨과 만족감을 느껴 흐뭇한 상태'라는 국어사전의 정의에 따르면, 세 체질의 조화로운 균형과 조리된 삿트와적 식이요법을 비롯하여 요가 자세, 호흡법, 감각 철회, 명상 등을 통해 행복으로 가는 길로 디자인할 수 있을 것으로 본다.

고전 요가에서 행복한 마음 찾기

장소연(원광대 강사)

요가는 요가에 의해 알 수 있으며

요가는 요가를 통해 진전한다.

요가에 집중하는 자는

요가에서 오랫동안 기쁨을 누린다.[1]

행복을 찾아서

행복은 행복을 경험하는 사람의 상태에 따라 달라질 수 있기 때문에 지극히 주관적이며 개개인의 개성에 따른 가치관에 의해 좌우되기 때문에 '절대적 행복'은 존재하지 않는다고 말할 수도 있지만, 그렇다고 하더라도 우리는 분명 행복을 경험한다.

그렇다면 행복은 어디에서 오는가? 많은 문헌들에서 행복은 밖

---

1) yogena yogo jñātavyo yogo yogātpravarttate/
yo'pramattastu yogena sa yoge ramate ciram // Ybh. III.6

에 있는 것이 아니라 안에 있으며, 외부에서 찾을 수 있는 것이 아니라 내부에서 찾아야한다고 언급한다. 내부란 어디인가? 아마도 그것은 우리의 내면, 즉 우리의 마음으로, 우리의 마음 상태가 행복을 좌우한다 해도 과언은 아닐 것이다.

그러나 이러한 친절한 안내에도 불구하고 자신의 행복을 내부에서 찾기보단 타인이나 물질 등의 외부에서 찾으려는 사람들은 여전히 많다. 왜 그럴까? 어떤 사람들은 행복이 내 안에서 비롯된다는 사실을 몰라 그럴 수도 있겠지만, 대부분 그 사실을 안다고 해도 그들은 여전히 행복을 외부에서 찾으려고 기웃거린다. 어쩌면 그들은 내부에서 찾은 행복이 외부에서 맛보는 짜릿한 행복에 비해 그 가치가 덜하거나, 자극적이고 즉각적인 측면에서 기쁨이나 즐거움이 덜하다고 생각하는 듯하다.

하지만 외부에서 행복을 찾는 사람들은 그들이 원하는 행복을 찾기란 쉽지 않다. 때로는 그들도 자신들이 원하는 행복을 찾았다고 자부하며 그것이 영원히 지속되리라 생각하지만, 여전히 마음은 외부를 향하고 있어, 현재 가지고 있는 것에 만족하지 못하고, 싫증을 내며, 늘 새로운 것을 찾아 나선다. 결국 먼저 찾은 행복이 무덤덤하게 느껴질 때쯤, 자신들이 찾은 행복에 의심을 품고 이 행복이 반쪽짜리라는 것을 깨닫게 되면 그들은 다시 고통과 슬픔에 빠진다.

이렇듯 외부에서 행복을 찾는 그들은 영원히 만족하지 못하고 여전히 반쪽짜리 행복의 상태로, 행복했다 불행했다를 반복하며 단지 그들이 꿈꾸고 바라는 새로운 행복을 찾아다닐 뿐이다.

그렇다면 행복은 어떻게 찾을 수 있을까?

행복: 마음의 이해

행복을 찾기 위해서는 먼저 행복의 근원지인 마음의 이해가 필요하다. 마음에 대해서는 심리학이나 철학 등 이미 다양한 분야에서 많은 설명들을 하고 있지만 본 글에서는 요가, 그중에서도 고전요가에서 마음을 중심으로 이야기하고자 한다. 그렇다면 고전 요가에서 마음은 무엇이며 마음의 어떠한 상태가 행복한 상태인가?

요가는 마음의 학문[2]으로 요가 경전(*Yoga Sūtra* 이하 YS)에서는 구체적으로 마음의 행복한 상태에 대해서는 언급하지 않지만, 마음의 작용을 멈춤으로써 삼매(samādhi)에 든다고 설명한다.[3] 여기서 삼매란 마음이 대상에 집중함으로써 대상의 진실한 의미를 확실히 밝혀 고통이 소멸되는 상태로, 삼매를 획득하면 마음은 고요하고 평온한 상태, 즉 행복한 상태를 획득한다.

그러나 YS에서 말하는 삼매 상태는 일반적으로 언급되는 불행의 상대적 개념인 행복의 상태는 아니다. 이때의 행복은 그 어떤 이원적 개념을 갖지 않는 온전한 마음 상태로, 우리가 쉽게 언급하

---

2) 우리가 알고 있는 요가의 동작이나 다이어트 또는 스트레칭으로 소개되는 요가는 오히려 몸의 학문이라고 생각할지도 모르지만 그것을 요가에 대한 편협한 이해에서 비롯된 오해이다.

3) Ybh에서 삼매는 요가와 동의어(yogaḥsamādhih/Ybh. I .1)로, 요가가 마음(citta)의 작용을 제어하는 것(YS. I .2)이라면, 삼매 또한 마음 작용을 제어하는 것으로 설명할 수 있다.

는 행복과는 그 질과 양에 있어서 차이가 있다.

그러면 우리가 원하는 행복이 오로지 삼매 상태에서만 성취되는 행복인가? 반드시 그렇다고는 할 수 없다. 왜냐하면 삼매에서 획득되는 최상의 지복 상태(ānanda)도 우리가 추구하는 행복의 상태지만 그곳에 도달하려고 노력하는 마음 또한 아직 온전하지는 않지만 행복한 상태이기 때문이다. 그러므로 우리가 원하는 행복한 마음은 온전한 삼매의 상태뿐만 아니라 아직은 온전하지 않지만 그곳에 도달하고자 하는 마음, 행복해지려는 마음도 포함된다고 할 수 있다.[4] 이처럼 요가 수행은 궁극적으로 깨달음을 목적으로 하지만 그 바탕에는 행복한 마음이 있다.

『바가바드 기타』(*Bhagavad Gītā*, 이하 BG)에서도 행위의 결과인 행복을 세 가지로 구분하여 설명한다.

> 처음에는 독약과 같으나 마지막은 감로와 같은 행복, 참나를 분명하게
> 아는 지식에서 생겨나는 행복이 삿트와sattva적인 행복이다.(BG. XVIII.37)

> 감각기관이 감각 대상과 접촉하여 일어나며 처음에는 감로와 같으나 마지
> 막에는 독약과 같은 행복이 라자스rajas적인 행복이다.(BG. XVIII.38)

> 처음에도 이후에도 자신을 미혹시키며 잠과 나태함과 부주의에서 일어나

---

4) 고전 요가에 따르면 마음에 삿트와가 수승해 지면 마음은 고요해 지고 평온해 지는데, 그때 마음은 행복한 상태가 된다. 따라서 마음의 삿트와를 수승하게 만드는 과정 또한 행복한 마음 상태로 이해된다.

는 행복이 타마스tamas적인 행복이다.(BG. XVIII.39)

　　인간은 다양한 심리 상태에서 행복을 느낀다. 물론 이 모든 것을 다 행복이라고 말할 수도 있지만, 고전 요가에서 행복은 고요하고 평온한 마음이면서 그러한 마음을 갖기 위해 노력하는 마음 상태이다. 행복은 마음에서 비롯되며 전적으로 마음에 달려있다.

　　이제 고전 요가에서 말하는 마음에 대해 알아보자. 마음(citta)[5]이란 무엇인가? 우리가 일반적으로 행복한 마음이라고 할 때 마음은 고전 요가에서 말하는 칫타citta와 같은 의미인가? 칫타의 시원始原을 살펴보면, 『리그 베다』Rg Veda에서 칫타는 마나스manas를 포함하는 일반적 의미의 포괄적 마음(RV. I.163.11)으로 사용되다가 이후 우파니샤드Upaniṣad로 오면서 마음은 마나스와 칫타로 분리하여 세분화되거나 그 의미가 다소 변해 사용된다. 예를 들어, 『찬도기야 우파니샤드』Chāndogya-Upaniṣad(VII.4.1, VII.5.1)에서 마나스는 일반적 의미의 마음을 나타내는 반면, 칫타는 일반적인 마음 이상의 구체적이고 깊은 내면의 마음까지도 포함하는 의식意識이며 숙고熟考로 정의된다.[6]

　　고전 요가에서도 칫타는 보편적 의미의 마음(manas)이라기보다는, 더 깊고 미세한 것으로 붓디buddhi, 아항카라ahaṃkāra, 마나스를

---

5) citta는 범어 동사 √cit(생각하다, 부르다)에서 파생된 명사로 마음, 기억, 지성 등의 의미로 쓰인다. Monier Williams(2005) 참조.
6) 마음(manas)은 분명히 결심보다 월등하다. 결심을 하면 생각하게 되고 그러면 언어를 사용한다.
　　saṃkalpo vā va manaso bhūyān yadā vai saṃkalpayate atha manasyati atha vā cam …/ChUp.VII. 4.1.
　　의식(citta)은 결심보다 우월하다. cittaṃ vā saṃkalpād bhūyaḥ /ChUp. VII. 5.1.

모두 포함하는 하나의 내적 인식기관이다. 고전 요가에서 마음이 행복하다고 할 때, 마음은 단순히 겉마음만이 행복한 것이 아닌, 온 존재가 행복 충만한 상태를 의미한다. 따라서 마음을 마나스에 한정하지 않고 광의적 개념인 칫타로 이해해도 무방하리라고 본다.

일반적으로 마음은 의식이며 단일한 하나의 실재라고 생각하지만, YS에 의하면 마음은 물질(物質, prakṛti)이며 비추는 속성(sattva), 활동하는 속성(rajas), 멈추는 속성(tamas), 이렇게 세 가지 속성을 지닌 세 구나(tri guṇa)로 구성되어 있다. 마음은 모든 의식 현상이 일어나고 저장되는 장소로, 기억처럼 현생의 경험만이 저장되는 것이 아니라 무수한 생을 거치는 동안의 경험이 잠세력(saṃskāra)의 형태로 마음에 저장된다. 이처럼 마음의 작용은 시간을 초월하여 인지할 수 있는 작용과 미처 인지하지 못하는 잠세력의 작용을 모두 포함한다.[7]

마음은 획일적이고 단순한 작용이 아니라 복잡하고 광범위한 인식의 저장소이다. 마음을 고요하고 평온하기 위해서는 마음의 작용을 멈춰야 하며 이를 위해서는 단순히 외적 부분만을 멈추는 것이 아닌, 마음의 구성 요소인 구나의 작용을 정화하고 멈춰야 한다.

---

7) 장소연(2015), p.104 참조.

마음: 구나의 작용

『상키야 카리카』*Sāṃkhya Kārikā*(이하 SK) 12, 13에 따르면 세 구나는 각각 즐거움, 혐오, 낙담을 본성(ātmaka)으로 하며 비춤, 활동, 억제를 목적(artha)을 갖는다. 즐거움, 가벼움 비춤은 삿트와의 본성이자 특성(lakṣaṇa)이고, 자극하고 움직이고 활동하는 것이 라자스의 본성이자 특성이며 마지막으로 억제하고 무겁고 덮음은 타마스의 본성이자 특성이다. 이처럼 서로 다른 속성을 가진 구나들이 각자의 고유한 본성을 지니고, 각자의 목적에 맞게 자신의 특성을 드러내면서 서로 작용한다.

그러나 각 구나의 다양한 본성들이 서로 섞이거나 혼합되는 것은 아니다. 단지 구나들은 고유한 자신의 상태로 존재하면서 세 구나 중 어떤 구나가 주主가 되는지에 따라 구나의 드러남이 달라질 뿐이다. 예를 들어 마음에 삿트와가 주를 이루면 마음은 가볍고 고요하고 평온해진다. 물론 삿트와가 주를 이룬다고 해서 라자스와 타마스가 사라지는 것이 아니라 라자스와 타마스는 자신의 본성과 특성이 드러내지 않은 채 머물러 있다. 마찬가지로 마음에 타마스가 주를 이루면 마음은 우울하고 억제되며 가라앉은 상태로 드러나지만 그렇다고 삿트와가 사라진 것은 아니다. 이처럼 세 개의 구나는 서로 불가분의 관계로, 상호 의존하고, 연관 지어 작용하며, 이들은 서로 모순적인 속성을 지니면서도 동시에 푸루샤의 목적(puruṣārtha)이라고 하는 하나의 목적을 위해 협력한다. 구나들은 변화와 결합을 통해서 다양한 모습으로 생성되고 구체적으로 우리가 경험하는 세계로 드러난다.

정화: 마음의 정화

우리는 누구나 마음이 평화롭기를 바란다. 본디 마음은 평화로운 것이며 마음은 모든 행복의 근원이지만, 속성상 움직이고 물드는 것이기 때문에 그로 인해 고통을 초래한다. 따라서 마음을 정화하고 본래 마음을 찾으면 그것이 바로 행복의 처음 자리이다.

고전 요가에서 행복한 마음 상태를 획득하기 위해서는 마음의 정화가 필요하다. 마음의 정화란 세 구나 중 삿트와 구나를 수승하게 하는 것으로, 구나의 정화를 의미한다. 구나가 정화되면 소량의 라자스와 타마스만이 존재한 채 삿트와가 수승해져서 마음에는 활동하지 않은 고요한 흐름의 원인이 되거나 고요한 흐름이 생겨나 마음은 고요하고 평온해진다. 따라서 마음이 고요하고 안정된다는 것은 마음에 삿트와가 수승해진 상태를 의미하기 때문에 마음이 안정된 상태는 마음의 정화가 이뤄진 것으로 간주한다.

마음의 정화는 구나를 통해 가능하며 구나를 정화하기 위한 방법으로 YS에서는 마음을 청정하게 하고 안정시키는 일곱 가지 정화법을 설명한다. 일곱 가지 마음의 정화법은 다음과 같다.

첫째, 행복한 대상에는 우정을, 고통스러운 대상에는 자비를, 덕 있는 대상

에는 기쁨함을, 덕 없는 대상에는 무관심을 계발함으로써 마음은 청정하게
된다.(YS. Ⅰ.33)

행복을 향유하게 된 사람들에 대해 우정을, 고통을 받고 있는
사람들에 대해 자비를, 덕 있는 사람들에 대해 기쁨을, 덕 없는 사
람들에 대해 무관심을 계발함으로써 맑고 깨끗한 기운이 생겨나
그로 인해 마음은 청정해진다. 이 경구는 YS에서 매우 의미 있는
경구로, 요가를 수련하는 사람들뿐만 아니라 요가를 수련하지 않
는 사람들에게도 권하는 마음 정화법이다. 평상시 일상에서의 마
음가짐을 제시하고 이를 통해 마음이 정화된다고 설명한다.

둘째, 숨을 양쪽 코로 훅하고 내보내고 멈춤으로써 마음은 활동하지 않는
고요한 흐름을 만들어 낸다.(YS. Ⅰ.34)

호흡을 빨리 토하고 멈춤으로 인해 마음은 안정된다. 일반적으
로 호흡과 관련하여 구체적인 호흡 수련법들은 주로 하타Hatha 요
가에서 언급되지만, YS에서도 마음을 정화하는 방편으로 호흡의
중요성을 인정한다.

셋째, 또는 대상에 대해 일어나는 전념(pravṛtti)은 마음의 안정에 원인이 된
다.(YS. Ⅰ.35)

대상에 대한 전념을 통해 직접 지각이 일어나면 마음은 안정되

고, 이러한 요기yogī에게는 신념(śraddhā), 정진(vīrya), 기억(smṛti), 삼매(samādhi)가 생겨난다. 특히 이 경구에서 언급한 대상에 대한 전념은 직접 지각을 통해 요가 수행자가 대상을 왜곡됨 없이 바라봄으로써 식별지(prajñā)를 획득하는 방법이다.

> 넷째, 또는 슬픔으로부터 벗어난 빛나는 전념은 마음의 안정에 원인이 된다.(YS. Ⅰ.36)

슬픔으로부터 벗어난 빛나는 전념이란 무엇인가? 슬픔을 갖고 있는 상태란 슬픔의 원인인 무지(avidyā)가 존재한다는 것이고, 무지의 상태에서 마음은 결코 정화될 수 없다. 따라서 전념의 첫 번째 전제 조건은 슬픔으로부터 벗어난 상태이다. 또한 빛나는 것이란 두 가지로, 하나는 앞서 언급한 대상에 대한 직접 지각의 효력인 식별지이고 나머지 하나는 슬픔 없는 자의식(asmitā)이다. 그러므로 슬픔으로부터 벗어나 빛나는 전념이란 삿트와만이 수승한 식별지나 자의식에 전념함으로써 마음은 고요한 흐름을 유지한 채 정화된다.

> 다섯째, 또는 애착愛着의 대상에 벗어난 마음은 마음의 안정에 원인이 된다.(YS. Ⅰ.37)

여기서 애착의 대상에서 벗어난 마음은 고통에서 벗어난 마음으로 당연히 마음은 고요하고 안정된다.

여섯째, 또는 꿈(svapna)과 잠(nidrā)의 인식에 바탕을 둔 마음은 마음의 안정에 원인이 된다.(YS. Ⅰ.38)

삿트와가 수승한 기분 좋은 꿈을 꾼 후, 그 인식에 집중한 마음은 삿트와가 많은 상태가 되어 안정을 얻으며, 깊은 숙면 후에 그 편안한 인식에 마음을 집중하면 마음은 고요하고 평화로운 안정된 상태를 얻는다.

일곱째, 또는 마음에 원하는 것을 명상함으로써 마음은 마음의 안정에 원인이 된다.(YS. Ⅰ.39)

'원하는 것'이란 자신이 섬기는 '신'이라고 설명하는데[8] 자신이 섬기는 신에 대한 명상을 통해 수행자는 마음의 안정을 얻는다.
이처럼 마음이 정화되어 마음의 활동이 고요해지면, 마음은 집중하는 대상에 물들게 된다. 다시 말해 마음은 마주하는 대상에 물들어 그 대상과 동일화 되는 것이다. 따라서 마음이 어떤 대상과 물듦에 따라 마음은 순수해 지거나 그와는 반대로 거칠어질 수 있기 때문에 마음의 정화에 있어서 마음이 물드는 대상은 매우 중요하다. 이러한 의미로 이해한다면 마음의 정화는 마음이 마주하여 물드는 대상에 달려있다고 해도 과언이 아니다.

---

8) Woods(1981), p.77.

동일화: 마음의 물듦

고전 요가에서 고통의 원인은 무지(avidyā)[9]로, 무지는 마음의 활동이 본 모습이 아닌 것에 머무는 잘못된 인식인 착각이다. 무지는 다섯 종류의 번뇌(kleśa)[10] 중 하나이면서 다른 네 개 번뇌들의 바탕이 된다. 무지는 나머지 네 번뇌들의 토대가 되어 다른 번뇌들에도 존재하기 때문에, 무지가 발동發動하면 삿트와 구나가 감소하고 라조 구나(rajo guṇa, 라자스 구나)와 타모 구나(tamo guṇa, 타마스 구나)가 활발하게 전개됨에 따라 고통이 야기된다. 바로 이러한 무지로 인해 마음은 대상과 동일화가 일어나는데, 어떤 대상과 동일화하는가에 따라 마음도 그 대상에 물든다. 왜냐하면 마음은 사유되는 대상에 의해 영향을 받기 때문이다.[11]

무지가 소멸되면 번뇌들도 소멸되어 라조 구나와 타모 구나가 감소하고 삿뜨와 구나가 수승해지면서 구나들이 안정된다. 그렇기 때문에 무지의 소멸이 번뇌 소멸의 원인인 동시에 구나 정화의 원인이 된다. 이렇게 구나가 정화되면 우리의 마음은 고요하고 평화로운 행복한 상태가 된다.

그러나 여기서 중요한 사실은 YS에서는 마음의 정화를 통해 마

---

9) YS에서는 무지에 대해 무상한 것을 영원한 것으로, 순수하지 못한 것을 순수한 것으로, 고통스러운 것을 기쁜 것으로, 자아가 아닌 것을 자아로 인식하는 것으로 설명한다. YS. II.5
10) YS. II.3.
11) Ybh. IV.23 n.1.

음이 안정된 후의 대상과의 동일화만을 설명한다.[12] 안정되지 않은
상태에서 마음은 거친 대상들과 동일화되기 때문에 여전히 마음은
안정되지 못하며 이러한 상태에서 마음은 무지에 의해 무엇과 동
일화하는지조차 인식하지 못하고 거친 대상에 동화되어 작용한다.
이때의 마음은 결코 행복한 상태가 아니다. 따라서 YS에서는 거친
것을 배제하고 마음이 정화되어 안정된 상태에서부터 동일화를 설
명하고 이때 동일화는 정화된 마음이 집중의 대상에 머물러 그 대
상의 형태로 변화하는 것을 의미한다.

　　마음이 어떠한 대상과 동일화를 하느냐에 따라 마음은 매우 미
세해질 수도, 반대로 거칠어 질수도 있다면, 마음은 무엇을 대상으
로 동일화해야 하는가? Ybh에 의하면 마음은 주관主觀으로서 사유
하는 대상에 영향을 받고, 동시에 객관客觀으로서 푸루샤의 대상이
된다. 마음은 보는 자인 푸루샤와 보이는 것인 대상과 연관이 있으
며, 이것들에 영향을 받아 모든 것을 대상으로 한다. 결국 칫타는
대상과 푸루샤의 영향을 받아 주관과 객관이 되고, 아울러 의식체
와 무의식체를 본질로 가진다.[13] 이는 대상을 본질로 하면서도 대
상이 아닌 것을 본질로 하는 것처럼 되고, 또는 무의식체이면서 의
식체인 것처럼 되어, 마치 모든 것을 비추는 수정처럼 모든 것을

---

12) YS에 의하면 칫타citta가 정화를 통해 작용이 안정되면, 칫타는 마주하는 대상과
　사마팟티samāpatti가 일어나는 데 이때 대상과의 사마팟티는 칫타가 안정된
　상태에서 일어나는 미세한 작용으로, 칫타가 안정되지 않은 상태에서 일어나는
　동일화와는 구별되어야 한다. 왜냐하면 사마팟티는 삼매(samādhi)와 동의어로
　사용되기 때문이다. 비야사(2010), p.73.
　그러므로 칫타가 대상과 사마팟티가 일어난다는 것은 이미 칫타는 안정되고
　고요한 상태로 삼매의 상태와 유사하다.
13) Ybh. IV.23 n.1.

대상으로 한다.

그렇다면 모든 것을 대상으로 하는 칫타의 속성상 대상과의 동일화(samāpatti)[14]란 무엇인가? YS에 따르면 사마팟티란 칫타가 정화되어 인식이 가라앉아 칫타의 활동이 쇠잔해지면 귀한 보석처럼 인식하는 자, 인식하는 도구, 인식하는 대상들에 머물러 물드는 것으로,[15] 정화된 칫타는 대상에 물들어 대상의 본 모습의 형태로 나타난다. 다시 말해 칫타는 미세한 요소를 대상으로 삼으면 미세한 요소의 모습으로 드러나고, 거친 요소를 대상으로 삼으면 거친 요소의 모습으로 나타난다. YS에서는 사마팟티를 동일화하는 대상에 따라 거친 것을 대상으로 하는 사비타르카(savitarkā, 有尋), 니르비타르카(nirvitarka, 無尋)와 미세한 것을 대상으로 하는 사비차라(savicārā, 有伺)와 니르비차라(nirvicārā, 無伺)로 분류한다. 이중 가장 미세한 것을 대상[16]으로 하는 니르비차라 사마팟티는 모든 것에 있어서 과거·현재·미래의 속성들이 구별되지 않고, 모든 속성을 뒤따르고, 모든 속성을 본질로 하는 것에 대한 동일화로, 망상에 의해 영향을

---

14) 사마팟티는 보통 등지等至로 번역되는 칫타의 평정상태를 의미하는 전문 용어이며 삼매와 동의어로 사용된다. 비야사(2010), p.73 fn.71.
　　하지만 이 글에서는 사마팟티를 sam+ā+√pat 으로 분석하여 '함께 전체적으로 떨어지다.' 즉, '온전하게 잘 변화하는 것'으로 이해하고, 그 의미를 '물듦, 또는 동일화'로 번역하여 사용한다.
15) YS. Ⅰ.41.
16) 미세한 대상의 범위는 어디까지인가? YS에서는 미세한 대상성의 범위를 알링가alinga까지라고 정의한다.(YS. Ⅰ.45.)
　　알링가alinga는 a+linga로 a는 부정어 이고 linga는 '잠기는 것' 또는 '표식이 있는'을 의미한다. 또한 우즈는 알링가를 표식이 없다는 것은 '분해할 수 없는'으로 이해한다. 따라서 알링가는 잠기지 않은 것, 또는 표식이 없는 것을 의미하며 프라크리티를 의미한다.
　　Woods(1981), p.148.

받지 않으며 자유롭다. 결국 니르비차라는 삼매의 상태에서 생겨
난 지혜에서 자신의 모습이 마치 없는 것처럼 오로지 대상만이 존
재하기 때문에 더 이상 사유思惟가 없으며 오로지 인식의 대상만이
존재한다. 또한 니르비차라 사마팟티는 단어나 사유하는 사고에
서 나온 어떤 생각과도 분리되어 있으며 삼매의 상태에서 마지막
의 잠세력(saṃskāra)과 관련 있는 미세한 요소의 조명(illumination)만을
가지고 있는 칫타의 상태이다. 이러한 가장 미세한 것을 대상으로
하는 니르비차라 사마팟티를 성취하게 되면, 부정한 덮개의 오점
汚點인 라조 구나와 타모 구나가 사라지고, 라조 구나와 타모 구나
에 의해 제압되지 않는 빛(prakāśa)을 본질로 하는 붓디 삿트와buddhi
sattva에 해맑은 고요한 멈춤의 흐름이 생겨나게 되는데 이것들을
통해 마음은 정화된다.

고전 요가에서는 마음을 정화하고 정화된 마음을 수승한 대상
과 사마팟티함으로써 우리의 마음은 한없이 고요하고 행복해진다
고 언급한다. 물론 니르비차라 사마팟티의 상태는 쉽게 획득되는
삼매 상태는 아니다. 더욱이 사마팟티는 정화된 마음이 선행되어
야 하고 동일화 하는 대상도 미세해야 한다. 정화되지 않은 마음이
거친 대상과 사마팟티를 한다고 해서 원하는 결과를 얻는 것은 아
니다.

이와 같은 상태에 도달하기 위해 마음을 정화하고 미세한 대상
과 함께 하려는 노력 또한 행복을 찾아가는 과정임에 틀림없다.
우리는 끊임없이 마음을 정화하려고 노력해야 하며 정화된 마음에
삿트빅sattvic한 대상과 사마팟티함으로써 우리의 마음은 한없이 고

요하고 평화로워지는 것이다.

아슈탕가: 몸과 마음의 집중

아슈탕가[17]는 마음의 순수성과 깨달음을 얻는데 도움을 주기 위한 요가 철학의 고유한 실천 수행법으로 이를 살펴보면 다음과 같다.[18]

첫째, 야마yama는 사회적인 보편적 계율로, YS에서는 첫 번째 실천 수행법으로 동작이나 명상이 아닌 도덕적인 규범을 제시한다. 그 중 첫 번째인 비폭력(ahiṃsā)은 생명체를 죽이거나 폭력을 가하지 않는 것으로, 여기서 폭력은 물리적인 폭력뿐만 아니라 마음속으로 행하는 정신적인 폭력까지도 포함한다. 이러한 비폭력은 모든 다른 도덕규범의 근본이 되며 긍정적이고 생명력을 강화하는 마음 상태이기 때문에 비폭력이 완성되면 모든 적의가 사라져 맹수들조차도 비폭력이 완성된 자 앞에서는 적의를 풀고 평화의 기운을 만든다. 두 번째 계율인 진실(satya)은 거짓말을 하지 않음이며, 어떤 경우에도 진실을 말하는 것이다. 진실이 완성되면 행위의 결과가 종속되기 때문에 진실이 완성된 자의 말은 언제나 실현되는 능력을 갖는다. 세 번째 계율은 훔치지 않음(asteya)으로, 허락되지

---

17) 아슈탕가는 여덟 개(aṣṭa)의 단계(aṅga)라는 의미로 요즘 많은 사람들은 아슈탕가가 곧 요가라고 이해하기도 하지만 아슈탕가가 요가의 전부는 아니며 요가 철학이 강조하는 심신을 수련하는 실천 수행 방법들 중 하나이다.
18) YS. II.29~III.3.

않은 금품을 취하지 않는 것이다. 네 번째 계율은 금욕(brahmacarya)으로, 금욕이 확립된 자는 수행을 전념할 수 있는 힘(vīrya)[19]을 얻는다. 다섯째 계율인 탐욕을 버림(aparigraha)은 감각적 쾌락(음주, 흡연, 약물 등)이나 물질, 명예, 권력 등에 탐욕을 부리지 않는 것이다. 이처럼 도덕적 계율인 금계는 요가 수행자들의 사회적 상호작용을 조절함으로써 요가 수행자에게 강력하게 남아있는 본능을 스스로 점검하고, 보다 높은 목적인 깨달음을 위한 단계로 나아갈 수 있도록 해준다.

둘째, 니야마niyama는 개인적인 계율로, 이는 존재의 본래 모습을 밝히기 위해 스스로 지켜야 하는 규율이며 요가 수행자들의 내적인 삶과 연관된다. 그 중 첫 번째인 청정(śauca)은 외적 청정과 내적 청정으로 구별되며 전자는 목욕이나 적절한 식사와 같은 수단들을 통해 성취되는 외적 청정이고, 후자는 정신 집중이나 명상 같은 것을 통해 성취되는 내적 청정이다. 이러한 청정을 통해, 삿트와의 순수, 마음의 밝음, 한곳의 집중, 감각기관의 제어, 그리고 참자아(puruṣa)에 대한 분별의 능력이 생긴다. 두 번째 계율인 만족(saṃtoṣa)은 가지고 있는 것보다 더 많은 것을 바라지 않는 것으로, 만족함으로써 최고의 기쁨을 얻는다. 특히 이 계율은 행복한 마음을 갖는데 매우 중요하다. 세 번째 계율은 고행(tapas)으로 배고픔과 목마름, 추위와 더위, 서 있음과 앉아 있음 등과 같은 서로 상반된 것을 인내하는 것이다. 네 번째 계율인 학습(svādyāya)은 옴Oṃ과 같

_____

19) 이때의 힘(vīrya)은 생명의 에너지가 증가하는 것이거나 또는 꾸준한 수련을 할 수 있는 힘의 증가로 이해된다.

은 성스러운 것을 염송(japa)하거나 해탈에 관한 문헌들을 연구하는 것으로 이를 통해 바라는 신성과 결합하거나 내면의 지각자에 이르며 더불어 요가의 장애가 없어진다고 설명한다. 다섯 번째는 본성에 대한 귀의(īśvara-praṇidhāna)로 본성인 이슈와라īśvara에 대한 헌신을 통해서 삼매(samādhi)가 성취된다.

이처럼 아슈탕가의 첫 번째와 두 번째 계율인 야마와 니야마는 요가 수행자가 수행 시 지켜야 하는 규범적이고 도덕적인 열 가지 덕목이다. 그러나 이러한 계율들은 요가 수행자만이 지켜야 하는 특수한 덕목들은 아니다. 현재를 살고 있는 우리들도 야마와 니야마의 열 가지 덕목들은 지켜져야 하는 것들이며 이것들이 잘 지켜졌을 때 우리의 마음은 고요하고 평온하다. 특히 권계의 두 번째 덕목인 산토샤(saṃtoṣa, 만족)는 무집착한 마음에서 완성되는데, 무집착한 마음은 요가 수행자들에게 필수 덕목으로, 그들에게는 수련의 청정함을 가져다주지만 우리에게는 행복으로 가는 지름길을 제시한다. 무집착을 통해 갈망하지 않으면 마음은 고요해지고 청정해져서 그 자체가 만족이며 만족함으로써 더할 나위 없는 기쁨을 얻는다.[20] 따라서 무집착한 마음을 성취하게 되면 그 자체가 만족이며 기쁨이다. 만족은 주어진 것이 많았을 땐 할 수 있는 것이 아니라 무집착한 마음으로 현재의 조건과 무관하게 있는 그대로를 수용했을 때 일어나는 것이다. 그것이 무집착한 만족이며 이러한

---

20) 이에 대해 Ybh에서 세상에는 욕망을 통한 기쁨과 천상에서의 큰 기쁨이 있지만 이것들은 갈망이 소멸되어 얻어지는 대행복(mahatsukha)의 1/16의 부분에도 미치지 못한다고 언급하는데 이는 만족함으로써 큰 행복을 얻을 수 있다는 의미이다.

만족 상태에서 우리는 행복하다.

셋째, 아사나āsana는 안정된 기쁨을 가져다주는 것으로, 아사나가 성취되면 몸에 대한 노력은 느슨해지고 마음은 끝없는 영원함에 동화된다. 이를 통해 몸의 안정감이 생겨나고 육체적인 고통이 줄어들며 그로부터 서로 대립적인 것들에 손상되지 않음으로써 마음은 고요하고 평온해진다.

넷째, 프라나야마prāṇāyāma는 들숨과 날숨의 움직임이 단절되는 것으로, YS에 따르면 프라나야마를 통해 빛을 덮고 있는 덮개가 약화된다고 언급한다. 이처럼 프라나야마 수행을 통해 빛을 덮고 있는 덮개가 약화되면 빛을 속성으로 갖는 삿트와 구나는 수승해지고 라조 구나와 타모 구나의 속성은 소멸됨으로써 구나가 정화되고 마음 또한 정화된다.

다섯째, 프라티야하라pratyāhāra는 감관들이 각각 자신의 대상에 결합하지 않고 칫타의 본모습(svarūpa)을 뒤따르는 것으로, 이를 통해 기관들에 대한 최고의 장악이 생겨난다. 이렇게 감관이 제어가 완성되면 우리의 마음은 다음 세 단계로 들어가기 적합하도록 더욱 더 미세해진다. 특히 아슈탕가의 마지막 세 단계는 각각 개별적 단계라기보다는 통합적 연속 과정으로 상야마saṃyama라고 부른다.

여섯째, 다라나dhāraṇā는 집중으로, 칫타를 한 장소에 묶는 것인데 여기서 한 장소란 Ybh에 따르면 배꼽 차크라, 심장의 백련 꽃, 정수리 빛, 혀끝, 코끝 등이나 외부대상(신상, 태양 등)이다.

일곱째, 디야나dhyāna는 앞서 다라나에서 집중으로 한 장소에 묶인 인식이 동일하게 길게 이어지는 것(명상)으로 다른 인식에 영향을 받지 않는 균일한 흐름이다.

여덟째, 사마디samādhi는 집중(dhāraṇā)과 명상(dhyāna)을 통해 인식의 주체가 없는 것처럼 바로 그 대상만이 나타나는 것이다.

이러한 상야마가 성취되면 지혜의 빛(prajñā loka)이 생겨나는데 이러한 지혜의 빛을 통해 마음은 순수해지고 행복으로 가득 찬다.

고전 요가에서는 구나를 정화하는 방법으로 마음의 정화(parikar-ma), 동일화(samāpatti), 그리고 아슈탕가aṣṭaṅga를 설명한다. 구나가 정화된다는 것은 마음의 정화와 아슈탕가를 통해 칫타의 활동이 쇠잔해져 라조 구나와 타모 구나가 약화되고 삿트와 구나만이 수승해지는 해맑음의 상태가 된다는 것이다. 이렇게 구나가 정화되면 칫타는 행복을 경험하게 된다.

그러나 고전 요가에서 제시한 마음을 정화하는 방법들은 요가 수행자들만의 수련법은 아니다. 특히 YS. Ⅰ.33이나 아슈탕가의 야마 중 비폭력, 진실, 그리고 불탐욕 등과 니야마의 청정, 만족 등과 같은 계율을 지키는 것은 수행자들만의 수련법이라고는 말할 수 없다. 수행자가 아닌 사람들도 이와 같은 방법들을 통해 마음의 정화를 이루게 되면 마음은 고요하고 평화로워지며 행복을 경험한다.

행복한 마음 가꾸기

인간은 누구나 행복을 추구하지만 모두 다 깨달음을 추구하는 것은 아니다. 고전 요가가 지향하는 궁극의 목적은 깨달음이고 깨달음을 성취하는 방법들을 제시하지만 그 바탕에는 행복하고자 하는 열망이 숨어 있으며 인간이 행복하고자 하는 열망은 자연스러운 것이다.

물론 고전 요가에서 행복이란 '낯선 감정'일지도 모르며, 깨달음을 목적으로 수행하는 요가 수행자들에게 행복이란 '사치의 감정'일지도 모른다. 그러나 인간은 누구나 행복해 지고 싶고 행복해질 권리가 있다. 행복이 '이것이다'라고 명료하게 정의하기는 쉽지 않지만, 일반적으로 행복을 삶 속에서 느끼는 기쁨과 만족감의 흐뭇한 상태로 이해한다면, 행복을 절정의 한 순간이나 한 찰나로 정의하기보다는 행복을 찾아가는 과정, 또는 행복한 상태의 이어짐이라고 이해하는 것이 더 타당할 것이다. 그런 의미로 본다면 고전 요가에서 마음을 순수하게 하는 방법들인 마음을 정화하는 일곱 가지 방법들과 아슈탕가 여덟 가지, 그리고 집중하는 대상을 구별하여 동일화하는 사마팟티 등은 마음을 정화하여 행복한 마음을 갖게 하는 방법들임에 틀림없다.

그럼에도 21세기를 사는 요즘의 몇몇 사람들은 이러한 방법들을 진부하게 생각하거나 고리타분하게 여겨, 마치 화석化石처럼, 그저 생기 없는 고古 경전의 경구로만 이해하고, 현대와는 전혀 어울리지 않는 구식舊式이라고 생각할지도 모른다.

그렇다면 고전 요가에서 언급한 마음을 정화하는 방법들이 정말 우리에게 행복한 마음을 가져다 줄 수 있을까? 더욱이 물질이 만연하고 빠르게 변하는 세상에서 깨달음에 그 어떤 가치도 부여하지 않는 요즘, 고전 요가의 방법들이 사람들을 행복하게 해줄 수 있을까? 다시 말해 고전 요가에서 언급한 행복한 마음을 만드는 방법들이 21세기를 살고 있는 우리들에게도 통通할 수 있을까? 결국 아무런 도움이 되지 않는다면 이건 그냥 이론에 불과한 것이 아닐까!

오늘날 많은 사람들이 요가를 하는 이유는 건강해지기 위해서이고 이때의 건강은 단순히 신체적 건강뿐만 아니라 정신적 건강도 포함한다. 정신이 건강하다는 것은 마음이 고요하고 평온한 분별 있는 상태로, 부정적 감정의 요소를 제거하고 이원적 사고에서 벗어난 평정한 마음의 상태, 그리고 그 마음이 고요하게 유지되는 상태이다. 바로 이러한 상태가 정신이 건강한 상태라면 고전 요가의 마음의 정화, 명상, 그리고 아슈탕가 수련을 통한 마음의 안정은 요가가 우리에게 주는 행복이다.

이제 좀 더 구체적으로 앞서 언급한 고전 요가에서 행복한 마음을 갖기 위한 다양한 방법을 가지고 현대의 사람들이 어떻게 그것들을 적용할 수 있는 지 생각해 보자.

요즘을 사는 우리가 행복하지 못한 여러 이유들 중 하나는 타인과의 관계 맺기에서 비롯된다. 이는 사회가 커지고 복잡해짐에 따라 스스로 혼자 해결하기보다는 더불어 함께 의논하고 도와야 하는데, 이러한 과정에서 타인과의 관계가 조화롭지 못하면 우리는 결코 행복할 수 없다. 물론 고전 요가의 핵심은 스스로 자신의 마음을 다스려 마음을 정화하고 정화된 마음은 행복을 경험하는 것이지만 그것만이 전부는 아니며 타인과의 관계 안에서 행복해 질 수 있는 방법 등도 제안한다.

그중 첫 번째는 일곱 가지 마음 정화법에 있다 이 정화법들은 수행자가 순차적으로 거쳐야 하는 단계적 정화법이 아니라 수행자의 근기에 따른 정화법으로, 수행자가 자신의 근기에 맞는 정화법을 선택할 수 있도록 수행자 스스로에게 다양한 가능성을 열어준다.[21] 그 중 하나인 YS. Ⅰ.33은 행복한 대상에는 우정을, 고통스러운 대상에는 자비를, 덕 있는 대상에는 기뻐함을, 덕 없는 대상에는 무관심을 계발한다는 덕목이다. 이 경구는 현대사회에서 많은 사람들이 힘들어하는 타인과 관계 맺는 방법을 자세히 알려준다. 타인과의 관계에서 우리가 갖추고 계발해야 하는 마음은 우정, 자비 그리고 기쁨의 마음이다. 시기, 질투, 분노와 같은 부정적 마음이 아닌 함께 즐거워해 주고, 함께 슬퍼해 주고, 함께 기뻐해 주는 마음이 필요하다. 하지만 요가가 모든 사람들에게 무조건적인 배려와 공평함을 요구하는 것처럼 이해될 수 있는 것에 대해, 반드시 모든 사람들과 마음을 나눌 필요는 없으며 덕 없는 대상에게는 무관심한 마음을 계발함으로써 마음의 안정과 정화를 돕는다고 알려준다.

두 번째는 대상에 물드는 사마팟티에서 우리가 어떤 사람들과 관계를 맺어야 하는지 알려준다. 마음은 물질이고 대상에 물드는 속성을 가지고 있기 때문에 마음은 가까이 하는 대상에 물든다. 이때의 대상은 사람일 수도 있고 접하는 정보이거나 주변 환경일 수도 있지만 그중 우리는 가까이 있는 사람들에게 쉽게 물든다. 어려

---

21) 이는 경구 안에 있는 또는(va) 때문인데, '또는'는 선택의 문제이지 필수나 단계의 문제는 아니기 때문이다

서부터 우리의 부모님들이 항상 좋은 친구를 사귀라고 말씀하시는 것도 그와 같은 연유에서이다. 마음이 쉽게 대상에 물드는 속성을 가지고 있다는 것을 이해한다면 관계 맺는 사람을 신중하게 선택해야 하며 그 선택은 전적으로 우리의 몫이다. 따라서 타인과 관계를 맺을 때 진정성 있는 진실한 친구를 가까이 하는 것은 매우 중요하다. 아울러 스스로 바른 사람이 되어 다른 사람들에게 올바른 물듦의 대상이 되어야 한다.

세 번째는 아슈탕가의 야마와 니야마의 덕목들로, 진정성 있는 타인과의 관계 맺기와 그 안에서 자신의 해야 할 바를 설명한다. 현대사회에서 진실한 관계를 맺기 위해서는 진정성이 요구되며 진정성의 결여는 공허한 관계만을 만들 뿐이다. 그중 야마의 진실(satya)은 타인뿐만 아니라 자신을 위해서도 필요하며 자신의 행위에 지침이 된다. 우리가 어떠한 삶을 영위할 것인가는 전적으로 본인의 선택이며 책임이고 그러한 선택과 책임의 토대는 바로 진실이다. 진심을 다해 진정성 있는 관계를 맺음으로써 타인과의 관계도 가벼워지고 자신에게 더욱 몰입할 수 있는 상태가 된다. 또한 앞서 언급했듯이 니야마의 만족(saṃtoṣa), 그 중에서도 무집착한 만족은 요즘의 사람들에게 절실히 필요한 덕목으로, 불행의 시작은 미처 깨닫지 못하는 수많은 욕구들에 만족하지 못하면서 비롯된다. 더욱이 그 욕구를 채우려는 무분별한 또 다른 욕구에서 그릇된 집착이 시작된다. 이러한 무지한 집착에 대해 무집착함을 계발하고 주어진 것에 만족하고 작은 것에 기뻐할 줄 아는 삶의 지혜를 아는 것이 행복으로 가는 지름길이다. 아울러 행복한 마음을 유지하기 위해서는 끊임없는 노력이 절실히 필요하며 이러한 노력은 무집착한 만족을 통해 경험된다.

우리는 누구나 만족하는 삶을 살고 싶지만 그렇다고 누구나 만족하는 삶을 사는 것은 아니다. 다시 말해 우리는 누구나 행복해 지고 싶지만 누구나 행복한 것도 아니다. 스스로 행복해 지려는 바른 욕망과 항상 자신의 마음자리를 바라보고 자신에 대한 자각과 꾸준한 수련만이 행복에 좀 더 가까이 다가갈 수 있다.

요가는 경전經典에만 존재하는 것이 아니다. 고전 요가라고해서 고전에만 머물러 있는 것도 아니다. 요가는 과거에만 있었던 것도, 미래에 존재하는 것도 아닌, 우리로 하여금 오로지 현재에 머물도록 도와주며 지금 여기 우리의 삶 속에서 함께 호흡한다. 아울러 행복도 미래의 것도 아니고 과거의 것도 아닌 오로지 현재에만 존재하는 경험이고 기쁨이며 살아있는 것이다.

고전 요가도 현재 지금 이 순간을 알아차리고 깨어있으라고 이야기한다. 지금 이 순간, 여기 있는 그대로 마음을 알아차려야지만, 마음은 안정되고 정화되어 몸과 마음의 균형을 유지할 수 있다. 마음의 정화는 마음의 요가이며 마음이 정화되면 마음은 순수해지고 우리는 행복을 경험한다. 이러한 정화된 마음은 행복한 마음이다. 그 어떤 누군가도 우리의 행복을 대신 가져다줄 수도 없으며 오로지 행복은 스스로의 노력을 통해 성취된다. 우리가 경험하는 행복감이 진짜가 되기 위해서는 행복한 마음을 가꾸는 노력을 게을리 해서는 안 된다.

고전 요가는 내면에 대한 탐구이며 행복의 길라잡이이다. 마음을 이해하고 마음을 정화하는 방법들을 실천함으로써 얻어지는 마음의 고요함은 변하는 세상에서 우리를 지탱해줄 원동력임에 믿어 의심치 않는다.

제3부

요가 수련의 현장에서
디자인하는 행복

요가 수련자가 경험하는 행복의 충분조건

왕인순
(서울불교대학원대학교 요가통합치료학전공 초빙교수)

행복을 위한 필요충분조건

우리나라 「헌법」 10조에는 "모든 국민은 인간으로서의 존엄과 가치를 가지며, 행복을 추구할 권리를 가진다. 국가는 개인이 가지는 불가침의 기본적 인권을 확인하고 이를 보장할 의무를 진다." 라고 규정되어 있다. '행복'은 주관적 개념이라서 1980년 헌법 개정 당시 '행복을 추구할 권리'를 명문화하는 것에 대한 논란이 있었다고 한다.[1] 일제강점기, 한국전쟁, 경제개발, 민주화 운동 등 격동의 한국 현대사에서 '행복'이라는 키워드는 널리 회자되어온 개

---

1) "전두환 군사정권 시절, 정치, 사회를 망라한 전 분야에서 기본적 권리를 억압하던 암흑기에 국민 기본권의 하나로 행복추구권을 넣은 것은 '미사여구' 이상의 의미가 아니었을 게다." 정진황(2016). 지평선 행복추구권, 한국일보, 2016년 1월 18일, http://www.hankookilbo.com/v/(2016. 5. 5 검색)

넘도 아니었고, 오히려 무척 생소한 개념이었던 거 같다. 그러나 이제 '행복'이라는 키워드는 우리 사회에서 보편적으로 추구하는 가치, 삶의 목표, 권리로 회자되고 있다. 이제는 "행복하세요"라는 인사를 주고받는 게 익숙한 시대가 되었다. 헌법의 '행복 추구권' 조항을 활용해서 진정이나 소송을 제기하기도 한다.

행복하기 위해서는 무엇이 필요할까? 행복하기 위해서 필요한 내용을 잘 보여주는 것은 국제연합(UN)의 「세계인권선언」과 「경제적, 사회적 및 문화적 권리에 관한 국제규약」이다. 물론 대한민국 헌법과 인권 관련 법률에서도 행복하기 위해 필요한 내용을 명시하고 있다. 국제규약에 명시된 내용을 읽어 내려가면서, 이런 권리를 인류 공동체가 맘껏 누리는 세상을 그려보면 가슴이 벅차오른다. 동시에 최소한의 기본권조차 누리지 못하는 지구촌 식구들을 떠올리면 가슴이 무척 아프기도 하다. 국제규약에 명시된 권리를 맘껏 누릴 수 있다면, "우리도 행복할 수 있을까?"[2] 물론 무척 행복할 것이다. 인권을 제대로 보장받는 삶은 행복의 필요조건인 것만은 틀림이 없다. 그렇다면 사회구조와 환경 등 사회적 차원과 문화적 차원만으로 충분히 행복할 수 있을까? 그렇다면 우리가 부러워하는, 인권이 잘 보장되고 사회복지 수준이 높은 나라에서 왜 공익에 반하는 범죄가 일어나고 심지어 자신의 생명을 스스로 해치는 현상이 있는 걸까? 행복하기 위해서 필요한 또 다른 조건은 무엇일까? 사회적, 문화적 차원에서 행복 수준을 높이는 것과 함께,

---

2) 오연호(2014)의 책 제목이기도 하다. 오연호, 『우리도 행복할 수 있을까: 행복지수 1위 덴마크에서 새로운 길을 찾다』, 서울: 오마이북, 2014.

개인의 내면에서 경험하는 '행복'을 증진시키는 것은 인간존재의 완전한 행복을 위한 충분조건이 아닐까? 이러한 문제 인식에서, 내면세계에 대한 탐색을 중심으로 행복을 증진시키는 요가에 대해서 기술하고자 한다. 따라서 행복하기 위해 필요한 사회 구조와 문화에 대해서는 논외로 할 것이다.

더 없는 행복과 기쁨

요가의 인간관은 심오하면서도 무척 긍정적인 관점을 견지하고 있다. 요가에서는 인간존재는 몸-마음-영(body-mind-spirit)이라는 다양한 수준의 복합체이며, 인간존재는 무한한 '지복', '더없는 행복과 기쁨'을 경험할 수 있는 보편적 성질을 지니고 있음을 제시하고 있다. 현상 세계의 이원성과 조건들, 원인과 조건에 의해 끊임없이 변화하는 현상들을 초월한, 무한한 존재-순수의식-지복(sat-cit-ānanda)이 인간존재의 본질이라는 게 요가의 관점이다.

요가의 탁월한 점은 인간존재의 보편적 성질인 '지복'을 직접 체험할 수 있는 수련법을 수천 년에 걸쳐서 체계적으로 정립해 오고 발전시켜 온 점이다. 이러한 역사를 통해 현대사회에서 요가는 신체적, 생리적, 정서적, 정신적, 영적인 건강과 균형, 인류 의식의 진화를 위한 훌륭한 도구로 활용되고 있다. 특히 20세기 중반부터 요가는 현대 의학과 심리학을 만나면서 요가 치료(yoga therapy)라는 전문 분야로 발전해 왔고, 현대사회에서 요가는 보건의료현장에서,

심리치료현장에서, 교육현장이나 건강서비스 분야 등에서 다양하게 활용되고 있다.

필자가 글을 쓰고 있는 지금 이 순간에도, 독자가 이 글을 읽고 있는 순간에도, 우리 내면에서는 자연스럽게, 그리고 끊임없이 기쁨과 평화, 행복 에너지가 흐르고 있다고 요가는 전하고 있다. 요가의 전통적 가르침에서는 인간존재의 보편적 성질인 '지복'을 요가 수련 과정에서 또는 일상생활에서 어떻게 경험할 수 있는지, 이러한 행복 에너지의 자연스러운 흐름을 가로막는 몸과 마음의 걸림돌이 무엇인지, 이러한 걸림돌로부터 어떻게 자유로울 수 있는지, 어떻게 하면 인간존재의 선한 마음을 계발하고 행복감을 지속적으로 경험할 수 있는지에 대하여 분명하게 제시하고 있다. 그리고 현대인들은 현대 요가의 발전을 통해서 요가의 전통적 가르침을 구체적으로, 그리고 풍부하게 공급받고 있다.

인간존재가 '지복'과 선한 마음을 본래부터 지니고 있다 하더라도, 이 보편적 성질은 일상생활에서 인내와 실천, 노력을 통해서 계발된다. 그리고 이 보편적 성질은 노력을 통해서 계발된다. 이를 통해 인류 공동체뿐 아니라 우주 전체의 평화와 진보를 가져올 것임은 분명하다.

이 글은 몸-마음-영 복합체인 인간존재는 행복감을 어떻게 경험하는지, 특히 요가 수련자는 수련을 통해서 무엇을 경험하는지에 대하여 살펴보려고 한다. 이를 통해 요가 수련자들이 주관적으로 경험하는 행복감은 인간존재의 보편적 경험이며, 여러 수준에서 다양하게 경험할 수 있음을 제시하려고 한다. 또한 일상생활에서 행복을 증진시키는 데 필요한 마음 상태와 태도에 대한 요가의 관점을 소개하려고 한다.

요가의 인간관과 지복

　인간존재를 바라보는 요가의 관점은 경전을 통해서 전해져왔다. 요가의 인간관은 매우 보편적이면서, 동시에 현대인에게도 설득력 있는 관점이다. 그래서 요가는 21세기 현대인들에게도 사랑받는 수련 체계로, 또 치유 방법으로 폭넓게 활용되는 것이 아닐까?

　요가에서는 인간존재의 본질인 참자아는 순수의식(푸루샤 puruṣa)이며, 이 참자아를 5개의 덮개(코샤kosha)가 둘러싸고 있다고 본다. 이 5개의 덮개를 인간존재의 구성 요소 또는 성격[3]이라고 표현하기도 한다. 5개의 덮개[4]는 음식이라는 물질로 이루어진 신체층, 생명에너지인 프라나(prāṇa)로 이루어진 프라나층, 의식적인 마음으로 이루어진 마음층, 지성으로 이루어져서 지혜와 분별을 가능하게 하는 지성층, 지복으로 이루어진 지복층이다. 각각의 덮개를 구성하고 있는 요소가 다르기 때문에, 각각의 덮개를 자각하고 조절하는 방법도 다르다.

---

3) "요가는 인간 성격을 꿰뚫고 중심을 향해가는 내적 여정이다. 여기서 성격은 개인의 기질이나 스타일을 의미하는 것이 아니라, 일상생활에서 정체성을 보여주는 층들의 집합을 의미한다." Anderson & Sovik(2006), p.18.
4) Anderson & Sovik(2006), pp.18~20; Satyananda(2009), p.73.

요가에서는 이 덮개들과 동일시하지 않으면서도, 이 덮개들을 정화함으로써 잘 기능하도록 하는 것을 강조하고 있다. 왜냐하면 몸과 호흡, 정서와 생각, 신념과 가치 등을 정화할 때 참자아가 온전히 드러날 수 있기 때문이다. 그래서 요가는 참자아를 직접 경험할 수 있도록 다양한 수련법들을 계발해 왔다.

기쁨과 행복을 경험할 수 있는 지복층은 인간이면 누구나 지니고 있는 보편적 요소이다. 인간이면 누구나 본래부터 지니고 있고, 지금 이 순간에도 함께하고 있음에도 왜 일상적으로 지복감을 경험하기 힘들까? 어떻게 하면 일상생활에서도 지복감을 늘 경험할 수 있을까? 이런 질문에 대해서 요가의 가르침과 요가 스승들이 한결같이 강조하는 것은 인간존재를 구성하고 있는 요소들의 정화와 균형이다. 그리고 자신의 참본성이 아닌 것들에는 집착하지 말고, 자신의 참본성과 동일시하기 위해 지속적으로 수련하라는 것이다.

요가 수련의 동기가 심신의 치료나 치유에 있건, 자아실현이나 깨달음에 있건, 신체 구조와 기능, 생리, 심리정서, 정신적 측면에서의 정화와 균형은 현대인의 행복을 위한 1차적인 과제이다.

요가는 왜 그토록 신체 구조와 기능, 생리, 심리정서, 정신적 측면에서의 정화와 균형을 강조하는 것일까? 이런 질문에 대해서 비베카난다요가연구재단(Vivekananda Yoga Research Institute)이 답을 제시하고 있다. 1975년 나겐드라Nagendra 박사가 벵갈로에 설립한 비베카난다요가연구재단은 요가의 의학적 적용에 기여해온 기관으로, 인도에서 가장 유명한 요가병원이다. 이 재단에서 1990년에 발간한

『질병을 치료하는 요가』를 보면, 신체층-프라나층-마음층의 균형을 건강의 기초로 설명하고 있다.

> 네 번째[지성층]와 마지막 층[지복층]은 폭이 넓고 보편적인 의식이고 혼란이 일어나지 않기 때문에, 건강한 상태에서는 가장 높은 층의 긍정적인 에너지가 낮은 단계로 자유롭게 내려와 신체 기능이 총체적인 조화와 균형을 이룬다. 최상층의 조화는 항존하지만, 낮은 층들의 불균형으로 이것이 막힐 수 있다.[5]

신체-프라나-마음이라는 하위 세 층의 균형은 건강의 기초이다. 반면 이 세 층의 불균형은 건강하지 못한 상태의 토대가 된다. 현대인들이 겪고 있는 만성질환, 스트레스 관련 질환의 치료나 치유를 위해서는 이 세 층의 정화와 균형이 매우 핵심적이다. 이 세 층의 정화와 균형은 우리 존재의 본성이 잘 발현되도록 하는 것을 용이하게 한다. 그러므로 자신이 원할 때 행복하고 평화롭고 기쁜 상태에 머무를 수 있으려면, 신체-프라나-마음층의 정화와 균형이 필요한 것이다.

그렇다면 신체적, 심리정신적 어려움을 경험하고 있다면 무엇이 필요할까?

요가 수행자이면서 동시에 '요가심리치료'라는 전문분야를 발전시켜온 임상심리학자 스와미 아자야Swami Ajaya는 치유를 위해서

---

5) Vivekananda Kendra Yoga Research Foundation(2003), p.10.

'정화'와 '전일주의'를 제시하고 있다. 모든 스트레스와 고통에서 벗어나기 위해서는 인간존재의 참본성인 순수의식을 가리고 있는 다양한 불순물과 방해물들을 제거해야 하기 때문에, 인간존재의 다양한 측면에 대한 정화 과정은 매우 중요하다. 순수의식의 도구들이 현상계에서 참자아를 표현할 수 있는 적절한 수단으로 기능할 수 있도록, 신체적, 생리적, 심리정서적, 정신적 측면에서의 정화 과정이 필요하다. 또한 전일주의 관점에서 생활환경, 몸과 몸의 기능, 호흡하는 공기, 먹는 음식, 관계를 맺는 태도와 대인관계, 정서 상태, 자아(ego) 상태, 습관, 욕구, 생각과 같은 모든 측면을 다루는 것이 필요하다.[6]

요가치료사인 게리 크라프트소우Gary Kraftsow가 제시하는 관점도 살펴보자. 크라프트소우는 현대 요가의 아버지, 인도 치료 요가의 스승으로 칭송받고 있는 크리슈나마차리야T. Krishnamacharya(1888~1989)와 그의 아들 데시카차르T.K.V. Desikachar로부터 비니 요가[7]Viniyoga를 전수받은 요가 치료사로서, 미국비니요가연구소를 통해 비

---

6) 스와미 아자야는 요가 치료의 원리로 정화와 전일주의를 제시하고 있다. Ajaya(2015), pp.38~39 참조. 스와미 아자야는 『요가심리학: 명상지침서』Yoga Psychology: A Practical Guide to Meditation 『요가와 심리치료』Yoga and Psychotherapy 등 많은 책을 저술한 저자이다.

7) 넓은 의미에서 비니 요가는 특정 요가 스타일을 지칭하는 개념이 아니며, 개인의 요구와 특성을 고려한 요가 접근법을 의미한다. 현재 서구의 요가 치료 분야에서 전문성을 인정받고 있는 비니 요가는 주로 게리 크라프트소우가 미국비니요가연구소(American Viniyoga Institute)를 중심으로 대중적으로 확산시킨 접근법을 의미한다. 국내의 요가심신테라피 분야에서 사용하고 있는 비니 요가는 크라프트소우의 접근법을 지칭한다. 현재 비니 요가는 아헹가 요가 치료와 함께 서구에서 대표적인 요가치료법으로 인정받고 있으며, 만성요통과 일반불안장애, 우울에 관한 프로토콜이 개발되어 있고 만성폐쇄성폐질환을 위한 프로토콜이 개발 중에 있다. 왕인순(2015b), p.105; 조옥경, 왕인순(2016), p.7; Clare(2004), p.107; Desikachar et al.(2001), p.8.

니 요가 치료 방법을 서구에 대중적으로 확산시켜 오고 있다. 크라프트소우는 조건화된 패턴(상스카라: saṃskāra)으로 인한 태도와 행동이 자연스러운 치유의 과정을 억압하는 구조적, 생리적, 심리적 조건을 만들어내기 때문에 치유를 위해서는 태도와 행동의 변화, 즉 마음의 계발[8]을 강조한다.

인간존재는 누구나 기쁨과 환희, 행복감을 경험할 수 있는 지복층을 지니고 있기에, 신체 구조와 기능, 생리, 심리정서, 정신적 정화와 균형이 현대인의 행복을 위한 1차적인 과제임을 알 수 있다. 그래서 현대 요가에서는 요가 자세, 호흡, 이완, 명상, 식이요법을 주요 방법[9]으로 사용하고 있다. 요가 수련의 목표가 치료나 치유에 있건, 자아실현이나 심층적인 자기 탐색에 있건, 또는 깨달음에 있건, 요가 스승들은 위의 다섯 가지 방법을 지속적으로, 그리고 규칙적으로 수련하도록 권하고 있다.

현대사회에서 행복 증진을 위해 요가가 제시하는 또 다른 방법은 무엇이 있을까? 신체적, 생리적, 심리정서적, 정신적 정화와 균형 외에 행복감을 증진하고 유지할 수 있는 방법으로는 무엇이 있을까? 요가의 전통적 수련 체계들과 현대의 보완대체의학 및 심리치료의 방법론을 통합하여, 통합적 요가치료모델(Integrative Yoga Therapy Model)을 제시하고 있는 스콧 블로썸Scott Blossom은 지복층을 직접적으로 계

---

8) Kraftsow(2011), p.152.
9) 스와미 비슈누데바난다(1927~1993)는 스와미 시바난다(1887~1963)의 제자로, 라자 요가와 베단타 철학을 현대적으로 발전시킨 쉬바난다 요가Sivananda yoga를 서구에 널리 전파한 분이다. 현대인의 신체적, 정신적, 영적 웰빙을 계발하도록 5가지 체계를 제시하였는데, 적절한 운동, 적절한 호흡, 적절한 이완, 적절한 식이요법, 긍정적 사고와 명상이다.Clare(2004), pp.61~63.

발할 수 있는 방법[10]을 다음과 같이 소개하고 있다.

- 기도 : 진심으로 안내를 청하기, 자비 등
- 의식 : 영적인 성소를 만들기
  음식 만들기, 일하기, 부모 역할과 같은 일상의 활동에서
  성스러운 요소를 인식하기
- 키르타나(kīrtana) : 기쁨을 노래하기
- 봉사 활동 : 어린이, 환경, 호스피스 관련 봉사활동 등,
  자비심, 사랑, 유대감, 자기가치 만들기
- 상가(sangha) : 수행 공동체에서 영적인 기쁨을 누리기
- 수행을 최고선에게 바치기

[출처: Blossom(2004), p.26]

    음식을 만들고 일을 하고 아이들을 양육하거나 누군가를 돌보는, 인내와 헌신이 필요한 일상의 다양한 활동에서 성스러운 요소를 인식하고, 사랑과 자비, 유대감을 증진시키는 활동을 꾸준히 실천하는 삶은 우리 내면의 지복을 경험하게 도와줄 것이다. 수행 공동체를 통해 치유되고 성장하는 과정, 인류 공동체의 평화를 기원하는 삶, 수행의 공덕과 결실을 모든 생명 있는 존재들에게 회향하는 삶도 내면의 지복을 경험할 수 있게 도와준다. 우리가 일상생활에서 기쁨과 행복을 경험하고 행복감을 지속시킬 수 있는 방법들은 참으로 많다.

---

10) Blossom(2004), p.26

나는 위와 같은 활동에 매일, 또는 정기적으로 얼마나 에너지를 쏟고 있는지, 지금 읽고 있는 책을 잠시 덮고 점검해보면 어떨까?

요가 수련을 통해서 경험하는 행복감

인간은 기본적으로 몸·마음·영 통합적 존재이다. 따라서 우리는 내적인, 또는 외적인 자극과 접촉해서 무엇인가를 경험할 때, 경험하는 순간의 감각, 느낌, 상태 등을 통칭해서 '행복감'이라고 표현한다. 몸과 마음이 편안할 때나 대자연의 아름다움에 감탄할 때 '아~ 행복하다'라고 표현한다. 또는 조직 구성원들과 힘을 모아서 무엇인가를 이루어냈을 때도 행복감을 경험한다. 몰입의 경험이나 깨달음의 지복에 이르기까지 행복한 경험 수준은 매우 다양하다. 어떤 조건에 있건, 내면에서 경험하는 행복을 느끼는 상태는 주관적이다. 주관적인 동시에 보편적이기도 하다. 따라서 우리가 경험하는 행복한 상태는[11] 여러 수준에서 다양하게 경험할 수 있음을 의미한다. 요가 수련을 통해서 우리는 고요하고 행복하고 평화로움을 경험한다. 이러한 경험을 지속적으로 반복해서 경험할 때, 우리의 일상생활은 행복의 에너지로 넘쳐날 것이다.

'아~ 행복하다'라고 느낄 때 내면에서는 무엇을 경험하는 것일까? 조나단 스미스Jonathan Smith가 제시하는 이완 상태(R-States)의 범주는 우리가 주관적으로 경험하는 몸과 마음, 의식 상태를 잘 보여

---

11) 지복(ananda)의 다양한 형태에 대해서는 조옥경(2009), pp.227~239 참조.

주고 있다. 그래서 필자는 요가 수련을 통해서 요가 수련자들이 경험하는 내적인 상태, 행복한 느낌을 스스로 확인하는 지표로 스미스의 이완 상태 범주를 자주 활용하고 있다.

『이완, 명상, 마음챙김』*Relaxation, Meditation, & Mindfulness*의 저자인 스미스는 이완의 심리학적 측면에 초점을 맞추어서 이완의 가치를 새롭게 조명한 임상심리학자이다. 그는 심신의 상태나 개인의 필요에 따라 사용할 수 있는 이완 기법을 친절하고 상세하게 제시하고 있다. 그가 제시하는 대표적인 방법은 요가 스트레칭, 점진적 근육 이완, 호흡 연습, 아우토겐과 유사한 자율훈련, 심상화와 긍정적 자기 진술, 명상과 마음챙김이다. 스미스는 골격근의 긴장과 관절의 스트레스, 피로, 에너지의 감소와 같은 조건에 요가가 효과적이며, 다른 이완법들과 비교해 보았을 때 근육이완과 호흡, 심상화와 명상 등의 다양한 방법이 결합되어 있다는 점을 요가의 독특한 측면으로 평가하고 있다.[12]

스미스는 여러 가지 이완 방법을 통해서 경험하는 수준을 4가지 범주[13]로 제시하고 있는데, 이 범주에는 심신 긴장의 감소와 에너지 수준, 정신적 수준과 영적 수준을 모두 포함하고 있다. 각 범주에 포함된 상태를 [그림 1]에 제시하였다.

---

12) Smith(2007), p.42~43; 왕인순(2015a), p.103에서 재인용.
13) 스미스는 점진적 근육 이완법, 요가, 호흡, 명상 등 10개의 이완 기법을 다룬 200개 이상의 주요 교재들에서 사용된 단어 목록 400개, 6,077명의 참여자들과 40개 이상의 이완 기법들을 기초로 요인 분석을 하고 4개로 범주화 하였다. Smith(2007), p.39 참조.

초월적 경험	
영원한, 한없는, 무한한 / 하나가 된 / 신비/ 경건한/ 기도 · 기원하는/ 경외감과 경이로움	
핵심 마음챙김	긍정적 에너지
고요한/ 알아차리는/ 집중된 / 명료한 / 수용하는 / 순수한 중심 잡힌 / 깨어 있는	기쁜 / 낙관적인 활력 있는 감사하는 / 자애로운
기초적 이완	
편안한 / 평화로운(정신적으로 이완된) / 신체적으로 이완된 자유로운(묶인 데가 없는: 멀리 있는, 무심한) 졸리는 / 피로가 풀린/ 상쾌한(생기를 되찾은)	

[그림 1] 출처: Smith(2007), p.41

그렇다면 한국의 요가 수련자들은 과연 어떤 경험을 할까? 아래에 제시된 표는 필자가 안내하는 요가 이완과 요가 명상 수련 참여자들이 내적으로 경험하는 상태를 보여주고 있다. 요가 수련을 통해 신체심리적, 에너지적, 정신적, 영적인 수준에서 다양하게 경험하는 것들을 일정 부분 함께 공유하고자 표로 정리하여 제시하였다.

[표 1]은 2010년 6월 30일, 서울 지역에 거주하는 요가 지도자를 포함한 여성 요가 수련인 여덟 명이 두 시간 동안 회복 요가(restorative yoga)를 수련한 후에 자신의 상태가 어떠한지 확인한 결과이다. [그림 1]을 제시하고 개인마다 해당되는 항목에 표시하도록 하였고, 아래 숫자는 여덟 명이 표시한 항목 모두를 합한 결과이다.

초월적 경험	
7	
핵심 마음챙김	긍정적 에너지
25	6
기초적 이완	
43	

[표 1] 요가 이완 수련 후 상태

회복 요가는 아헹가B.K.S. Iyengar의 제자인 쥬디스 라세이터Juduth
Lasater 박사가 다양한 보조 도구를 활용하여 스트레스 감소 및 적극
적인 이완을 목표로 개발한 요가 이완법이다. 이 방법은 순환 및
산소의 흐름을 증가시킴에도 불구하고 신체는 흥분시키지 않으면
서 마음을 진정시키는 효과 때문에 피로 및 스트레스 관련 질환
의 예방과 개선에 매우 효과적이라는 평가를 받고 있다.[14] 또한 회
복 요가는 우울, 불안과 같은 정서 상태를 전환시키는 데 효과적이
기 때문에, 심리치료 현장에서 보조적인 방법으로 활용되고 있으
며 작업 치료의 보조 방법으로도 활용되고 있다.[15] 필자가 사용했
던 회복 요가 자세들을 [그림 2]에 제시하였다.

[표 1]에서 볼 수 있듯이, 요가 지도자들은 요가 수련 후에 기초
적 이완과 핵심 마음챙김 범주에서 다양한 경험을 하였고, 긍정적
에너지와 초월적 경험은 상대적으로 적게 나타났다. 두 시간 동안

---

14) Lasater(1995), pp.7~8; Singh et al.(2004), p.426; 왕인순(2010), p.160에서 재인용
15) 왕인순(2010), p.160; Forbes(2011), pp.101~102; 조옥경, 왕인순(2016), p.12에서
재인용.

수련했음에도 불구하고 다양한 상태를 경험한 것은 요가의 효과를
보여주는 것일 뿐 아니라, 우리가 본래 갖고 있는 내면의 속성이
수련을 통해서 자연스럽게 드러난 것임을 보여주는 것이다.

| 가벼운 후굴 | 가벼운 전굴 | 누운 나비자세 | 아기자세 |

| 다리를 벽에
올린 자세 | 아기 자세로
비튼 자세 | 누워서 비튼 자세 | 깊은 휴식 자세 |

　　그렇다면 요가 수련 경험이 전혀 없는 사람들도 요가 지도자들
과 유사한 경험을 할 수 있을까? 만약 평상시에 요가 수련을 하지
않는 이들도 요가 지도자들과 유사한 경험을 한다면, 그것은 우리
가 본래 갖고 있는 내면의 요소들이 수련을 통해서 자연스럽게 발
현된다는 것을 보여주는 것이라 할 수 있다.

　　[표 2]는 2015년 11월 17일, 참여자 열 명이 회복 요가를 수련하
기 전과 후를 비교한 표이다. 참여자들은 요가 수련 경험이 없는
여성들이다. 가벼운 후굴, 가벼운 전굴, 나비 자세, 아기 자세, 비
틀기 자세, 깊은 휴식 자세 등 여섯 개 자세를 한 시간 동안 차례
로 수련하였다. 이완 수련을 하기 전, 그리고 이완 수련을 한 후에
[그림 1]을 제시하여 개인마다 해당되는 항목에 표시하도록 하였고,

아래 숫자는 열 명이 표시한 항목 모두를 합한 결과이다.

	요가 수련 전	요가 수련 후
초월적 경험	5	12
핵심 마음챙김	13	24
긍정적 에너지	6	20
기초적 이완	19	37

[표 2] 요가 이완 수련 전-후 비교

　요가 지도자들과 매우 유사하게, 요가 수련 경험이 없던 여성들도 요가 수련 후에는 기초적 이완과 핵심 마음챙김 범주에서 다양한 경험을 하였다. 요가 지도자들과 이 집단을 비교했을 때 한 가지 특징적인 것은, 이 집단이 '긍정적 에너지' 범주에서 많은 항목에 표시한 것이다. 조나단 스미스의 연구 결과에 따르면 성별, 인종별로 경험의 차이가 있었는데, 여성은 긍정적 에너지 범주에서 특히 '감사하는', '자애로운'에 더 많이 체크한 반면, 남성은 기초적 이완 범주에 더 많이 체크 하는 경향성을 보여주었다.[16]

　참여자들은 여성 인권 증진을 위한 업무에 전념하고 있는 여성들로서, 특히 가정폭력 관련 업무를 담당하고 있다. 가정 폭력이 얼마나 심각한 사안인지 우리 사회에 널리 알리고, 가정폭력을 예방하고 가정 폭력 생존자들과 자녀들을 위한 다양한 지원 사업 등의 일을 수행하고 있다. 가정 폭력으로 고통 받고 있는 이들에 대한 공감과 자비심, 사회 정의를 위한 열정이 없이는 수행하기 어려운

---

16) Smith(2007), p.44.

일들이다. 이러한 업무를 수행하는 여성들 내면의 심성이 수련을 통해 발현되고, 더욱더 증진된 것이 아니겠냐고 추측해 본다.

[표 3]은 2016년 5월 18일, 여성 참여자 일곱 명이 한 시간 동안 회복 요가를 수련하기 전과 후를 비교한 결과이다. 요가 수련 기간이 1년 미만(3개월 미만 2명, 1년 미만 2명)인 참여자는 4명, 1년 이상인 참여자는 3명이다. 참여자들은 가벼운 후굴, 가벼운 전굴, 나비 자세, 아기 자세, 비틀기 자세, 깊은 휴식 자세 등 여섯 개 자세를 차례로 수련하였다. 이완 수련을 하기 전, 그리고 수련을 한 후에 [그림 1]을 제시하여 개인마다 해당되는 항목에 표시하도록 하였고, 아래 숫자는 일곱 명이 표시한 항목 모두를 합한 결과를 나타낸다.

	요가 이완 수련 전	요가 이완 수련 후
초월적 경험	5	7
핵심 마음챙김	7	17
긍정적 에너지	6	4
기초적 이완	11	22

[표 3] 요가 이완 수련 전·후 비교

참여자들은 요가 이완 수련 후에 기초적 이완과 핵심 마음챙김 범주에서 다양한 경험을 하였다. 회복 요가는 보조 도구를 활용하기 때문에 편안한 상태에서 요가 자세를 오랜 시간 유지할 수 있고, 그 상태에서 몸과 마음에서 일어나는 현상을 자각하는 과정을 매우 강조하고 있기 때문에, 네 가지 범주 중에서도 특히 기초적 이완과 핵심 마음챙김 범주에 응답을 많이 한 것으로 보인다.

특이한 사항은 긍정적 에너지 범주에서 수련 후에 오히려 응답 항목 수가 줄어든 점이다. 수련 전과 비교해서 수련 후에는 항목 수가 늘어나는 게 일반적인 현상인데, 이 집단의 경우에는 항목 수가 줄어들었다. 자신의 주관적 경험을 표시하는 과정에서 긍정적 에너지 범주보다는 다른 범주로 주의가 이동했기 때문으로 추측하고 있다.

각 범주별로 참여자들이 어떤 항목에 많이 표시하였는지를 보는 게 흥미로울 것 같아서, 참여자의 반수 이상이 응답한 항목을 제시해 본다. 기초적 이완 범주에서, 참여자 7명중 6명이 '신체적으로 이완된'에, 5명이 '편안한'에, 4명이 '평화로운(정신적으로 이완된'에 표시하였다. 기초적 이완 범주에 제시된 항목들은 몸과 마음에서 통합적으로 경험하는 이완 상태를 보여주는 것으로서, 참여자의 대부분은 한 시간 동안 요가 이완 수련을 한 후에 심신이 편안하고 이완되어서 평화로운 상태를 경험하였다. 핵심 마음챙김 범주에서는, 참여자 일곱 명중 네 명이 '고요한' '수용하는'에 표시하였다. 초월적 경험 범주에서 반수 이상이 응답한 항목은 없었고, '한없는' 항목에 참여자 3명이 응답하였다.

[표 4]는 2016년 6월 1일, 여성 참여자 일곱 명이 한 시간 동안 요가 명상을 수련하기 전과 후를 비교한 결과이다. 참여자들은 [표 3]에 제시된 이완 수련 참여자들과 동일하다. 명상 수련을 하기 전, 그리고 수련을 한 후에 [그림 1]을 제시하여 개인마다 해당되는 항목에 표시하도록 하였고, 아래 숫자는 일곱 명이 표시한 항목 모두를 합한 결과를 나타낸다.

	요가 명상 수련 전	요가 명상 수련 후
초월적 경험	7	16
핵심 마음챙김	10	19
긍정적 에너지	6	12
기초적 이완	10	17

[표 4] 요가 명상 수련 전-후 비교

명상 경험이 비교적 적은 참여자들을 위해 주의 조절 연습, 타라 만트라, 소함 만트라를 요가 명상 방법으로 사용하였고, 만다라 문양에 색칠하기로 마무리를 하였다. 수련 전과 수련 후의 차이는 개인마다 차이가 있지만, 표시한 항목의 수가 평균적으로 약 두 배 정도 증가하였음을 알 수 있다. 수련 전과 후의 차이가 제일 큰 범주는 핵심 마음챙김과 초월적 경험 범주였다.

각 범주별로 참여자의 반수 이상이 응답한 항목들을 살펴보면, 기초적 이완 범주에서, 참여자 일곱 명중 여섯 명이 '평화로운(정신적으로 이완된)'에, 다섯 명이 '편안한'에 표시하였다. 참여자의 대부분은 한 시간 동안 요가 명상 수련에 참여한 후, 심신이 편안하고 이완되어서 평화로운 상태를 경험하였다. 긍정적 에너지와 핵심 마음챙김 범주에서는, 참여자 일곱 명중 다섯 명이 '감사하는', '깨어있는'에 표시하였고, 네 명이 '자애로운' '고요한' '수용하는'에 표시하였다. 초월적 경험 범주에서는 참여자 일곱 명중 다섯 명이 '경건한'에, 네 명이 '하나가 된'에 표시하였다.

[표 5]는 2주 간격으로 요가 이완 수련과 요가 명상 수련에 참여

한 집단이 수련 전과 후에 변화의 차이가 어떠한지를 볼 수 있도록 비교한 표이다.

	요가 이완 수련 전	요가 이완 수련 후	요가 명상 수련 전	요가 명상 수련 후
초월적 경험	5	7	7	16
핵심 마음챙김	7	17	10	19
긍정적 에너지	6	4	6	12
기초적 이완	11	22	10	17

[표 5] 요가 이완과 요가 명상 수련 전-후 비교

참여자들은 요가 이완 수련을 통해서 기초적 이완과 핵심 마음챙김 범주에서 다양한 경험을 하였고, 요가 명상 수련을 통해서는 핵심 마음챙김, 초월적 경험에서 다양한 경험을 한 것으로 나타났다. 요가 이완은 요가 명상에 비해서 기초적 이완 범주에 속하는 심신의 이완 상태를 더 폭넓게 경험할 수 있는 수련 방법으로 보인다. 특히 '편안'하고 '평화로운' 경험은 요가 이완과 요가 명상 수련에서 비슷하게 나타났으나, '신체적으로 이완된' 경험은 요가 이완 수련에서 더 많이 경험하는 것으로 나타났다.

참여자들은 요가 이완 수련에 참여했을 때보다 요가 명상 수련에 참여했을 때 세 가지 범주에서, 즉 긍정적 에너지, 핵심 마음챙김, 초월적 경험 범주에서 더 다양한 경험을 하는 것으로 나타났다. 엄격하게 통제된 실험 방법을 사용하지 않았고 요인 분석을 실시하지 않았기 때문에, 이러한 결과의 요인에 대해서는 객관적으로 제시하기 어려운 측면이 있다. 그러나 이 결과를 통해 몇 가지 시사점을 살펴볼 수 있다. 참여자들은 요가 이완 수련에 참여하고 나서 2주 후에 요가 명상 수련에 참여했기 때문에, 수련의 긍정적 효과가 누적된 결과일 수 있다. 요가 이완 수련이나 요가 명상 수련에서 동일하게 '자기 자각'을 강조하고 있으나, 누워서, 또는 엎드려서 깊은 휴식 상태에서 실행하는 이완 수련 방식이 초보자들에게는 심신 이완을 경험하는 데 효과적인 반면, 이들이 알아차림과 집중 상태를 지속적으로 유지하기 어려운 측면을 반영한 것일 수 있다. 심신 이완 상태에서 명상 과정을 통해 에너지적, 정신적, 영적인 측면에서 더 폭넓은 경험을 할 가능성이 높을 수 있다. 또한 한 시간 동안 다양한 명상방법을 활용한 점, 안내자의 특성이 결과에 영향을 미칠 수 있다는 점 등 여러 요소의 작용으로 위와 같은 결과가 나타날 수도 있다. 향후 엄격하게 통제된 방법을 활용하여 연구를 진행한다면 요가 이완과 요가 명상 수련 효과의 공통점과 차이점을 규명하는 것이 가능할 것이다.

요가 수련 경험이 없는 참여자들(표 2에 제시)은 요가 수련 경험자들(표 3과 표 4에 제시)에 비해서 요가 수련 전과 후의 변화 차이가 조금 더 크게 나타난 것을 볼 수 있다. 그러나 위에 제시된 세 개의 집단은 참여자 특성과 규모, 요가 수련 시간과 수련 내용 등에서 차이가 있고 참여자 규모가 작기 때문에, 위에 제시된 결과를 일반화할 수는 없다.

한 가지 특기 사항은 수련 전과 수련 후에 동일한 항목에 표시를 했어도, 그 경험의 질이 다르다는 점이다. 참여자들은 "수련을 하기 전과 수련을 하고 나서 '편안한'이라는 항목에 똑같이 표시를 하였지만, 내가 느낀 '편안한' 상태는 수련 전과 후가 매우 다르다." "수련 전에 내 몸의 상태를 표시했을 때의 '알아차림' 수준과 수련 후에 내 몸의 상태를 표시할 때 경험했던 '알아차림' 수준이 다르다는 것을 인식했다." "명상을 하고 나서 대상에 접촉했을 때 마음이 반응하고 있음을 알아차리는 속도가 빨라지는 것 같다." "서로 연결되어 있음을, 모든 존재의 근원과 연결되어 있음을 느꼈다"라고 자신의 경험을 들려주었다. 요가 수련을 통해서 수련자들은 경험의 내용과 깊이가 더 넓고 깊어짐을 자각하고 있음을 시사하고 있다.

꾸준한 수련은 행복의 지름길

파탄잘리Patañjali의 『요가 수트라』Yoga-Sūtra[17]에서는 요가의 목표를 성취하는 데 있어 핵심적인 두 가지 태도로 지속적인 수련(abhyāsa)과 무집착(vairāgya)을 제시하고 있다. 요가에서는 오랜 기간 동안 열성과 노력을 다해서 꾸준히 수련하는 것의 중요성을 매우 강조하고 있다. 이러한 가르침은 현대사회에서 치료나 치유를 위

---

17) 이러한 마음 작용들은 수행과 무집착에 의해서 제어된다.
　　이러한 두 가지 가운데서, 마음의 확고함을 위한 노력이 수행이다.
　　수행은 오랜 기간 동안 쉬지 않고 열성을 다해 잘 견뎌 냈을 때 확고하게 수립된다.(Yoga-Sūtra, 1. 12~14.) Satchidananda(2006), pp.43~44 인용.

해 요가 수련을 하는 경우에도 예외 없이 적용되는 원칙이다. 인내심을 갖고 꾸준히 수련할 때, 오랜 시간 동안 쌓아온 조건화된 패턴을 변화시켜서 새로운 패턴을 확립할 수 있기 때문이다. 이 과정을 통해 수련자의 목표나 의도가 성취될 수 있다.

행동의 변화는 자기 변용의 과정에서 매우 중요한 요소이다. 성격은 습관 패턴들로 구성되어 있기에, 대부분의 무의식적인 습관 패턴을 자각하고 그러한 습관 패턴에서 변화가 있을 때 비로소 성격의 변화도 가능하다. 따라서 자기 변용에 관한 요가의 접근은 겉으로 드러난 바람직하지 않은 습관을 변화시키기 위해 바람직하지 않은 습관에 집중하기 보다는 바람직한 습관을 형성하는 것에 집중한다. 새로운 습관을 익히는 초기 단계에는 갈등을 경험하지만, 새로운 습관에서 만족감을 발견함에 따라 서서히 새로운 습관을 익히게 된다. 이렇게 새로운 습관을 함양함으로써 내담자는 원치 않는 습관적 행동, 태도, 정서, 사고 패턴을 변화시킬 수 있다.[18]

지속적인 수련을 통해 긍정적인 경험과 행복감을 반복적으로 경험하는 것은 요가 수련자에게 '자원'(resource)이 될 뿐 아니라, 이 과정을 통해서 행복감은 계속 증진된다. 많은 요가 수련자들은 간헐적으로 느끼는 환희심과 강렬한 행복감보다는, 꾸준한 수련을 통해 잔잔한 행복감을 반복적으로 경험하고 있다. 이러한 잔잔한 행복감은 수련의 동기가 되고, 일상에 활력을 불러일으키고, 수련자가 지니고 있는 내적 역량을 강화시킨다. 행복한 순간에 경험하는 강도보다는 행복한 순간을 자주 경험하는 빈도가 더 중요하다

---

18) Ajaya(2008), pp.26~28; 왕인순(2015b), pp.110~111에서 재인용.

는 것을 강조하는 긍정심리학의 관점에 비추어 보았을 때, 꾸준한 수련은 요가 수련자들이 경험하는 행복감의 증진에 강력한 영향을 미치는 요인이 아닐까?

요가 수련의 경험이 '자원'이 되고, 이 자원은 긍정 심리와 행복감의 순환 고리가 될 수 있음을 시사하는 예가 있다. 필자가 '치유와 자기 성찰을 위한 워크숍'을 진행할 때마다 안내하는 꼭지가 하나 있는데, 그건 '자원 찾기'이다.

지금 조용한 장소로 가서 생각나는 대로 종이에 적어보세요. 내게 힘이 되고 나를 고양시키고 활력을 증진시키는 것들이 무엇이 있는지? 내가 좋아하거나 내게 힘이 되는 경험들, 사람들, 반려동물, 물건을 포함한 모든 대상들, 떠올리면 내게 힘이 되고 안정감을 주고 평화로움을 주는 환경, 나의 장점과 특기를 하나하나 적어 봅니다. 주어진 시간 동안 적은 다음에, 소리 내어 읽거나 눈으로 읽어 내려갑니다. 또는 적은 것들을 하나하나 떠올려봅니다. 이 작업을 하는 동안 몸 상태와 마음 상태가 어떤지 알아차립니다.

워크숍 참여자들은 위와 같이 개인 작업을 하고 나서, 몇 명씩 모둠을 만들어서 서로 나누는 시간을 갖는다. 이 '자원 찾기'를 하면 공통적으로 하는 이야기가 있다. "이렇게 많은 자원을 갖고 있다는 걸 새삼 느꼈다.", "나는 자원이라고 생각하지 않았는데 다른 사람이 자원으로 적은 걸 보면서, 아 이런 것도 자원이라는 걸 알게 됐다.", "이렇게 많은 것을 갖고 있고 누리고 있었는데, 늘 부족한 것에만 집중했다.", "자원을 적으면 적을수록 계속 적을 게 많아진다는 걸 알았다." 등등……. 그리고 이 작업을 하면 "'감사'할 일이 참 많다"는 것도 새롭게 인식하면서 가슴 뭉클한 경험을 하게 된다.

자신이 지니고 있는 많은 자원을 기억하고, 그것들과 접촉하고 싶을 때 언제든지 그 자원들을 떠올리는 것은 우리 내면에 '감사'하는 마음 상태를 증진시키는 데 도움이 된다. 앞서 조나단 스미스가 제시했던, 긍정적 에너지라는 범주 안에 '감사'라는 긍정 심리가 포함되어 있음을 상기해 보자. 요가 수련자들은 꾸준한 수련을 통해서 긍정 경험과 긍정 심리를 반복적으로 경험하게 되고, 이를 통해 행복감은 더욱 증진된다.

필자가 2011년에 비영리 단체에서 활동하는 여성들에게 자애 명상을 안내하고 그 효과를 분석[19]한 적이 있다. 자애 명상 집단과 자애 명상에 참여하지 않은 집단을 비교한 결과, 자애 명상 참여자들은 8주 후에 자기 자비, 인지적·정서적 마음챙김과 긍정적 정서, 자아 존중감이 증가하고, 부정적 정서와 지각된 스트레스는 감소하였다. 자애 명상을 수련한 집단은 수련 횟수나 시간에 상관없이, 모든 항목에서 긍정적인 변화가 있었다. 특히 20분씩 주 3회 이상 꾸준히 수련한 여성들은 명상에 참여하지 않은 여성들에 비해 자기자비 및 인지적·정서적 마음챙김이 통계적으로 유의하게 증가하였고, 부정적 정서 및 지각된 스트레스는 통계적으로 유의하게 감소하였다. 특히 20분씩 주 3회 이상 꾸준히 수련한 여성들과 주3회 미

---

19) 왕인순, 조옥경(2011), pp.681~684.

만 수련한 여성들을 비교해 보았을 때도 자기 자비, 부정적 정서, 자아 존중감, 지각된 스트레스에서 통계적으로 유의한 차이가 있었다. 필자의 연구에서도 확인되었듯이 규칙적이고 지속적인 수련이 긍정적 변화를 가능하게 하는 핵심 요인임을 보여주고 있다.

만족과 행복

요가 수련자를 위한 다섯 가지 권계勸戒 중 하나인 '만족'은 자신과 세상을 바라보는 관점이자 삶의 태도이다. 파탄잘리는 『요가 수트라』[20]를 통해서 요가 수련자가 만족할 때 최고의 기쁨을 얻게 된다는 것을 제시하고 있다.

스와미 라마Swami Rama[21]는 『요가 수트라』에서 제시하고 있는 다섯 가지 권계의 목적을 적은 노력으로 짧은 기간에 인격을 변화시키기 위한 것으로 제시하였는데, 지속적인 권계의 실천은 습관을 변화시킴으로써 자신의 행동을 조절할 수 있도록 한다. 만족을 느끼면 모든 환경에서 평온할 수 있다. 자신의 노력의 결과를 예상하면서 과보나 성공을 바라지 않고, 소명 의식을 갖고 헌신적으로 봉사하며 목표를 향해 진지하게 노력할 때 만족이 생겨난다.[22]

---

20) 만족에 의해서 최고의 기쁨이 얻어지게 된다.(YS.2.42) Satchidananda(2006), p.204
21) 남인도 출신인 스와미 라마(1925~1996)는 1969년 미국으로 건너가 메닝거재단(Menninger Foundation)의 연구 컨설턴트로서 명상의 효과에 대한 과학적 연구에 기여하였고, 1971년 신체적 정신적 영적 성장에 기여하는 비영리단체 히말라야 연구소(Himalayan Institute of Yoga Science and Philosophy)를 설립하여 라자 요가의 전통적 수련법들을 전하였다.Clare(2004), pp.43~44.
22) Rama(2002), pp.216~217 참조.

달라이 라마 존자는 만족이 행복의 근원이며, 이러한 행복은 소유나 성취와는 무관하다고 피력하고 있다.[23] 스와미 라마도 만족은 사회적 지위나 물질의 소유에서 벗어난 마음의 상태로서, 오히려 만족하지 못하는 사람이 수동적이고 불만스러운 삶을 살고 있음을 지적하고 있다.[24] 스와미 아자야도 만성적인 불만족 상태에 처해 있는 현대인들에게 '만족'이라는 태도가 얼마나 중요한지를 제시하고 있다. 한편 긍정심리학의 창시자인 마틴 셀리그만Martin Seligman도 감각적·정서적인 쾌락과 만족을 엄격히 구분[25]할 것을 강조하고 있다.

많은 이들은 자신이 바라는 욕구가 충족되지 않으면 불만족감을 느끼는 게 당연하다고 생각한다. 그리고 만족하면서 살게 되면, 무엇인가를 변화시키기 위해 애쓰지 않거나 수동적인 사람이 될 거라고 생각한다. 그래서 충분히 만족할 때까지 목표를 향해 중단 없이 일해야 한다고 생각하면서, 스스로를 밀어붙이기도 한다. 그 과정에서 끊임없이 자신을 비판하거나 타인과 비교한다. 목표를 성취하지 못했을 때는 자기 자신뿐 아니라 일상의 많은 부분들이 불만족스럽고, 수치심을 느끼고, 심하면 좌절하고 파괴적 행동이나 반사회적인 행동을 하기도 한다. 이러한 정서와 생각들이 목표를 향해가는 여정에 집중해야 할 에너지를 분산시키고 소진시킨다.

스와미 아자야[26]는 현대인들에게 '만족'은 우리 내면의 갈등을

---

23) 달라이라마(2009), p.9
24) Rama(2002), p.226
25) Seligman(2004), p.173; p.185.
26) Ajaya(2015), pp.81~88 참조

치유하는 데 도움이 될 뿐 아니라, 내면의 고요함과 평화로움을 유지한 상태에서 긍정적인 방향으로 삶을 변화시키기 위해 꾸준히 일할 수 있게 하는 동력임을 강조하고 있다. 욕구가 충족되지 않아도 행위의 결과에 만족하며 꾸준히 노력할 수 있게 된다는 것이다.

> 단일 의식의 다른 많은 특성들처럼 목표를 향해서 애쓰는 것만으로는 만족에 도달할 수 없지만, 내려놓고 지금 이 순간을 경험하는 것만으로도 만족에 도달할 수 있다. 그러나 많은 사람들이 상상하는 것처럼 만족이 충족감을 가져다주는 것은 아니다. 만족의 원리는 내적인 고요함과 평화를 만들어내지만, 변화를 위해 외부적으로 일하는 것을 멈추게 하지는 않는다. 만족의 원리를 작업하는 과정에서 필연적인 변화를 가져오는 지속적 성장 과정이 있다는 것을 점차로 자각하게 된다. 변화를 가져오는 동안에도 현재 상황과 조화를 이루는 것을 배운다. 즉 점점 더 평화로워져서 소위 실패나 성공에 의해 동요하지 않게 된다. 만족하면서도 동시에 변화의 과정과 조화를 이루는 이런 이원적 태도는 많은 이들의 삶의 특징인 만성적 동요, 불만족, 침체를 대체한다. (중략) 역설적이지만 더 많이 만족할수록 변화를 위한 개방성은 더욱 많아진다.[Ajaya(2015), pp.84~85]

인권과 평등권의 보장을 통해 인간다운 삶을 영위할 수 있기를……
수련의 즐거움과 만족을 누릴 수 있기를……

생명 있는 모든 존재들이 행복하고 평화롭기를……

생명 있는 모든 존재들이 고통에서 벗어나기를……

생명 있는 모든 존재들이 변치 않는 기쁨 누릴 수 있기를……

생명 있는 모든 존재들이 평정심에 머물 수 있기를……

지금 이 글을 읽고 계신 모든 분들이 건강하고 평화롭고 행복하기를 기원합니다.

몸 공부와 의식 확장 그리고 행복

서봉기(요가학교 옴 대표)

마음이 답일까?

어느 날 우연히 눈에 들어왔던 글귀가 잊히지 않고 아직도 뇌리에 깃들어있다. "마음이 답이다"라는 단정적인 짧은 문구가 주는 힘이 생각보다 강하다. 순간 여러 가지 불미스러운 일들이 떠오른다. 그 모든 일들이 마음을 잘 사용하지 못해서 일어난 것이라는데 동의하면서, 해결책으로 마음을 잘 사용하는 것이 답일 것이라는 생각을 자연스럽게 일어낸다. 적어도 필자가 개인적으로 경험하거나 매체로 접하는 사건 사고의 대부분은 마음에서 비롯되는 일이라고 보기 때문이다.

며칠 전 기삿거리를 읽는데 "항산恒産에서 항심恒心이 나온다"는 글귀가 보인다. 이전부터 알고 있는 글귀지만, 정치를 본업으로 하는 사람의 입에서 흘러나오니 왠지 그 사람의 격이 실제보다 높아 보이고 새로워 보인다. 평소에 내가 항심이 부족한 것은 항산이 없어서 일 것이라는 생각을 내심 하면서 살기에 위의 말이 가볍게 지나치지 않고 남아 있다. 경제적으로 안정되지 않은 상태에서 마음이 편안하기란 쉽지 않다. 이는 모두에게 다 해당되는 것은 아닐 테지만 스스로 지켜내고 싶은 가치를 지켜낼 마음에 힘이 없는 사람에게는 매우 어려운 일일 것이다. 역시 보통 마음의 힘으로 살아가는 필자에게는 경제적 안정은 항심을 유지하는 토대임이 분명해 보인다.

그러나 물질적으로 부족하고 경제적으로 어렵고, 심지어 육체적으로 건강하지 못한 사람이 오로지 강한 마음의 힘으로 성공을 이루어내는 경우를 어렵지 않게 볼 수 있다. 특히 수행자에게 있어 물질의 풍요로움은 오히려 수행에 방해되는 것으로 여겨지기도 한다. 육신의 건강에 구애받지 않고 외부의 환경에 괘념치 않고 스스로 정한 목표를 향해 오롯한 마음으로 흔들리지 않고 가는 모습에서 성자의 향기를 느끼는 것 또한 사실이다. 그러나 나이를 먹을수록 몸과 마음이 예전과 같지 않다는 것은 어쩔 수 없이 인정하게 된다.

'마음이 답이다'는 확답은 잠시 미루고 이제 요가에서는 몸(물질을 포함하여)과 마음을 어떻게 바라보고 있는지 살펴볼 것이다. 약간은 지루한 이론적인 설명이 몸과 마음의 정체와 이들의 관계를 파악하는데 도움을 줄 것으로 기대한다.

몸은 의식이면서 의식이 아니다

몸과 마음으로 이루어져 있다고 보여 지는 인간에 대한 이해를 위해서 요가의 옛 문헌인 우파니샤드Upaniṣad를 살펴볼 것이다. 여러 우파니샤드 가운데 『타잇티리야 우파니샤드』Taittirīya Upaniṣad는 인간을 이해하는 일반적인 방식인 몸과 마음이라는 2개의 존재 양태를 포함해서 5개의 존재 양태로 인간을 설명하고 있다. ① 여러 곡식에 의해서 이루어진 존재(annamaya), ② 프라나(생기)로 이루어진 존재(prāṇamaya), ③ 마음으로 이루어진 존재(manomaya), ④ 식으로 이루어진 존재(vijñānamaya), ⑤ 환희로 이루어진 존재(ānandamaya). 인간은 이상의 다섯 가지 존재 층으로 이루어져 있음을 설명한다. 좀 더 자세한 직접적인 이해를 위해 원문을 참조한다. 우선 사람이 생겨나기까지의 과정을 『타잇티리야 우파니샤드』에서 브라만의 환희에 대한 설명을 하고 있는 장의 첫 번째 절에서 다음과 같이 설명한다.

> 그러한 이 지고의 아我로부터 허공이 생겨난다. 허공에서 바람이, 바람에서 불이, 불에서 물이, 물에서 흙이, 땅에서 초목들이, 초목들에서 곡식이, 곡식에서 사람이 생겨난다. 바로 이 사람은 곡식의 정수로 된 것이다.[1]

위의 본문에서 '지고의 아'는 브라만을 의미한다. 브라만Brahman

---

1) *Taittirīya Upaniṣad*, 2.1.

은 힌두교에서 우주의 근본적 실재 또는 원리를 가리킨다. 아트만 ātman이 진정한 자아를 뜻하는 개별적·인격적 원리인 반면, 브라만은 우주적·중성적中性的 원리로 이해된다. 위의 첫 번째 절에서 직접적으로 "브라만은 실재요, 지혜이며, 영원함이다"라고 설명한다. 우주의 근본적 실재인 브라만에서 천지자연과 인간이 차례로 생겨나는 모습은 성경에서 창조주 하나님이 빛과 어둠, 하늘과 땅, 뭇 식물과 땅의 생물을 창조하고 하나님의 형상대로 사람을 창조하는 과정과 흡사하다.

그러나 『성경』에 보이는 창조주 하나님의 창조하는 모습과는 사뭇 다른 설명을 하고 있음을 위의 환희장의 여섯 번째 절에서 확인할 수 있다. "그는 나는 생겨나리라, 나는 많은 것이 되리라고 원했다. 그는 고행을 했다. 그는 고행을 하여 이 세상 그 모든 것을 만들었다. 그것을 만들고는 그것을 따라 들어갔다. 그것으로 들어가서는 감지할 수 있는 것과 감지할 수 없는 것이 되었다. 바로 실재가 되었다. 이 모든 것, 그것을 실재라고 말한다"라고 말한다. 위의 글에서 주의 깊게 살펴보아야 할 것은 '브라만 자신이 스스로 생겨나기를 원해서 만물이 이루어지고, 그런 후에는 만물 속으로 따라 들어갔다. 그리고 실재가 되었다'는 내용이다. '만물 속으로 따라 들어갔다'는 말은 샹카라Śaṅkara의 설명에 의하면 '따라 들어간 이것은 자연의 대상들에 따라 변형된 식識들로 덮여 나누어진 것이다'고 설명한다.

예를 들면, 새의 몸으로 따라 들어간 브라만은 새의 몸의 형태에 맞게 채워지면서 새의 식識으로 드러난다는 뜻일 것이다. 인간의 몸에 따라 들어온 브라만은 인간의 육신의 모습을 따라 채워지면서 인간의 식으로 드러난다고 여겨진다. 그리고는 새로서, 인간으로서 실재하며 존재하게 되는 것이다. 위의 내용은 브라만의 독특한 창조의 과정을 보여준다.

그리고 이어서 곡식의 정수로 이루어진 육신에 대해 설명한다.

『타잇티리야 우파니샤드』의 두 번째 절에서는 사람뿐 아니라 '땅에 깃들어 있는 모든 생명체들이 곡식으로 인해서 생겨나며, 바로 곡식에 의해서 생명을 유지한 후, 결국은 죽어서 곡식으로 되돌아간다'고 설명한다. 그런 후 '이 곡식의 정수로 만들어진 것 말고 내면의 아我인 생기가 주를 이루는 것이 있으며, 그 생기로 곡식의 정수로 만들어진 이 육신을 가득 채우고 있으며, 이 육신은 바로 사람의 형태'임을 말하고 있다. 또한 '곡식을 브라만이라고 명상하는 이들은 분명히 모든 곡식을 얻는다'라고 말한다.

이어서 생기로 이루어진 몸에 대한 설명이다.

이후 세 번째 절에서는 '신들, 사람들, 짐승들은 이 생기를 따라서 숨을 쉰다고 하며, 생기는 생명체들의 수명이다'라고 말한다. 그리고 '이 생기는 바로 그 이전의 몸인 곡식으로 이루어진 존재의 아트만(ātman, 我)임'을 밝히고 있다. 또한 '생기를 브라만이라고 명상하는 사람들은 진정 모든 수명을 누린다'고 설명한다.

다음은 마음으로 이루어진 몸에 대한 설명이다.

이어서 '이 생기가 주를 이루는 것 말고 내면의 아인 마음이 주를 이루는 것이 확실히 있다'고 한다. '이 마음으로 생기로 이루어진 몸을 가득 채우고 있으며 사람의 형태를 하고 있다. 이 마음은

생기가 주를 이루는 바로 그 이전 몸의 아트만이다.'

다음은 식으로 이루어진 몸에 대한 설명이다.

'이러한 마음이 주를 이루는 바로 이것 말고 내면의 아인 식識이 주를 이루는 것이 확실히 있다. 이 식으로 이 마음의 몸은 가득하다. 그러한 이것은 바로 사람의 형태이다'고 한다. '이 식은 바로 그 이전의 마음으로 이루어진 몸의 아트만이다.' 또한 '식을 브라만이라 알고, 그로부터 부주의하지 않는다면, 몸 안의 죄악들을 여의고 모든 욕망들을 온전하게 누린다'고 설명한다.

다음은 환희로 이루어진 몸에 대한 설명이다.

'이러한 식이 주를 이루는 바로 이것 말고 내면의 아인 환희가 주를 이루는 것이 확실히 있다. 이 환희로 이 식의 몸은 가득하다. 그러한 이것은 바로 사람의 형태다. 이 환희는 바로 그 이전의 식으로 이루어진 몸의 아트만이다.' 또한 '브라만의 환희를 아는 사람은 그 언제라도 두려워하지 않는다'고 말한다.

위에서 설명한 내용은 다음의 몇 가지로 정리할 수 있다.

① 사람은 다섯 가지의 몸으로 이루어져 있다.

사람은 곡식의 정수로 이루어진 것, 기로 이루어진 것, 마음으로 이루어진 것, 식으로 이루어진 것, 환희로 이루어진 것과 각각의 내부에 채워져 있는 아트만의 총합으로 구성되어 있다. 각각의 존재는 사람의 형태를 따라 이루어져 있다. 바로 사람의 형태를 이루고 있기 때문에 몸이라고 칭할 수 있는 것이다.

② 다섯 가지의 몸이 결합하는 방식은 다음과 같다.

곡식으로 이루어진 몸인 육신의 안쪽에 기로 이루어진 몸으로 채우고, 이어서 기로 이루어진 몸의 내부를 마음으로 이루어진 몸으로 채우고, 마음으로 이루어진 몸의 내부를 식으로 이루어진 몸으로 채우고, 식으로 이루어진 몸의 내부를 환희로 이루어진 몸으로 채우면서 존재한다.

③ 곡식과 생기와 마음과 식과 환희를 각각 브라만이라고 명상하는 결과로 인해서, 모든 곡식의 풍요로움과 수명과 몸 안의 죄악들을 여의고 모든 욕망을 온전하게 누리고 두려움 없는 경지를 얻는다. 이상에서 마음을 브라만이라고 명상하는 결과에 대해서는 언급이 명확하지 않다.

대체로 사람을 몸과 마음으로 크게 둘로 나누어 바라보는 것이 일반적인 사고인 것에 비하면 다섯 가지의 몸으로 사람을 세분했다는 것은 사람에 대한 이해가 깊고 자세하다는 것을 보여주며, 육신의 내부의 존재 층인 생기와, 마음과 식과 환희의 층들을 몸으로 형상화 하고, 객관화하여 바라보고 있는 것은 독특하다 할 것이다. 흔히 형상 없는 마음을 주관으로, 형상 있는 육신을 객관으로 인식하는 것이 보통의 이해임에 비추어 볼 때 기존의 관점에서 벗어나는 파격적인 이해로 보인다.

또한 육신의 아트만은 생기로 이루어진 몸이고, 생기로 이루어진 몸의 아트만은 마음으로 이루어진 몸이 되는데, 후자는 전자의 아트만이고 전자는 후자의 몸이 된다. 이는 또한 각각의 몸이면서 아트만으로 기능하고 있다. 환희로 이루어진 몸에 아트만이 있다는 말이 생략되었지만, 당연히 환희로 이루어진 몸에도 당연히 아트만이 존재하는 것으로 이해해야 한다. 브라만이 몸의 다섯 단계의 창조의 과정에서 곡식과 기와 마음과 식과 환희로 이루어진 몸에 '따라 들어가서' 실재하게 되기 때문이다. 이 아트만은 샹카라의 설명대로 '따라 들어간' 실재의 변형된 식으로 바꾸어 표현하는 것도 가능할 것이다. 아트만의 식은 식으로 이루어진 몸에서의식과 구별하기 위해서 의식으로 표현한다.

그러므로, 곡식의 정수로 이루어진 몸과 그 의식, 생기로 이루어진 몸과 그 의식, 마음으로 이루어진 몸과 그 의식, 식으로 이루어진 몸과 그 의식, 환희로 이루어진 몸과 그 의식으로 구분할 수 있다. 후자는 분명 전자보다 질적으로 더 미세하고 순수한 것으로 이해되며, 실재한다고 보인다. 왜냐하면 각각의 몸은 이전 몸의 아트만이기 때문이다. 그러므로 의심 없이 다음과 같이 표현할 수 있다. 몸은 아트만(의식)이다. 그러나 몸과 아트만이 함께 같은 공간에 존재한다고 하여 완전한 동일체로 파악해서는 곤란하다. 절대적 존재인 아트만이 상대적인 몸에 즉卽의 상태로 있지만, 아트만은 아트만이고 몸은 몸으로 구분되는 것이 사실이다.

양자의 상즉이면서 독립적인 특성은 수행 차원에서 그대로 적용된다. 사람을 구성하는 다섯 존재는 몸이면서 아트만(의식)이기에 깨달음의 궁극적 대상인 동시에 수행을 통해 변화하는 구체적 대상이기도 하다. 즉 '몸이 아트만(의식)이다'는 관점에서는 몸을 아트만으로 또는 브라만으로 단지 인식하는 명상법이 수행의 전체이다. 이를 우파사나upāsana 명상이라고 부른다. 그러나 몸이 의식과 상즉하고 있지만 독립적인 존재로 인식한다면 이때 수행의 대상은 아트만이 아니라 몸이 되어야 한다. 왜냐하면 아트만은 자체로 절대적 실재이며 밝은 의식이기 때문에 수행으로 변화시켜야할 직접적인 대상이 아니며 단지 깨달음의 대상이기 때문이다.

다섯 가지의 몸에 따라 들어가서 존재하고 있는 각각의 아트만은 다섯 몸의 질적인 차이로 말미암아 변형된 의식으로 나타난다고 할 때, 수행을 통해서 변화되어야 하는 대상은 각각의 몸이며, 이러한 몸의 변화를 통해서 온전한 의식이 드러남을 기대할 수 있는 것이다. 이 의식은 육신보다는 생기로 이루어진 몸에서, 생기보다는 마음으로 이루어진 몸에서, 마음보다는 식으로 이루어진 몸에서, 식보다는 환희로 이루어진 몸에서 더 밝고 선명하게 반응한다. 그러나 이는 원론적인 차원에서의 인식이고, 실제는 특정한 몸에서 이상이 생기면 그곳에서는 아트만(의식)의 기능이 현저하게 줄어들게 되어 그 몸의 특성이 온전히 발현되지 못할 수도 있게 된다. 그러므로 의식을 밝게 드러내기 위해서는 각각의 몸이 최상의 상태를 유지할 수 있도록 관리하는 노력이 요구되는 것이다. 이러한 행위가 몸 공부의 전부이다.

그러므로 요가의 수행법에는 육신의 몸과 생기의 몸, 마음의 몸과 식의 몸, 환희의 몸을 대상으로 하는 공부법 또는 수행법이 대다수를 차지하고 있는 것이다.

몸은 정화되고 의식은 확장되어야 한다

사람마다 품격이 다르다는 것은 사실인 것 같다. 타고나기를 잘 타고난 사람을 보면 부럽기도 하고 질투심도 생기는 것은 필자의 품격에 있어 어쩔 수 없는 일이다. 금수저와 흙수저로 대변되는 이 시대의 경제적 불평등은 시간이 지날수록 더욱 심화되고 있다. 필자 또한 흙수저로 태어나 지금까지 흙수저를 놓아본 적이 없고, 앞으로도 금수저를 쥘 날을 기대하는 것은 요원해 보이기까지 하다. 그러나 품격 있게 살아가고 싶은 소망은 버리지 않고 있다. 물론 경제적으로 뒷받침을 해야 품격이 살아나는 것은 사실이지만, 꼭 그렇지 만은 아닌 것 같다. 품격 있게 살아가는 데는 여러 가지가 필요하겠지만 필자는 의식 확장을 그중 하나로 제시하고 싶다.

세상 만물의 생성에는 브라만이 관여하고 있으며, 만물에 '따라 들어가는' 수고로움을 마다하지 않아서 각각의 몸들에는 아트만이 내재하게 된다. 브라만의 실재하고 지혜롭고 영원한 속성은 그대로 아트만에 드러나게 되는데, 이를 통해 만물이 만물다워지게 된다. 곧 사람이 사람다워지는 것은 브라만의 속성이 그대로 사람의 몸을 통해 드러나기 때문이다. 다섯 가지로 이루어진 사람의 몸의 각각에 실재하고 지혜롭고 영원한 속성이 자리하게 된다. 이를 각각의 몸의 아트만이라고 이름 한다. 다른 말로 몸의 상대어로 정신 또는 의식으로 바꿔 부를 수도 있을 것이다. 다시 말하면, 곡식으로 이루어진 육신에는 육신의 의식이, 기로 이루어진 몸에는 기의 의식이, 마음으로 이루어진 몸에는 마음의 의식이, 식으로 이루어진 몸에는 식의 의식이, 환희로 이루어진 몸에는 환희의 의식이 자리하게 된다.

그런데 우리 인간의 한계는 육신에 깃들어 있는 의식이 브라만의 실재성과 지혜성과 영원성을 100% 드러낼 수 있어야 하는데, 실상은 그렇지 않은 데에 문제가 있다. 기로 이루어진 몸의 의식과 마음으로 이루어진 몸의 의식, 식으로 이루어진 몸의 의식 또한 마찬가지로 여겨지며, 다만 가장 높은 순도의 몸을 가지고 있을 것으로 예상되는 환희의 몸에서는 브라만의 특성이 그대로 드러날 것으로 이해된다. 정말 환희의 몸이 브라만의 특성을 고스란히 드러나게 하는 100%의 순도를 가지고 있는지는 필자의 견지에서는 자신할 수 없으나, 흔히 깨달음의 경지, 또는 삼매의 경지를 경험하는 곳이 환희의 몸이 아닐까 짐짓 사량으로 계교해 본다.

이처럼 인간의 한계상황으로 인하여 불만족스럽고 때로는 고통스러운 현실을 경험하게 되는데 이러한 이유들을 필자는 의식의 닫혀 있음에서 찾고자 한다. 의식이 닫혀 있다는 것은 지혜롭지 못하다는 것이며, 무지에 의해 행한 결과는 우리를 더욱 한계 속에서 벗어나지 못하게 한다. 이러한 무지 가운데 가장 근원적인 무지는 자기의 실상을 파악하지 못하는 것이다. 내 몸의 정체와 몸에서 일어나는 실상을 알지 못하여 몸에 얽매이게 되는 때가 있다. 몸에 병이 들어 고통 속에서 지내게 되는 것은 그 대표적인 한 예일 것이다. 마음 또한 마찬가지이다. 매체에 오르내리는 여러 흉포한 사건들을 거론하지 않더라도, 내 마음인데도 어디로 튈지 몰라 보고

만 있어야 할 때는 스스로 허탈함을 느끼게 되기도 한다. 인간관계에서 삐거덕 거릴 때 보면 대체로 자기중심적으로 생각하고 행동하는 데에서 기인한다는 것을 아는 데는 그리 어렵지 않다. 다만 인정하기가 어려울 뿐이다.

오래전에, 20여 년도 훨씬 지난겨울에 모 종교 단체의 겨울 훈련(동선)에 참석한 적이 있다. 20대 중반의, 막 군대를 제대하고 어떻게 살아갈지 쉬 가닥이 잡히지 않을 때 이던 것으로 기억한다. 당시의 내용은 기억이 가물가물하지만 한 가지는 아직도 선명하게 남아 있다. '환하고 역력하게 아는 이것'을 소개받은 사건은 이전에 경험해 보지 못한 생경한 느낌이었다. 내가 보고, 내가 듣고, 내가 말하고, 내가 먹는다고 생각하며 아무 의심 없이 생활하다가, 그게 아니라 생각의 주인공, 행위의 주인공이 배후에 따로 있다는 말은 분명 바로 이해하고 받아들이기에는 낯선 언어들이었음이 사실이다. 아직도 여전히 낯선 의미로 남아 있지만, '환하고 역력하게 아는 이것'을 내 삶에서 받아들이고, 때로는 반가운양 일부러도 말을 거는 노력을 해야겠다는 생각을 한다.

그 당시 필자가 우파니샤드를 읽을 정도의 정신세계를 향유하고 있었다면, 아마도 지금의 모습은 많이 달라져 있었을 것이라 상상하곤 한다. 현실에 불만족한 사람들의 전형적이고 상투적인 말이라고 하지만, 본뜻은 뒤 늦게나마 그 중요성을 알았고, 이제부터라도 내 안에 실재하고 지혜로우며 영원한 브라만을 받아들이고 내 몸에서 온전히 드러날 수 있도록 공부를 해보겠다는 의미로 읽히길 바란다.

1) 브라만의 명상법

인간을 다섯 종류의 몸과 그 내면에 존재하는 아트만의 종합으로 파악하고 있음은 『타잇티리야 우파니샤드』에서 확인하였다. 브라만의 만물에 따라 들어가는 행위를 통해서 각각의 내면에 브라만이 있게 되며 이를 아트만이라 이름 한다. 이 아트만은 아我 또는 진아眞我로 번역되는데, 참나로 불리기도 한다. '환하고 역력하게 아는 이것'을 아트만이라 불러도 어색하지 않을 것이다. 의식 확장의 실행법인 다섯 종류의 몸 공부는 결국 몸에 내재하는 브라만을 그 속성 그대로 드러내어 온전한 인간의 모습으로 살아가게 하는 공부이다. 그렇다면 우파니샤드의 현인들은 이 공부를 어떻게 하였을까?

앞장에서 요약 정리한 부분의 ③번에서 설명하고 있듯이 브라만에 대한 명상을 통해서 얻게 되는 결과, 즉 각 단계의 수행을 통해서 향수하게 되는 결과를 보여주고 있다. 구체적으로 곡식으로부터 생겨나는 첫 번째 몸인 곡식의 몸에 대한 공부에서, "곡식을 브라만이라고 명상하는 것을 통해서 모든 곡식을 얻게 된다"라고 말한다. 그런데 '곡식을 브라만이라고 명상하는 것'이 명확히 이해되지 않음이 사실이다. 이에 대해 샹카라는 "나는 곡식에서 생겨나고, 곡식의 아(annātman)이며, 곡식으로 되돌아가 잠긴다, 따라서 곡식이 브라만이다. 이렇게 명상하는 것이다"[2]라고 설명한다. 샹카라의 설명에 의하면 브라만의 명상은 '곡식이 브라만이다', 또는 '생기가 브라만이다', '마음이 브라만이다', '식이 브라만이다', '환

---

2) 임근동(2012), p.233, 185번 주.

희가 브라만이다'는 관념을 지속적으로 유지하면서 실행하는 것이라 여겨진다. 이를 확장하면 "모든 존재가 그대로 브라만이다." "sarvam khalv idaṃ brahma."(C.U. Ⅲ.14.1.)라는 이해에 도달하게 될 것이다. 그렇다면 '곡식으로 이루어진 몸이 브라만이다'고 인식하는 것도 가능할 것이다. '생기로 이루어진 몸', '마음으로 이루어진 몸', '식으로 이루어진 몸', '환희로 이루어진 몸'을 브라만으로 명상하는 것도 가능할 것이다.

그런데 이곳에서는 여기서 그친 것이 아니라, 브라만에 대한 우파사나 명상, 즉 '곡식이 브라만이다'는 명상을 통해서 실제로 모든 곡식을 얻게 된다고 설하고 있다. '생기가 브라만이다'는 명상을 통해서 수명을 누리게 됨을 말한다. '식이 브라만이다'는 명상을 통해서 '몸 안의 죄악들을 여의고 모든 욕망을 온전하게 누리게 된다'고 한다. '환희가 브라만이다'는 명상을 통해서 '두려움 없는 경지를 얻는다'고 말한다. 브라만에 대한 명상을 통해서 두려움 없는 정신 상태를 얻는다는 말은 이해하기 어렵지 않지만, 명상으로 물질적인 풍요로움과 건강과 수명과 죄악으로부터 벗어나고 욕망을 향유하게 된다는 설명은 보통의 지견으로는 이해하기 쉽지 않아 보인다.

필자는 실제로 이러한 명상에 의해서 모든 곡식 등을 얻게 되는 이 메커니즘이 분명히 이해되지 않고 있다. 사실은 체험하지 못했다고 하는 표현이 옳을 것이다. 다만 곡식이 브라만이라는 생각으로 행하는 지속적이고 강력한 정신의 몰입 상태는 그에 상응하는 에너지가 곡식의 에너지에 영향을 미칠 것이라는 것이며, 결과적으로 곡식을 나에게로 끌어와 물질적 풍요를 가져다주는 것이 가능할 것이라고 예견하는 정도이다.

이러한 상칼파(saṃkalpa, 결심, 신념)를 이용하여 자신의 불만족을 개선하고 성공으로 이끄는 사례는 찾기 어렵지 않다. 특히 헤리 팔머에 의해 만들어진 아바타 수행법은 결심과 신념이라는 마음의 상태를 활용하여 현실의 성공과 의식의 확장을 이끌고 있다. 실제로도 아바타 수행법은 여타의 수행법 가운데 주목할 만한 성장을 하였고 헤리 팔머 또한 원하는 성공을 거두었던 것으로 보인다. 아바타 명상법과 브라만의 명상법을 비교하여 자세하게 논할 수는 없지만 신념과 관념을 명상의 방법으로 사용하는 면에서는 비슷하다고 여겨진다.

현재 브라만의 명상법과 유사한 명상법은 다양하게 사용되고 있음을 확인한다. '나는 부처이다', '나는 원래 훌륭한 사람이다', '나는 행복한 사람이다', '나는 본래 건강하다'는 문구를 가지고 지속적으로 명상하면서 내면화 하는 수련을 하여, 실재의 생활 경계에서 어려움을 극복하는 데에 활용하고 있다. 이와 유사하게 '나의 몸이 브라만이다'고 명상을 한다면, 건강하지 못한 나의 몸이 실재로 브라만의 온전성을 획득하지 않을까! '나의 마음이 브라만이다'고 명상을 한다면, 마음의 건강하지 못함이 해소되지 않을까! 꼭 브라만이라고 고집할 필요는 없을 것이다. 브라만과 같은 절대적 존재의 힘과 지혜로 표현될 수 있는 '하나님'이나 '부처님', '하늘님', '천지님', '법신불사은님' 등으로 대체할 수 있다고 생각한다. 그리고 '나의 마음'이나 '나의 몸'에 국한할 필요도 없다. 가장 가까운 인연들의 이름을 넣어서 '밝음이(필자의 딸 이름)는 법신불 사은이다', '화담이(역시 딸 이름)는 하나님이다'로 지속적으로 명상한다면, 아직 시도해 보지 않은 내용이라 단정하기가 쉽지 않지만 상당히 긍정적인 결과를 기대할 수 있지 않을까!

우리의 의식이 확장된다면, 좀 더 큰 범위의 사람들에게 적용이 될 수 있을 것이다. 굳이 사람에 한정할 필요도 없다. 동물이어도 괜찮고, 무생물이어도 상관없다. 개인뿐 아니라 사회, 국가 등의 단체여도 괜찮고, 세계와 우주를 포함한다면 더할 나위가 없다. 나와의 경쟁자거나 적대 관계에 있는 사람이나 단체를 대상으로 한다면 그 사람의 의식의 깊이와 넓이는 가히 측량하기 쉽지 않을 것이다.

그런데 이러한 브라만의 명상은 실재로 브라만의 숭배와 상통한다. 브라만에 대한 절대적 믿음과 신앙이 전제되지 않을 때 위와 같은 결과들 즉, 곡식의 풍요로움이나 건강과 수명 등을 얻을 수 있을까? 하나님에 대한 절대적 믿음이 없이 '누구누구는 하나님이다', '누구누구는 부처님이다'라고 명상하는 것이 과연 깊은 명상의 상태로 이끌 수 있을 것이며, 위력을 얻을 수 있겠는가? 명상의 깊이와 위력을 담보하는 것은 명상하는 주체의 의식의 힘과 더불어 절대적 존재에 대한 믿음과 숭배가 함께해야 할 것이다.

브라만 자체에 대한 명상은 더욱 쉽지 않다. 브라만은 궁극적 실재이기에 언설이나 마음이나 생각으로 드러낼 수 없는 것이기 때문이다. 그래서 다음과 같은 구절로 브라만을 표현할 수밖에 없는지도 모르겠다. "이제 (브라만에 대하여) '……이 아니다', '……이 아니다'라고 하는 가르침이 있다. 왜냐하면 '……이 아니다'라고 하는 것 이상의 (가르침이) 없으며, 그 보다 더 뛰어난 다른 (가르침이) 없기 때문이다.""athāta ādeśaḥ na iti na iti, na hy etasmād iti, na ity anyat param asti"(B.U. II.3.6.)

어쩌면 이러한 브라만 자체에 대한 명상은 수승한 근기에게나 소용되는 것인지도 모르겠다. 때문에 필자는 앞에서 설명한 대상을 브라만으로 명상하는 수행법이 가까이 느껴진다. 곡식과 생기와 마음과 식과 환희 또는 그것들로 이루어진 육신의 몸과 생기의 몸, 마음의 몸과 식의 몸, 그리고 환희의 몸들이 명상의 대상으로 기꺼이 사용되어야 한다. 이와 같이 지각할 수 있는 가까운 몸에서 부터 시작하는 명상은 궁극적 깨달음과 함께 그에 상응하는 현실적인 위력을 동시에 얻을 수 있기 때문이다.

그러나 브라만의 명상은 브라만 자체와 모든 만물을 대상으로 할 수 있는 명상법이지만 '무엇 무엇은 브라만이다'는 관념을 가지고 하는 명상법이기에 직접적으로 육신의 몸을 사용하거나, 생기나 생기로 이루어진 몸을 운용하거나, 마음이나 마음으로 이루어진 몸을 사용하는 수행법은 아니다. 이러한 부족함을 채우기 위해서는 파탄잘리Patañjali의 『요가 수트라』Yoga Sūtra으로 대표되는 고전 요가와 이후의 하타 요가의 수행법이 도움이 된다.

2) 고전 요가와 하타 요가의 몸의 수행
필자는 요가의 목적은 의식의 확장이고 수단은 몸의 정화를 통해서 가능하다고 생각한다. 고전 요가와 하타 요가에서 행하는 모든 수행의 구체적인 방법들은 각각의 몸의 정화를 목적으로 한다. 육신을 직접적인 대상으로 하는 아사나(āsana, 자세) 수행은 기본적으로 육신의 건강과 미용을 담보한다. 이는 육신의 정화 상태가 좋다는 것을 의미한다. 필자는 아사나의 행법을 두 가지 측면에서 이해한다. 하나는 건강과 미용 등의 생리적인 차원이고, 다른 하나는 깨달음을 목적하는 수행에서의 각성 차원이다. 생리적인 목적을 위해 하는 아사나는 움직임이 많은 특성이 있는 현대 요가의 아사나가 적합할 것이다. 그에 반해 각성을 목적으로 한다면 특정한 목적의 아사나를 오랫동안 유지하는 하타 요가의 아사나가 도움이 될 것이다. 물론 생리적인 목적을 위해서 행하는 과정에서 각성이 일어날 수도 있으며, 각성을 목적하는 수행에서 건강과 미용의 부수적인 효과를 얻게 되기도 한다. 어떤 목적으로 아사나를 행한다 하더라도 정화의 단계를 거치지 않고서는 목적하는 바를 얻지 못할 것이다.

그런데 이 정화의 범위는 육신에만 한정되지 않고 생기로 이루어진 몸에도 직접적으로 영향을 미치고, 마음으로 이루어진 몸에도 직·간접적이나마 효과를 나타내는 것 같다. 이는 어쩌면 다섯 몸의 배치를 고려한다면 충분히 이해될 수 있다. 오히려 각성의 아사나는 육신보다는 생기로 이루어진 몸에 더 직접적인 영향을 미치는 것으로 파악된다. 각성의 아사나 가운데 대표적인 두 가지를 들라면, 싯다아나사(Siddhāsana, 달인좌)와 파드마사나(Padmāsana, 연화좌)이다. 특히나 싯다아사나의 경우 Hp 1.39에서 "84아사나 가운데, 72,000나디nādi를 정화하는 싯다아사나는 매일 수련되어야 한다"라고 밝히고 있다. 나디는 생기가 운행하는 통로이다. 때문에 나디의 소재는 생기로 이루어진 몸이 될 것이다. 이 수행의 결과는 나디의 정화와 함께 '해탈의 문을 열어젖히는' 각성에 초점이 맞추어져 있음을 알 수 있다.

특히 각성을 목적하는 아사나의 특징은 몸의 자세뿐 아니라 반다(bandha, 조임)와 드리슈티(dṛṣṭi, 응시) 등을 결합하여 통합적인 수행을 한다는 것이다. 회음부를 조이고, 배를 당기고, 목을 가슴에 붙이는 반다의 행위들이 육신을 사용하지만 목적하는 바는 생기를 통제하고 결과적으로 수슘나 나디suṣumṇā nāḍi를 각성하여 감관 작용을 억제하는 데에 있다. 이러한 감관 작용의 억제는 마음의 작용을 멈추게 하는 효과를 가져 온다. 또한 미간을 바라보는 것도 육신을 사용하지마는 생기를 통제하고 마음을 하나로 모으는 집중의 명상법 가운데 하나이다. 이와 같이 각성의 아사나는 몸을 통제하는 수법을 사용하지만 결과적으로 미치는 범위는 육신뿐 아니라 기의 몸과 마음의 몸과 식의 몸 등에 영향을 미치는 것으로 이해된다.

또한 『요가 수트라』(2. 46)에서는 아사나를 정의하면서 "견고하고 안락한 것이 좌법이다"라고 설명한다. 견고함이란 동요가 없고 안락을 낳는다는 것으로 비갸나 비크슈Vijñāna Bhikṣu는 주해하고 있다. 아사나의 기본 속성으로 움직이지 않음을 들고 있다. 움직이지 않음은 어쩌면 모든 수행의 기본 속성인 것 같아 보인다. 호흡수련에서도 그 핵심은 들고 나는 호흡이 저절로 멈춘 상태인 케발라 쿰바카kevala kumbhaka를 말하고 감관 통제 수련에서도 감각기관이 대상에서 철수된 상태 즉, 마음의 움직임이 통제된 상태를 강조한다. 다라나dhārana 집중 수련에서도 통제된 마음의 상태가 하나에 고정되어 있는 마음의 부동으로 이해되며, 이후의 디야나(dhyana, 정려精慮) 상태는 다라나 집중 명상에서 얻은 한 곳에 고정된 마음이 더 깊고 더 오래도록 유지되는 상태이다. 이 모든 수행의 근간을 이루고 있는 것이 바로 이 부동의 상태이다. 끊임없이 움직여나가는 이 현상의 원리에서 그 흐름을 정지하고 고요함에 머무르는 노력이 요가 수행의 출발점이라 생각할 때 그 구체적인 수행의 처음은 몸의 움직임을 통제하고 안락하고 편안하게 오래도록 유지하는 아사나 수행에 있다 할 것이다.[3]

이 부동의 상태를 필자는 정화의 과정이면서 정화의 결과로 이해하고 있다. 움직이지 않고 편안하게 오래 앉아 있을 수 있는 상태는 몸의 관절과 근육과 신경과 나디가 건강하고 깨끗하게 유지되지 않고서는 불가능하다. 호흡을 오랫동안 멈출 수 있는 경지 또한 나디가 정화되지 않고서는 어렵다. 감각기관이 통제되는 상태는 생기의 흐름을 통제할 수 있을 때 가능한데, 이 또한 나디의 정화가 바탕이 된다. 마음의 집중과 그 흐름이 유지되기 위해서는 마음으로 이루어진 몸과 식으로 이루어진 몸이 정화되어야한다.

각각의 몸이 정화되어 순도가 높은 상태가 될 때 각각의 몸의 의식은 자유롭게 활동하게 될 것이다. 육신의 몸이 건강하지 않고 온갖 더러운 탁기와 독소로 찌들어 있는 상태에서 육신의 의식이 활발하게 작용할 수 있을까? 마음으로 이루어진 몸이 우울하고 편

---

3) 서봉기(2013).

치가 않은데 그 의식이 해맑게 작용할 수가 있을까? 의식 그 자체를 어찌해 보겠다고 하는 것은 정력의 낭비이다. 이제 몸에 집중할 때이다.

걸림이 없어야 행복이다

현재 세계적인 요가의 주된 흐름이 아사나 행법 중심으로 행해지고 있다는 것에 이견을 보이는 이는 드물다. 요가의 대중화와 세계화는 인류 역사상 가장 정점에 와 있다고 생각되며 인류가 가장 사랑하는 운동과 수련으로 확고부동하게 자리를 잡았다고 보여 진다. 그러나 요가를 깊이 수련하는 사람 가운데는 요가의 수행 방법들이 다양함에도 불구하고 건강과 미용을 목적으로 하는 신체 위주의 아사나 수련이 요가 수행의 전부인양 인식되고 행해지는 것에 반감을 드러내고 깊은 우려를 표시하기도 한다. 한편으로는 올바른 지적이라고 생각하면서도, 오히려 이런 현상을 자연스럽게 받아들여야 하지 않을까 생각해 본다.

고전 요가나 하타 요가가 수행되던 때는 요가 행자의 대부분이 깨달음과 싯디(siddhi, 요가적 초능력)를 목적으로 하는 전문 수행자 그룹이었다. 그러나 현대 요가에서의 요가 행자들은 전문 수행을 목적으로 하는 사람들도 있겠으나, 대부분은 건강과 미용을 위해서 운동 개념으로 받아들이고 행하고 있다. 이들에게 요가의 본래 목적이 깨달음이니, 요가의 본령이 호흡이니, 진정한 요가의 깊이를 체험하기 위해서는 명상 수련을 해야 한다고 강변하면서 마치 낮은 차원의 요가를 행하는 것으로 바라보고 길을 인도하려는 모습에서 오만의 그림자를 보게 된다. 사람이 처한 환경과 타고난 기질과 심성에 따라서 요가의 행법에 대한 각각의 관심은 다를 것이기 때문이다.

요가의 행법들은 각각 행하는 사람의 목적에 맞게 선택되어야 하며 그 자체로 심천이 있는 것이 아니다. 흔히 사람을 상·중·하의 세 근기로 나누고 그에 맞는 적절한 수행법이 따로 있는 양하는 것은 바른 접근법으로 보이지 않는다. 아사나 행법과 호흡 수련과 명상 등은 그 자체로 동등한 가치를 갖는다고 여겨진다. '요가는 삼매이다', 또는 '요가는 깨달음을 목적으로 하는 수행법이다'는 견해는 주로 전문 요가 행자들에게 적용되어야 할 것이다. 현재의 대다수의 요가 행자들을 위해서는 다음과 같은 요가에 대한 새로운 견해가 제시되어야 한다. '요가는 몸 공부를 통한 의식의 확장을 목적으로 하는 수행이다.'

육신의 건강을 위해서 틈틈이 하는 아사나 위주의 요가는 그 사람에게는 최고의 요가이다. 체중을 조절하고 몸의 아름다움을 위해서 행하는 이에게 아사나의 수련은 또한 최고의 요가이다. 호흡의 단계와 명상의 단계가 뒤에 기다리고 있지만, 이미 최고의 요가 상태를 경험하고 있는 이에게 굳이 다른 수행법을 강권할 이유는 없다. 더구나 육신의 몸을 대상으로 하는 이러한 몸 공부는 사실 그 효과가 육신의 몸에만 나타나는 것이 아니라 육신의 내부에 있는 생기의 몸과 마음, 몸의 단계에 깊은 영향을 미치고 있다.

아사나 수련을 하고 난 후에 몸을 비롯하여 내부의 기운과 마음의 상태는 수련하기 전에 비해 상당한 변화를 경험한다. 이는 그에 걸 맞는 의식의 확장이 이루어졌음을 의미한다. 몸이 좀 더 가벼워지고, 정화되고, 걸림 없이 자유롭게 움직일 수 있는 몸 상태는 육신의 의식이 자유롭게 발현되는 상태이다. 육신이 불편할 때를 생각하면 쉽게 이해가 된다. 어떠한 이유에 의해서든 몸의 일부라도 불편함을 느끼면 우리의 생각은 거기서 벗어나기가 어렵다. 이러한 상태는 다른 말로 '우리의 의식이 육신에 사로잡혀 있다'고 표현할 수 있다. 마찬가지로 일시적인 불편한 감정 상태에 사로잡혀 있을 때도 '의식이 기운으로 이루어진 몸에 사로잡혀 있다'고 말할 수 있다. 사실 이러한 일시적인 감정은 기운의 영향을 받아서일 경우가 많다. 이럴 때 기운으로 이루어진 몸의 상태에 직접적인 영향을 주어 의식을 자유롭게 드러내 주는 아사나의 수련이 매우 효과적일 수 있음을 경험한다.

물론 직접적인 기운을 대상으로 하는 호흡 수련과 감각기관 등을 통제하는 기법을 사용하여 처한 감정에서 벗어나 자유로움을 느낄 수도 있다. 이 또한 기운으로 이루어진 몸의 의식이 확장된 상태이다. 더 나아가 마음으로 이루어진 몸에도 아사나 수련은 영향을 미치는 것으로 보이는데, 이때는 좀 더 시간이 필요하다. 마음의 몸은 일시적인 마음과 오랫동안의 경험과 습관을 통해 이루어진 마음들로 복합적으로 구성되어 있다고 여겨진다. 마음을 마음대로 사용하는 경지는 성자의 경지로 인정된다. 이는 다른 말로 마음의 몸에 구속되거나 제약되는 것이 없어서 마음으로 이루어진 몸의 의식이 자유롭게 발현되는 경지로 표현할 수 있다. 이를 위해서는 마음의 몸이 건강해야 한다. 육신의 몸에서와 같이 한군데라도 불편한 곳이 있다면 마음의 몸에서도 그것 때문에 사로잡힐 것이기 때문이다. 마음의 몸 공부는 육신의 몸이나 기운의 몸 공부에 비해 상대적으로 더 복잡하고 어려운 공부임에 틀림없다. 왜냐하면 더 미세한 몸을 대상으로 하는 공부이기 때문이다. 그리고 객관화하기도 더 어렵다. 그러므로 마음의 몸을 대상으로 하는 전문적인 수련법이 필요하다.

마음의 몸 공부는 크게 두 가지의 방향이 있는 것 같다. 마음의 속성인 움직임을 멈추는 공부에 초점을 두어서 멈추는 강도를 더욱 강하게 하여 결국에는 마음으로 이루어진 몸 자체가 사라져서 오로지 의식만이 홀로 환하게 비추는 경지를 체험하는 수련이다. 이는 『요가경』에서 내적인 공부로 표현되는 집중과 정려와 삼매의 결합인 상야마samyama 공부법으로 대표된다. 이 공부법은 하나의 대상에 대한 의식의 연속된 흐름을 점차로 강하게 하면서 궁극적으로 삼매를 목적하는 공부이다. 이는 위에서 설명한대로 외적인 공부 방법으로 제시하는 아사나와 호흡 수련과 감관 통제 수련의 공부 내용이 움직임의 멈춤을 위주로 진행되어야 한다는 것을 보여준다.

이에 비해 마음의 움직임에 초점을 맞추어서 일상생활에서 그 마음을 잘 활용하면서 살아가는 것을 목적으로 하는 마음공부가 있다. 온갖 변화무쌍한 마음의 몸 상태에 휩쓸리지 않으면서 전체를 바라보고 바른 판단을 통해 바른 행위를 할 뿐이다. 마음의 움직임을 인정하는 이 공부법은 일상에서 느껴지는 모든 마음의 상태가 공부의 대상이 될 것이다. 그러나 이는 자칫 누구나 할 수 있는 공부로 쉽게 여겨질 수 도 있으나 결코 초보자들을 위한 공부법은 아닌 것 같다. 그러나 비록 처음에는 서툴러서 마음의 지배를 당하는 경우가 많겠지만, 점점 익숙해지면 마음으로 이루어진 이 몸을 좌지우지할 수 있는 의식의 확장이 이루어질 것이다. 이 공부법은 요가의 수련법으로 명확히 제시되지는 않고 있지만 마음의 몸을 대상으로 살아가야 하는 때가 많은 현대인들에게는 가장 필요한 공부 방법의 하나로 고려될 수 있겠다.

행복한 감정은 어디에도 구애 없는 상태에서 느끼는 것 같다. 구애 없음은 의식이 자유롭게 드러난 경지일 것이다. 어느 때 필자가 행복감을 느꼈는가 돌아보니 아쉽게도 손가락으로 꼽을 정도이다. 처음 요가를 시작하면서 몸의 의식들이 깨어나면서 맛보는 몸에서 일어나는 쾌감은 그중에 하나이다. 육신의 몸을 과소평가하는 경향이 있었던 당시의 내 생각에 일대 변화를 주기에 충분했던 것 같다. 육신으로 대표되는 몸의 자유로움을 경험하지 않고서는 내면의 몸인 마음의 자유로움은 어려울 수 있겠다는 이해를 얻었다. 물론 육신의 몸의 자유로움은 두 가지 방향으로 진행될 수 있다. 그 하나는 몸을 하찮은 것으로 생각하여 돌보지 않고 애써 무시해 버리는 방식으로 몸으로부터 자유로움을 얻고자 하는 경향이고, 다른 하나는 육신의 몸을 잘 보호하고 통제함으로써 내적인 공부를 위한 토대로 삼는 경우이다. 마음의 깨달음만을 유일한 목적으로 간주하는 이들에게 몸은 욕망을 일으키는 부정不淨의 존재로 서 어떤 식으로든 극복되어야 하는 대상이다. 그 방법이 때로는 자 기 몸을 무시하면서, 때로는 스스로의 몸에 대한 가학적인 방식을 통해서 그것에서 벗어나려고 한다. 그들에게 육신의 몸은 긍정적 인 공부의 대상이 아니라 부정적인 공부의 대상이다.

사실은 육신의 몸뿐 아니라 내부의 마음 또한 부정적인 공부의 대상으로 삼는다. 마음 또한 눈에 보이지 않을 뿐 결코 깨끗하거나 믿을 수 있는 존재는 아니다. 한시도 가만히 있지 않고 움직이는 것을 그 삶의 의의로 삼고 있는 마음에 나의 전 존재를 믿고 맡기 기엔 한계가 있다. 때문에 몸과 마음은 모두 부정적인 존재로서 극 복되어야하는 대상일 뿐이다. 이러한 공부를 하는 이에게 일상의 행복은 또한 부정의 대상일 뿐이다. 실재하지 않은 것을 누리는 것 은 철저히 거부되어야 하기 때문이다. 이들에게 행복은 깨달음의 상태에서만 존재할 것이다. 그것만이 유일하게 향유할 가치가 있 는 마음의 상태로 이해할 것이다.

그러나 이러한 행복은 그들에게 절대 유일한 가치가 있다고 하 더라도 대부분의 사람들에게는 무의미하다. 흔히 얘기하는 그들만 의 리그일 뿐이다. 내가 현재 공유할 수 없는 그 행복은 절대 기쁨 의 행복이라 하더라도 현존재인 나에게는 아무 가치가 없다. 깨달 음을 부인하는 것이 아니고, 그 깨달음을 위해 전 존재를 바친 수 행자들을 비하하는 것도 아니다. 일상의 소소한 행복이 나에게는 더 중요하다는 것이다. 육신의 몸에서 느끼는 이 쾌감에서 죄의식 을 느껴야 하나? 좀 더 질 좋고 강력한 쾌감을 위해 하는 요가 수

런은 질 낮은 하급의 수련일까? 몸의 의식이 깨어나지 않고서 내적인 마음의 의식이 깨어날 수 있을까? 혹 몸의 상태와는 별개로 독립적으로 마음의 의식이 깨어났다고 하더라도 이를 온전한 의식의 확장으로 볼 수 있을까?

각각의 몸은 철저하게 긍정되어야 한다. 그곳에서 느껴지는 모든 감각 또한 긍정되어야 한다. 그리고 이를 토대로 자유로워져야 한다. 다시 말하면, 육신의 몸과 기의 몸과 마음의 몸에서 느껴지는 그 쾌와 불쾌는 모두 긍정되어야 한다. 그리고 그 쾌와 불쾌에 집착하지 않도록 자유로움을 얻어야 한다. 자유로움은 각각의 몸에 걸림 없는 상태이다. 행복은 이때 느껴지고 알아차리게 되는 것이다. 이것이 의식의 확장이며 요가 수행의 목적이다.

제4부

요가적인 삶과 함께 디자인하는 행복

행복의 패러다임
: 차크라에 흐르는 행복의 색깔

곽미자(춘해보건대학교 요가과 교수)

나는 행복한가?

'나는 행복한가?' 수없이 되풀이해 보는 질문이지만 가슴이 시
원해지지 않는다. 질문을 과거형으로 읊조려 본다. '나는 행복했는
가?' 또는 미래형으로 '나는 행복할 것인가?'라고 물어본다. 과거
와 미래형의 질문에 대해서는 마음이 가볍다. 둘 다 지금의 나에게
중요하지 않기 때문이다. 하지만 '나는 행복한가?'는 좀 더 현실적
으로 여겨져 '그렇다' 또는 '그렇지 않다'라는 답을 할 수가 없다.
'나는 행복한가?' 물을수록 답답함이 짙어진다.

누군가 '당신은 지금 행복합니까?'라고 묻는다면 무슨 말을 할
수 있을까? 행복하다고 해야 할지, 그렇지 못하다고 해야 할지, 그
저 그렇다고 해야 할지, 이도저도 아닌 잘 모르겠다고 해야 할지

대략 난감하다. 네 가지 답 중에서 하나를 선택해야 될 것처럼 사고의 폭이 좁아진다. 만약 행복하다면, 또는 행복하지 않다면 그 이유를 바깥의 상황이나 조건에서 찾아야만 될 것 같다. 그래서 선뜻 대답을 할 수가 없다. 특별히 행복할 이유가 없는데 무슨 행복이란 말인가. 그렇다고 행복하지 않을 이유도 없는데 행복하지 않다는 것도 석연찮다. 그동안 행복의 조건에 수많은 꼬리표를 달아온 습관 때문에 쉽게 답을 할 수 없는 것이다.

'나는 행복한가?'라는 물음에 빠른 답을 끌어내기 위해서는 '나는 언제 행복한가?' 또는 '무엇 때문에 행복한가?'로 대체하는 것이 좋을 듯하다. 그런 질문 앞에서는 제법 행복의 이유가 뚜렷해지기 때문이다. 자신의 욕구가 충족될 때 행복하다는 것을 스스로 안다. 그래서 우리는 이렇게 표현하지 않은가. "그동안 복잡했던 문제가 해결되어 행복하다." "사랑하는 사람과 함께 있어서 행복하다." "멀리 여행을 가게 되어 행복하다." "성적이 잘 나와서 행복하다." "승진을 해서 행복하다." "원하는 취업을 해서 행복하다", "아이들이 건강하게 잘 자라줘서 행복하다." 등등.

'이것만 해결되면, 이것만 이루고 나면 행복할 텐데……' 이렇게 우리는 행복해지기 위해 먼저 조건을 건다. 그리고 그 조건이 충족되면 행복할 이유가 생기고 행복하다고 여긴다. 하지만 그 행복도 잠시이다. 또 다른 행복의 조건을 내세운다. 끝이 없다. 대체 행복의 조건은 무엇 때문에 끝이 없는가? 이에 대해 요가의 주요 경전인 『요가수트라』*Yoga Sūtra*의 힘을 빌리지 않을 수 없다. 인간으로서 지켜야 할 개인적인 다섯 가지 덕목(niyama) 중의 하나가 만족

(santosha)이다. 파탄잘리는 만족할 경우 비할 데 없는 행복을 가져다 준다[1]고 했다. 우리는 '만족' 앞에서 행복과 행복하지 않은 이유를 뚜렷이 찾게 된다. 이를테면 행복하다면 행복의 조건에 만족하기 때문이며, 행복하지 않다면 그 조건에 만족하지 않기 때문이다. 예를 들면 내게 1억이 있으면 행복할 텐데 라는 첫 거래 조건에 만족하지 못하여 2억을 가지고 나서도 행복하지 않는 것이다.

'나는 행복한가?'라는 질문에 행복하다는 말이 선뜻 나오려면, 먼저 원하는 욕구가 충족되어야 할 것이다. 행복의 조건에 대한 만족감은 서구의 심리학자들이 표현하고 있는 '주관적 안녕감'과 같은 맥락이다. 행복의 외적 조건 그 자체가 행복을 주는 것이 아니라, 외적 조건에 대해 주관적으로 어떻게 느끼는가가 '행복하다', '행복하지 않다'를 결정한다는 것이다. 결국은 외적 조건을 어떻게 지각하느냐에 따라 나의 행복은 달려 있는 것이다. 어떻게 지각하는가는 나의 행복을 결정하는데 중요하며, 전적으로 행복의 책임이 나에게 있다는 의미이기도 하다. 행복 또는 행복하지 않음은 나의 책임이라는 의미다.

'나는 행복한가?'라는 물음에 행복은 내 마음먹기에 달려 있으며, 나의 책임이라는 내적 조건을 인식할 필요가 있다. 하지만 많은 사람들이 머리로는 이해하겠지만 가슴까지 와 닿지 않을 수 있다. 더욱이 행동으로 실천하는 데는 거리가 멀지도 모른다. 그래서 자신이 행복하지 않은 이유를 바깥에서 찾으려고 한다. 자꾸만 행복의 외적 조건에 마음이 가고 그것을 가지기 위해 노력하고, 잘

---

1) *Yoga Sūtra*(2.42): santo āt anuttamah sukhalābhah

안 되면 남 탓 이라는 것이다. 행복의 외적 조건, 즉 대상에 의존하게 된다. 하지만 나의 행복은 나에게 달려 있다는 것을 인식할 경우 외적 조건보다 그것을 인식하는 자신에게로 주의 초점이 향해진다. 주의 초점이 행복의 외적 조건에서 자신에게로 전환하는 것이 바로 행복 요가의 시작이다.

행복의 책임 소재를 확실히 해두는 것은 카르마karma 요가와 닮았다. 자신의 행위에 대해 책임을 진다는 것은 원인이 있으면 반드시 그 원인에 상응하는 결과가 있다는 카르마의 법칙을 수용하는 것이다. 이러한 측면은 아들러Adler의 개인심리학에서 강조하고 있는 전체론의 관점과도 통한다.[2]

> 아들러는 전체로서의 '나' 자신이 어떤 행위를 선택하는 것이므로 그 선택을 '나' 자신이 오롯이 책임을 져야 한다고 생각했다. 아들러는 자신의 잘못된 행위를, 마음속의 갈등 탓이라거나 감정을 조절하지 못했다는 핑계를 대면서 얼렁뚱땅 넘기려 해서는 안 된다고 주장했다.[3]

아들러의 전체론적 관점을 보면, 단순히 외적 환경을 벗어나 '마음속의 갈등', '감정 조절을 못한 것'과 같은 내부 환경조차도 자신의 탓으로 돌려야 한다는 것이다. '나는 행복한가?'에 대해 선뜻 답을 할 수 없었던 까닭은 어쩌면 나의 책임을 분명하게 하려는 인식이 없었는지도 모른다. '나는 행복한가?'에 대한 대답이 무

---

2) 곽미자(2015), p.127.
3) 기사미 이치로(2015), p.31.

엇이든 그것은 나의 책임이라는 것을 알게 되어 한결 가벼워진다. 이제 마음이 제법 가벼워졌음에도 불구하고 잔잔한 불편함이 남아 있다. 여전히 '나는 행복한가?'에 대한 대답의 이유를 찾아야만 될 것 같아서이다.

나는 행복을 알아차리고 있는가?

'나는 행복한가?'에 고민을 거듭하고 있던 도중, '나는 행복한가?'를 묻고 있는 나는 '지금 행복을 알아차리고 있는가?'라는 물음이 뇌리를 스쳐 갔다. 순간 웃음이 터져 나왔다. 여태껏 고민했던 질문에 대한 답이 나온 셈이다. 그렇다. 알아차리는 순간 행복한 파동이 퍼져 갔다. 행복과 알아차림이 서로 연결되어 있었던 것이다. 알아차림을 하는 순간 더 행복해 진다는 것을 알게 된 것이다.

'나는 행복을 알아차리고 있는가?'라는 물음은 '나는 행복한가?'와는 달리 적어도 나를 행복한 사람, 또는 행복하지 않은 사람이라는 판단을 내려놓게 한다. 행복에 대한 이유를 찾지 않아도 된다. 행복의 조건을 떠올리지 않아도, 그 조건이 충족되거나 충족되지 않거나 상관없이 그야말로 지금 이 순간에 머무르게 한다. 그래서 이 순간, 의식이 확장되면서 조건 없이 행복해 진다, 더 중요한 것은 행복이 바깥의 상황에 따라 변하는 것이 아니라, 또는 행복의 외적 조건을 어떻게 지각하는가에 따라 행복이 달라지는 것이 아니라 내 안에 행복의 샘이 있다는 것을 인식하게 한다.

스와미 묵타난다Swami Muktananda는 만약 어떤 사람이 아름다운 그림을 보고 행복하거나 어떤 대상을 보고 행복하다면, 이미 그 사람 안에 행복이 있기 때문에 가능하다고 한다. 아름다운 그림 그 자체가 또는 대상 그 자체가 행복의 조건이 아닌 것이다. 행복이 이미 내 안에 있기 때문에 내 안의 행복으로 세상을 반영하는 것이다.[4] '나는 행복을 알아차리고 있는가?'라는 물음은 대상과 상관없이 자기 내면에서 행복을 발견할 수 있는 힘이며, 질문 안에 이미 행복이 내 안에 있음을 전제로 하고 있다. 그래서 이 질문에 대한 답은 굳이 듣지 않아도 편안하며, 지금 알아차리고 있지 못할지라도 편안해진다.

> 긍정 심리학 분야의 세계적 권위자인 미국 일리노이대 에드 디너 교수는 행복에 대한 연구를 '행복하기 위해서 어떻게 해야 하는가?'에 그치지 않고, '행복하면 어떤 결과를 얻을 수 있는가?'로 질문의 포맷 자체를 바꾼 인물이다. 즉, 그는 '행복해 지는 방법'이 아닌 '행복하면 얻을 수 있는 것'을 연구하면서 '행복해야 하는 이유'를 강조하는 것이다.[5]

위의 글은 문용린이 행복 시대를 위한 발상의 전환을 언급하면서 한 말이다. 문용린은 행복 시대를 위해 두 축을 강조하고 있다. 하나는 행복을 위한 외적 조건에 해당하는 정책 즉 제도이며, 하나는 행복을 주관적으로 느낄 수 있는 행복 역량을 강화하는 교육이

---

4) 스와미 묵타난다(2004), 26쪽을 참조하시오.
5) 문용린(2016), pp.117~118.

이루어져야 한다는 것이다. 성공해야 행복한 것이 아니라 행복하니 성공한다는 것을 강조하고 있다.

행복에 대한 발상 전환을 위해 '나는 행복한가?'라는 것에서 '나는 행복을 알아차리고 있는가?' 또는 '나는 행복을 알아차리는가?'라는 질문으로 전환해야 한다. '나는 행복한가?'라는 질문 앞에서는 행복의 조건을 이루기 위해 끊임없이 노력해야 할 것 같다. 외적 조건에 대해 어떻게 만족하고 어떻게 지각할 것인지에 대한 주관적 안녕감을 향상시켜야만 될 것 같다. 즉, 행복 역량을 강화시켜야만 할 것 같다. 반면에 '나는 행복을 알아차리는가?'라는 물음 앞에서는 자유롭다. 행복 앞에 궁색한 답변을 늘어놓지 않아도 된다. 행복 앞에 자아비판을 하지 않아도 된다. 행복한 이유 자체가 사라지기 때문이다. 존재의 근원인 행복 그 자체를 직면하기 때문이다. '나'는 '행복' 그 자체임을 알게 하기 때문이다. '이러해서 행복하다'는 것이 아니라 '행복' 그 자체인 것이다.

이러한 맥락에서 오쇼Osho는 행복에도 수준이 있음을 피력했다고 본다. 감각적인 쾌락의 행복, 심리적인 조건의 충족에서 오는 행복, 나의 존재에 머물게 될 때 오는 영적 차원의 행복이다. 영적 차원의 행복을 그는 희열(bliss)로 표현하였다. 오쇼의 이러한 관점을 좀 더 들여다보기로 하자.

세 가지 유형의 행복과 두 가지 질문

감각적 쾌락에서 오는 행복은 행복의 외적 조건이 부각된다고 볼 수 있다. 예를 들면 돈이 있어야 행복하다고 여기는 사람들은 자신이 생각한 돈의 양에 따라 행복을 느낄 것이다. 이것을 감각적 쾌락의 행복으로 표현하려고 한다. 배가 고플 때 맛있는 것을 먹고 난 후 찾아오는 포만감 같은 즐거움, 쾌락이다. 감각적 쾌락의 행복은 외적 조건과 상관없이 내 마음먹기에 달려 있다는 것을 모른다. 나 자신보다 외적 조건에 더 만족하기 때문이다. 감각적인 자극에 이끌릴 뿐이다. 그래서 자꾸만 다른 것을 희생해서라도 감각적 쾌락을 쫓게 된다. 중독이 그 대표적인 예이다.

반면에 심리적 행복은 외적 조건보다 나의 만족에 있음을 통찰할 때 온다. 어떻게 지각하고 수용하는가 하는 자신의 내적 조건이 더 중요하다. 이것은 긍정 심리학자들이 그토록 말하고 있는 주관적 안녕감이라고 볼 수 있다. 희열의 행복은 자신이 행복 그 자체임을 통찰하는 데서 일어나는 행복이다. 감각적 쾌락의 행복과 심리적 행복은 둘 다 행복의 외적 조건과 내적 조건에 따라 달라진다. 하지만 희열의 행복은 외적이든 내적이든 조건 자체를 초월하고 있다. "행복해야 할 이유가 없는데도 행복한가?" 그렇다고 말할 수 있는 것, 그것이 희열의 행복이다. 행복해야 행복한 것이 아니라, 내가 행복임을 알아차려서 행복한 것이다.

감각적 쾌락의 행복과 심리적 행복은 이유가 있어야 행복한 것이다. 아무런 이유 없이 행복할 수 없다. 행복의 이유를 만들기 위해 지금의 행복을 미래로 미룬다. 많은 사람들이 행복에 대해 착각하고 있는 것 중 하나가 지금 고생하면 미래는 행복할 것이라는 것이다. 지금 열심히 일해야 미래에 행복을 누릴 수 있다는 것이다. 공부도 마찬가지다. 지금 열심히 공부하지 않으면 미래의 행복을 보장할 수 없다는 것이다. 문용린은 '현재의 행복은 미래의 불행이다'[6]는 기성세대의 인식 때문에 아이들을 현재 불행으로 내몰고 있다고 꼬집는다.

지금 행복할 수 있는데도 미래로 미루는 것은 무엇 때문일까? 행복의 조건 때문이다. 우리는 행복의 조건을 이루기 위해 희망을 품고 산다. 그래서 그런지 '희망'이라는 단어는 지금이 아니라 미래지향적으로 들린다. 오늘은 힘들더라도 '내일은 내일의 태양이 떠오를 거야'라는 희망으로 지금 이 순간을 미래로 던진다. 엄밀히 보면 희망도 지금 이 순간이다. 모든 경험은 이 순간에 일어난다. 요가는 지금 이 순간 알아차림을 중요시한다. 지금 여기에 머무는 것이 바로 행복 요가이다.

돌이켜보면, '나는 행복한가?'에 답답함이 느껴졌던 것은 지금 이 순간에 머무는 힘이 약해서였다. 지금의 나를 있는 그대로 수용할 수 없어서, 인정할 수 없어서였다. 그래서 더 나은 나를 만들기 위해 무의식적으로 미래의 행복 조건이라는 덫에 걸렸던 것이다. '나는 행복한가?'라는 물음은 행복의 조건을 찾게 되어 지금 여기보다 과거나 미래에 의식이 머물게 한다. 이것이 감각적 쾌락과 심리적 행

---

6) 문용린(2016), p.126.

복의 특징이다. 반면에 희열의 행복은 '나는 행복을 알아차리고 있는가?'라는 물음을 통해 가능하다. 질문을 하는 순간, 의식은 지금여기에 머물게 된다. 진정한 알아차림은 지금 여기서 일어나기 때문이다. 알아차림과 지금 여기의 의식은 같은 것이다. 따라서 아무런 조건 없이 지금 이 순간 행복해지기 위해서는 알아차림이 중요하다. 알아차림은 지금 이 순간이다. 행복도 지금 이 순간이다.

차크라와 행복의 대상

언제 어떤 상황에서 행복을 마주하는지는 개인마다 다르다. 저마다 욕구가 다양하기 때문이다. 요가에서는 개인의 욕구를 이해하는데 주요한 토대가 되는 시스템이 있다. 바로 탄트라 요가tantra yoga[7]뿐만 아니라 우파니샤드upanishad, 푸라나Purāṇa에서 강조되고 있는 차크라chakra 시스템이다.[8] 차크라는 문자 그대로 바퀴, 원을 의미한다. 요가의 관점에서는 영적에너지의 소용돌이를 의미한다. 특정한 진동으로 원을 그리며 움직이는 에너지로 시각화되고 경험

---

7) 탄트라 요가는 주로 탄트라 사상에 토대를 두고 있다. 탄트라의 주요 사상은 순수 의식인 쉬바Shiva와 순수 에너지인 샥티Shakti가 동전의 양면처럼 하나라는 것이다. 의식은 활동적이라는 관점이다. 순수 에너지는 무한한 우주적 에너지로서 개인의식에서는 쿤달리니kuṇḍalinī로 잠재되어 있다. 잠재된 쿤달리니를 온전히 각성하여 순수의식과 하나가 될 때 깨달음이 이루어진다. 따라서 탄트라 요가는 쿤달리니 각성을 주로 다루고 있으며, 쿤달리니 각성을 위해 차크라의 활성화, 이다와 핑갈라의 조화, 수슘나의 각성이 필요하다.
8) 차크라 시스템이 탄트라, 우파니샤드, 푸라나라는 여러 경전들에서 묘사되고 있어서 차크라의 개수와 위치, 명칭, 차크라와 연결될 상징, 특징, 이론 등이 다소 혼란스러울 정도다. 그나마 체계적으로 잘 정리하고 있는 차크라와 쿤달리니 관련 문헌은 Shyam Sundar Goswami(2011)이다.

되기 때문이다. 차크라는 육체 차원에서 해부학적으로 파악할 수 있는 것이 아니라 미세한 몸(sukshma sarira)에서 경험되는 에너지 센터이다.

차크라의 개수는 경전마다 다양하다. 흔히 차크라 관련 문헌에서 소개되고 있는 여섯 개의 주요 차크라의 위치와 차크라를 상징적으로 나타내고 있는 연꽃잎의 개수는 『요가추다마니 우파니샤드』yogachudhamani upanishad에 제시되어 있다.[9] 여섯 개의 차크라는 물라다라muladhara, 스와디스타나swadhisthana, 마니푸라manipura, 아나하타anahatha, 비슛디vishuddhi, 아갸ajna 차크라이다. 이 여섯 차크라의 위치는 물라다라 차크라와 아갸 차크라를 제외하고는 척주를 따라 위치하고 있다.[10] 에너지 센터가 척주에 위치하더라도 엄연히 육안으로 보이지 않는 미세한 몸이라는 것을 이해하지 않으면, 아무리 해부를 해도 차크라를 찾을 수 없다고 하는 어느 외과 의사의 말

---

9) 『요가추다마니 우파니샤드』는 요가 우파니샤드들 중 하나로서, 하타 요가 이전에 쿤달리니 요가의 중요성이 강조되고 있는 주요 경전이다. 전체 121개 수트라로 구성되어 있으며, 쿤달리니 요가에서 강조되고 있는 차크라, 나디, 쿤달리니, 프라나 바유 들을 다루고 있다. '추다마니'는 추다와 마니로 이루어져 있으며, 그 의미는 chuda는 왕관을 의미하며, mani는 보석을 의미한다. 따라서 문자적 의미로 보면 '요가 추다마니'는 '요가의 왕관'을 의미한다. 『요가추다마니 우파니샤드』의 저자와 정확한 연대는 알려져 있지 않으며, 대략 AD 700~1000 사이로 추정하고 있다. 자세한 것은 Swami Satyadharma(2005)를 참조하시오.

10) 물라다라 차크라는 여성의 경우는 자궁경부 뒤쪽에 위치하며, 남성의 경우는 항문과 음낭 사이의 회음에 위치한다. 스와디스타나 차크라는 꼬리뼈의 끝에서 위쪽으로 약 2cm 위쪽 지점에 위치한다. 마니푸라 차크라는 배꼽 뒤쪽 척추 내에 위치하며, 아나하타 차크라는 가슴 중앙 뒤쪽 척추 내에 위치하며, 비슛디 차크라는 목구멍 뒤쪽 척추 내에 위치하며, 아갸 차크라는 미간에서 수평으로 두뇌 안쪽에 위치한다. 차크라의 위치에 대해 문헌마다 너무 다양하여 혼란감을 주기도 한다. 비하르 요가의 문헌에서는 『요가추다마니 우파니샤드』에 토대를 두고 차크라의 위치를 이와 같이 제시하였다. 자세한 것은 비하르 요가Bihar yoga의 전통을 세운 Swami Satyananda(2008)을 참조하시오.

을 유머로 가볍게 받아들일 수 없을 것이다.

여섯 차크라 중 가장 활성화된 차크라들은 개인의 성격과 행동 패턴을 결정하는데 영향을 준다.[11] 우리는 여섯 차크라의 양상들을 모두 가지고 있을지라도 한두 개 차크라의 특징이 뚜렷하여 각자의 취향과 욕구가 다르게 표현된다. 사람들과 이야기를 나눌 때 주로 어떤 이야기를 하며, 어떤 이야기에 귀가 솔깃해지는가? 어떤 사람은 이런 저런 이야기를 나누다가 결론은 '돈이 최고야'로 끝맺기도 하며, 처음에는 누군가의 인품에 대해 나누었던 이야기가 끝에는 그 사람의 성적인 매력으로 흘러갈 수도 있을 것이다. 누군가는 처음 보는 사람 앞에서도 스스럼없이 자신이 이룬 일과 파워에 대해 자랑할 수 있을 것이다. 어떤 이는 타인을 배려하고 보살피는 것에 더 관심이 갈 수 있다. 어떤 사람은 대화 도중 쓸 만한 정보를 수집하는 데 더 집중할 수 있다. 어떤 사람은 알맹이 없는 수다보다 자신의 개똥철학이라도 펼치는 것에 관심이 갈 것이다. 이러한 특징들은 차크라의 활성화와 연관된다. 어느 차크라가 주도적으로 활성화되어 있는가에 따라 관심거리가 달라지는 것이다.

물라다라 차크라의 주요 특징은 안전이다. 특히 물질적인 것에서 안정감을 느끼며, 주로 돈에 대한 추구는 이 차크라와 연결되어 있다. 두 번째 스와디스타나 차크라의 주요 특징은 즐거움이다. 특히 성적 쾌락에 대한 추구와 관심은 이 차크라와 연결되어 있다. 세 번째 마니푸라 차크라의 주요 특징은 성취, 자존감, 역동적인 행위, 파워이다. 네 번째 아나하타 차크라는 사랑이 주요 특징이

---

11) Dr. Rishi Vivekananda(2005), p.100.

다. 사랑에 대해 관심이 많고 사랑하고 사랑받는 것을 중요하게 여긴다. 다섯 번째 비슷디 차크라는 의사소통이 주요 특징이다. 표현 능력은 비슷디 차크라와 관련이 있다. 여섯 번째 아갸 차크라는 직관, 지혜, 사이킥 능력이 주요 특징이다. 단순한 생각이 아닌 어떤 것을 깊이 사유하려는 것은 이 차크라와 연결되어 있다.

어느 차크라가 활성화되어 있는가에 따라 행복의 대상도 다르다. 예를 들면 여섯 차크라 중에서 물라다라 차크라가 가장 활성화되어 있는 사람은 행복의 기준이 안전이다. 특히 경제적인 안전, 즉 돈이 있어야 행복을 느낀다. 이들에게는 경제적인 안전이 곧 행복이다. 스와디스타나 차크라가 활성화되어 있는 사람의 행복은 감각적 쾌락 또는 즐거움이다. 특히 성적인 즐거움은 이들에게 행복을 느끼게 하는 주요 기준이 된다. 마니푸라 차크라가 활성화되어 있는 사람은 행복의 기준이 경제적인 안정도, 즐거움도 아니며, 단지 일의 성취감에 있다. 일을 완수하는 능력이 있을 때 행복을 느낀다. 즉 이들에게는 성취감이 곧 행복인 것이다. 아나하타 차크라가 활성화되어 있는 사람의 행복은 사랑이 기준이 된다. 관계 속의 사랑이 곧 행복이다. 사랑을 주고받을 수 있을 때 이들의 행복감은 충만해진다. 비슷디 차크라가 활성화되어 있는 사람은 표현하는 능력, 즉 창의적으로 무언가를 표현할 수 있을 때, 뭔가 소통이 이루어진다고 여길 때 행복을 느낀다. 아갸 차크라가 활성화되어 있는 사람은 책을 읽거나, 지적으로 충만감을 느낄 때, 깊이 사유할 수 있을 때 행복을 느낀다.

여섯 가지 차크라가 개인마다 어느 정도씩은 활성화되어 있지만, 차크라를 통해 그 사람의 일정한 성격 패턴을 파악할 정도가 되려면 일관되게 그 차크라가 주도적으로 활성화되어 있는 경우이다. 차크라 활성화 정도는 곧 우리가 무엇에 민감하게 반응하는가와 연결되어 있다. 활성화 될수록 그 차크라에 해당되는 특징에 민감할 것이다. 예를 들면 어떤 사람은 돈에 민감할 수 있으며, 어떤 이는 섹스에 민감할 수 있을 것이며, 어떤 사람은 자존심에, 사랑에 목숨 걸 수 있다. 어떤 이는 정보를 수집하는데, 자신이 알고 있는 것에 민감하게 반응할 수 있다.

세 가지 행복의 질

어느 차크라가 활성화되어 있는가는 곧 무엇에 관심이 가는지와 연결된다고 하였다. 즉 활성화된 차크라에 따라 선호하는 행복의 대상이 다르다. 사람들마다 행복의 대상이 다르듯이 같은 대상이더라도 주관적인 만족은 다르다. 예를 들면 돈이 있어야 행복하다는 사람들 중에도 누군가는 돈을 모으는 그 자체에 행복을 느낄 수 있고, 누군가는 돈을 쓰는 데서 더 행복할 수 있다. 무엇에 만족하는가는 차크라의 활성화 정도와 연결되어 있다면, 행복의 대상에 대한 태도는 차크라의 정화와 연결된다. 즉, 차크라의 정화는 행복의 질을 결정한다. 행복의 질을 결정하는데 기준이 되는 것은 구나guna이다. 구나는 속성, 성질을 의미한다. 인도 철학의 상키야 *Sāmkhya* 사상과 요가의 주요 경전인 『바가바드 기타』*Bhagavad Gītā*에 의하면 세상의 만물은 모두 세 가지 구나로 되어 있다. 세 가지 구나는 타마스tamas, 라자스rajas, 사트와sattva이다.

타마스의 부정적인 측면은 무력감, 둔감, 꾸물거림, 마음의 둔함, 역동성이 없는, 불안정, 변화에 대한 두려움의 성향을 가지며, 긍정적인 측면은 수동성, 안정성, 움직임 없음, 고요를 나타낸다.[12] 라자스의 부정적인 측면은 공격적인, 지배하려는, 소유하려는, 자아중심적인, 이기적인 활동을 나타내며, 긍정적인 측면은 창조적인 힘, 생명력, 생산적인, 열정적인 성향을 나타낸다. 사트와 성향은 타마스와 라자스가 조화와 균형을 이룰 때 자연스럽게 드러나는 성향이다. 사트와는 내적인 빛남, 순수, 조화, 지혜를 나타낸다. 타마스와 라자스가 창조적으로 함께 기능할 때 사트와 성향이 드러난다.[13]

행복의 질을 결정하는 세 가지 구나는 의식 수준과도 연결된다. 차크라의 활성화는 에너지의 각성 정도를 나타내며, 에너지가 각성될 때 경험하는 의식은 어느 정도 정화가 되었는지에 따라 다르다. 정화의 정도를 예측할 수 있는 기준이 바로 세 가지 구나이다. 행복과 연관시켜 본다면, 타마스의 부정적인 차원은 피해야 할 성향이며, 라자스의 부정적인 차원은 극복해야 할 성향이며, 사트와는 추구해야 할 것이다.

리쉬 비베카난다Rishi Vivekananda는 여섯 차크라에 대한 주요 심

---

12) 타마스의 긍정적인 측면은 얼핏 보면 사트와의 성향처럼 보인다. 하지만 비슷한 성향으로 보일지라도 타마스와 사트와는 질적인 차원에서 차이가 있다고 본다. 예를 들면 타마스의 고요함과 사트와의 고요함은 다를 것이다. 타마스와는 달리 사트와의 고요함에는 밝음과 지혜가 함께 더해진다고 본다.

13) Swami Niranjanananda Saraswati(1997), pp.355~356.

리적 특징과 세 가지 구나의 관점에서 차크라의 성격 패턴을 제시하였다.[14] 이를테면 물라다라 차크라가 타마스적일 때, 라자스적일 때, 사트와적일 때 나타나는 특징들을 제시하였다.[15] 그가 제시하고 있는 차크라의 특징들을 보면, 어느 차크라이든 타마스 상태에 있을 경우, 행복보다 불행에 더 가깝다. 라자스 성향이 활동적일 때 각 차크라의 특징에서 심리적 행복을 느낄 수 있다. 예를 들면 라자스 상태에서 아나하타 차크라의 행복은 서로 사랑을 주고받을 때 가능하다. 무조건적인 사랑과 자비로부터 오는 행복은 라자스 상태에서 맛볼 수 없는 것이다. 사트와적인 단계에서는 희열의 행복과 근접하다. 하지만, 희열의 행복은 사트와 성향조차도 초월하여 각 차크라가 가지고 있는 고유한 성향 그 자체가 될 때 이다. 예를 들면 아나하타 차크라의 주요 특징인 사랑 그 자체가 될 때 희열의 행복이라 할 수 있다.

---

14) Dr. Rishi Vivekananda(2005), pp.100~137을 참조하시오.
15) Rishi Vivekananda(2005)는 타마스, 라자스, 사트와의 분류뿐만 아니라 좀 더 세부적으로 일곱단계로 분류하고 있다. 이를테면 ① 타마스, ② 타마스-라자스, ③ 라자스-타마스, ④ 라자스, ⑤ 라자스-사트와, ⑥ 사트와-라자스, ⑦ 사트와 상태로 분류하여 각 차크라마다 나타나는 특징을 제시하고 있다.

차크라에 비친 행복의 색깔[16]

1. 물라다라 차크라 행복론

물라다라 차크라의 주요 특징은 안전이다. 특히 경제적인 안전이 우선시된다. 이 차크라의 타마스 상태에 있는 사람은 돈을 쓸 줄 모르고 모으는 것 자체에 행복을 느낄 수 있다. 심지어 가족은 물론 자신한테 조차도 인색한 구두쇠가 되어 많이 모을수록 행복의 지수는 높아질 것이다. 라자스 상태의 사람은 돈을 모으고 자신과 가족을 위해 기꺼이 사용하지만 가진 것에 만족감이 없다. 대부분의 생각은 어떻게 하면 돈을 모으고 빨리 부자가 되는 것에 있으며, 돈이 많아야 행복하다고 여긴다. 돈이 많을수록 행복해 진다고 착각하는 부류이다. 물라다라 차크라의 사트와 수준의 사람은 내면에서 안정감을 느끼기 때문에 물질적인 재산에 집착하지 않으며, 가진 것이 없어도 고통 받지 않는다. 이들은 돈벌이의 어려움을 겪지 않으며, 재산을 축적하기 위해 돈을 버는 것이 아니라 선행을 위해 돈 버는 것에 흥미를 가진다.

2. 스와디스타나 차크라 행복론

스와디스타나 차크라의 주요 특징은 쾌락, 즐거움이다. 특히 성적인 즐거움은 중요하다. 이 차크라의 타마스 상태는 사는 것에 재

---

16) 각 차크라의 행복론은 Rishi Vivekananda(2005)에서 제시한 주요 차크라의 특징과 구나의 관점을 행복의 관점에서 필자 나름대로 정리한 것이며, 리쉬 비베카난다는 행복에 대해 언급하고 있지 않다.

미가 없이 만성적으로 우울할 수 있다. 어느 정도 라자스의 영향(타마스-라자스 성향)으로 성적인 충동을 느낄 수도 있지만 이들의 성욕은 파트너를 배려하기보다는 착취적이라 할 수 있다. 사랑이 결여된 비도덕적인 섹스는 이 단계에서 이루어지는 감각적인 쾌락의 행복이다. 이 차크라의 라자스 상태는 섹스에 사로잡혀 있으며, 쾌락을 쫓는다. 감각적인 쾌락과 즐거움이 있어야 행복하다고 여길 수 있다. 사트와 수준에서 스와디스타나 차크라가 활성화된 사람은 근심 없이 행복한 상태에서 살아간다. 행복은 외적인 조건에서 오는 것이 아니라 내면에서 오는 것임을 안다.

3. 마니푸라 차크라 행복론

마니푸라 차크라의 주요 특징은 파워, 역동적인 행위이다. 특히 자신이 원하는 것을 이루고자 하는 힘과 연결되어 있다. 이 차크라의 타마스 상태는 일상생활에서 필요한 최소한의 의무나 활동을 하기가 어렵다. 만성적인 무기력, 동기 결여는 이 상태와 연결된다. 만약 이 차크라에서 라자스 성향이 뚜렷한 사람은 자신의 욕망을 충족하기 위해 파워를 이용할 것이며, 파워가 있는 곳에 관심을 둔다. 출세해야, 외적으로 성공해야 행복하다고 여기는 부류이다. 또는 남들이 이루지 못하는 것을 이루어내는 능력에 행복해 한다. 자신의 파워와 능력에 스스로 만족할 때 행복을 느끼는 것이다. 이 단계의 파워와 능력은 지극히 개인적인 욕망에 한정되어 있다. 따라서 성공하기 위해서는 타인을 경쟁의 대상으로 여기며, 자신이 타인보다 앞서가야 하는 불편한 진실이 있다. 사트와 수준에서는 파워와 능력이 있지만, 개인적인 욕구보다는 서로에게 도움이 될 수 있도록 행위 한다. win-win의 상태로 일이 이루어지게끔 하는 에너지가 있다. 이 단계의 사람은 해야 할 일, 자신이 하고 있는 일 그 자체에 몰두하면서 행복을 느낀다. 이러한 태도는 카르마 karma 요가의 관점과 유사하다. 행위의 결과에 집착하지 않으면서 개인적인 이익을 위해서가 아니라 모두를 위해서 행위 그 자체를 자각하면서 일이 완수되게끔 한다. 여기에 사트와적인 행복이 있는 것이다.

4. 아나하타 차크라 행복론

아나하타 차크라의 주요 특징은 사랑이다. 이 차크라가 주도적으로 활성화되어 있을 경우 사람과의 관계에서 오는 사랑에 관심이 많다. 다만 이 차크라의 타마스 수준은 타인에 대해 무관심하며, 타인을 배려하거나 공감하는 능력이 떨어진다. 그래서 간혹 사회의 잔인한 비도덕적 행위들이 생긴다. 이 차크라의 라자스 수준에서는 사랑은 조건적이다. 내가 사랑하는 만큼 상대방으로부터 사랑을 받을 때 행복을 느낀다. 만약 내가 사랑하는 만큼 사랑을 받지 못할 경우 분개하며, 부정적인 감정에서 때로는 허우적거릴 때도 있다. 사회가 공정하게 돌아가지 않는다고 느끼거나 타인의 아픔에 대해 고통을 받을 수 있다. 라자스 성향이 주도적이지만 사트와 성향이 섞어 있을 경우 가족들과 자신이 좋아하는 친구, 반려동물 등에는 무조건적인 헌신을 통해 행복을 느끼지만 그 대상의 폭이 제한적이다. 이 차크라의 사트와 수준에서는 사랑은 헌신적이며, 애써 노력하기보다는 사랑이 퍼져나간다. 특정한 대상에 한정되기보다는 인류를 위해 사랑하고 헌신하는 것에서 내적인 희열을 느낄 수 있다. 이들은 행복해 지기 위해 인류에 봉사하고 사랑하는 것이 아니라 사랑 그 자체로 헌신과 봉사가 일어날 뿐이다.

5. 비슛디 차크라 행복론

비슛디 차크라의 주요 특징은 의사소통이다. 소통은 다양한 통로로 이루어진다. 이 차크라의 타마스 상태에서는 거의 의사소통이 일어나지 않는다. 하지만 라자스의 영향(라자스 타마스)의 영향으로 타인과 이야기를 하는 데는 무리가 없지만, 이들은 타마스의 부정적인 영향으로 말이 왜곡되어 전달되거나, 부정적인 불평을 늘어놓기 십상이다. 이 차크라의 라자스 수준에서는 말하기 좋아하고 수다 떠는 것에서도 행복을 느낄 수 있다. 실컷 말할 수 있을 때 이들은 행복하다고 여길 수 있다. 남들이 잘 표현하지 못하는 것을 쉽게 잘 전달할 수 있을 때 행복을 느낄 것이다. 남들이 알지 못하는 정보를 제공할 때 행복하다고 여길 수 있다. 이 차크라의 사트와 수준에서는 진정한 영적 소통을 할 수 있다. 진리에 대해 많은 사람들에게 감동을 줄 수 있는 능력이 있다. 이들의 의사소통은 정보에 의존하기보다는 직관에 의해, 물 흐르듯이 자연스럽다.

6. 아갸 차크라 행복론

아갸 차크라의 주요 특징은 지성, 지혜, 직관이다. 아갸 차크라가 활성화된 사람은 완전히 타마스적인 상태를 내버려두지 않는다. 라자스 수준에서 아갸 차크라가 주도적인 사람은 바쁘게 사유하느라 행동화할 수 없다. 하지만 이들은 개의치 않는다. 많이 알수록, 책을 많이 읽을수록 행복하다고 여길 수 있다. 마음껏 책을 읽고 몰두 할 수 있을 때 행복하다고 여길 수 있다. 그래서 책 읽는 것에 방해가 되거나, 독서할 시간이 없을 때 행복하지 않다고 여길 수도 있다. 이들은 어쩌면 일간지에 기고를 하는 것에서 행복을 느낄 수도 있다. 사트와 수준은 진리에 대한 고요한 직관, 지혜가 일어날 때 행복을 느낄 것이다.

원하는 행복과 추구하는 행복

'당신은 행복을 원합니까?'라는 질문이 주어진다면 대부분이 예외 없이 그렇다고 대답할 것이다. 하지만 질문을 조그만 달리해 보자. '당신은 행복을 추구합니까?'라는 질문에는 '그렇다'는 대답이 쉽게 나오지 않을 듯하다. 바쁘게 살아가는 당신 또는 적절한 휴식을 취하면서 살아가려는 당신은 모두 행복하기 위해서라고 하는데 정말 그런가.

이제 우리가 진정으로 원하는 행복이 무엇인지를 보아야 한다. 행복을 원하는 것과 추구하는 것은 다르다. 원하는 것은 자신의 욕구대로 바라는 것이지만, 행복 추구는 자기 정화와 연결된다. 세 가지 구나의 관점에서 본다면, 타마스에서 라자스로, 라자스에서 사트와로 나아가야 한다. 그러기 위해서는 단순히 행복을 원하는 것으로 그쳐서는 안 되고 추구하고 가꿔야 한다. 오쇼는 누구나 깨달을 수 있지만, 누구나 깨달음을 원하는 것은 아니라고 했다. 오쇼의 말을 빌려 보자면, 누구나 행복을 원하고 행복할 수 있지만, 누구나 행복을 추구하는 것은 아니다. 우리는 행복을 원하지만, 그 행복이 어쩌면 라자스적인 행복일지도 모른다. 더 나은 단계의 사트와적인 행복이 있다는 것조차 인식 못할 수도 있으며, 설령 사트와적인 행복이 있다는 것을 알더라도 추구하지 않을지도 모른다.

행복 추구는 사트와적인 행복을 위한 하나의 수련이다. 수련은 그 목적을 알고 행하면 효과적이듯이, 행복 추구도 그 목적을 아는 것이 중요하다. 행복 추구의 목적은 나는 행복 그 자체임을 늘 알아차리는 데 있다. 진정한 행복을 위해 희열의 행복을 추구해야 한다. 단순히 감각적 쾌락이나 심리적 안녕감에서 이루어지는 행복을 진정한 행복 그 자체로 착각해서는 안 된다. 행복 그 자체는 아무런 조건과 이유 없이, 지금 이 순간 이루어지기 때문이다. 다시 스스로에게 물어보자. "나는 행복을 원하는가?", "나는 행복을 추구하는가?" 행복도 소망과 같다. 이루고 싶은 소망을 마음껏 말할 수 있지만, 그 소망을 이루기 위해 굳은 결심이 필요하고, 실천해야 하듯이 행복도 그러하다. 행복을 추구하기 위해서는 무언가를 실천해야 한다. 적어도 내 안의 행복을 알아차려야 한다. 지금 이 순간, '나는 내 안의 행복을 알아차리는가?'

통 큰 행복

사회와 개인은 행복의 질을 높이는데 초점을 두어야 한다. 돈이 많아야 행복해 진다는 착각에서 벗어나야 한다. 성적인 매력, 정력이 있어야 행복해 진다는 착각도 던져야 한다. 성공해야 또는 출세해야 행복해 질 수 있다는 착각에서 사회 전체가 깨어나야 한다. 대인관계가 좋아야 행복하다는 착각도 냉철하게 봐야 한다. 물론 대인관계 속에 진실과 사랑이 함께 할 때 행복하다. 일반적으로 대인관계가 좋다는 것을 폭넓은 인맥으로 오해하는 경향이 있으며, 인맥도 하나의 행복 조건으로 삼는 것이 문제다. 표현력이 뛰어나야 행복할 것이라는 착각은 비슛디 차크라가 활성화되어 있는 사람들이 가질 수 있는 착각이다. 스피치를 잘하고 남들 앞에서 표현력이 있어야 반드시 행복한 것은 아니다. 아는 것이 많아야 행복할 것이라는 아갸 차크라의 착각에서도 벗어나야 한다. 외적인 지식이 축적되지 않아도 내적인 행복은 누릴 수 있기 때문이다.

가만히 들여다보면 우리 사회의 에너지 활성화는 주로 아래 쪽 차크라에서 타마스-라자스 혹은 라자스-타마스 상태[17]에 머물러 있다. 돈, 섹스, 권력과 출세가 만연한 사회이어서 이러한 것들을 가지기만 하면 행복할 것이라는 착각 속에 빠져 있다. 그래서 그럴

---

17) '타마스-라자스'는 타마스가 더 주도적이지만 라자스 성향도 함께 섞여 있다는 의미이며, '라자스-타마스'는 라자스 상태가 주도적이지만 타마스 성향도 라자스 상태만큼은 아니더라도 타마스 상태가 있다는 의미이다. 이러한 표현은 리쉬 비베카난다(2005)에 따른 것이다.

까? 자살과 우울은 아래쪽 차크라의 영향을 많이 받는다. 특히 스와디스타나 차크라의 타마스 상태에서는 만성적으로 우울한 경향이 있다. 타인을 지배하려는 욕망도 마니푸라 차크라의 정화되지 않은 힘에서 나온다. 사회의 문제가 되고 있는 왕따 문제, 폭력 문제는 주로 아나하타 차크라의 타마스 상태에서 비롯된다. 타인에 대한 배려 없음과 무감동이 타마스의 주요 특징이다. 사회의 행복 지수를 높이기 위해서는 각 차크라의 주요 특징을 타마스 차원에서 라자스 차원으로 바뀌어야 하며, 나아가 라자스 차원에서 사트와 차원으로 바뀌어야 한다.

우리 각자는 사회 구성원으로서 서로의 행복에 영향을 준다. 나의 행복과 타인의 행복은 서로 영향을 주고받는다. 어느 차크라이든 사트와 상태의 행복은 나 개인과 가족, 내가 속한 조직 구성원만을 위한 것이 아니라 그 대상이 인류로 향하게 된다. 라자스적인 행복은 자신과 가족, 자신의 품안에 있는 사람들에 한정된다. 타마스적인 행복은 자신밖에 모르는 가장 의식이 낮은 상태의 행복이다. 우리는 그것을 불행이라 부른다. 남의 불행이 나의 행복이 될 수는 없다. 만약 그러하다면 그것은 라자스 성향이 주도적이면서 타마스의 영향이 지배적일 것이다. 행복조차도 경쟁 속에 있게 되는 것이 바로 라자스적인 행복이다. 사트와적인 행복은 너와 나, 그리고 우리 모두가 행복할 때이다. "그게 가능하나구요?" 누군가 반문할지도 모르겠다. 그래서 우리는 통 큰 행복이 필요하다. 라자스적인 행복을 감싸 안을 수 있는 진정한 행복을 추구해야 하고 수련해야 하는 것이다.

행복은 어디에서 오나요?

이제 짧고 간단하게 자신의 행복을 점검해 보자. '행복은 어디에서 오나요?' 누군가 물으면 어떻게 대답할 것인가? 여태껏 내용들을 정리해 보면 세 가지 범주 안에 나오리라. 첫째, "행복은 욕망의 충족에서 옵니다." "나에게는 이러한 것이 있으면 행복할 것 같습니다"하는 답은 내적인 만족보다 외적 조건이 더 크게 차지하는 감각적 쾌락의 행복이다. 감각적인 쾌락에 빠져있을 때 의식은 타마스 성향이 지배적일지도 모른다. 둘째, '행복은 스스로 만족하는 데서 옵니다.' '나에게 이러한 것이 있어서 행복합니다'라고 말할 경우, 행복은 외적 조건보다 자신을 어떻게 받아들이느냐 하는 심리적 행복과 연결되어 있다. 이 상태의 행복은 비록 내적인 만족에서 오지만 내적인 조건이라는 틀에서 볼 때, 라자스 성향이 뚜렷할지도 모른다. 마지막으로 '행복은 행복을 알아차리는 데서 옵니다.', '나에게 행복이 있어서 행복합니다'라고 하는 사람은 희열의 행복을 맛 볼 것이다. 어쩌면 지금 이 순간에서 즉시 그러한 행복을 느낄 수도 있을 것이다. 이 상태는 사트와적인 행복과 나아가 그런 성향마저 넘어설 수 있다.

이 희열의 행복을 '제 3의 행복'이라 불러본다. 육안을 넘어서 내 안에 잠재된 '제 3의 지혜의 눈'을 뜨게 하려는 것이 요가의 수련이듯이 잠들어 있는 내 안의 '제 3의 행복'을 발견하는 것이 수련이고 삶의 의미다. 또는 희열의 행복을 '수슘나sushumna 행복'이라 불러본다. 미세한 몸에 수많은 에너지를 실어 나르는 통로(나디, nāḍi)들 중에서도 가장 중요한 나디인 수슘나를 일깨우는 것이 요가의 목적이듯이 행복도 수슘나의 길로 지나가야 한다. 이다idā와 핑갈라piṅgalā가 조화를 이루어야 수슘나라고 하는 제 3의 길이 열리듯이, 타마스와 라자스의 조화[18], 감각적 쾌락의 행복과 심리적 행복의 조화를 이루어야 희열의 행복으로 나아간다. 그 길에서 나는 행복한가? 라는 질문에서 나는 지금 행복을 알아차리는가? 라는 탐구가 일어나야 한다. 외부로 향하는 나의 시선을 내 안으로 향하게 하여 늘 그대로 존재하는 행복에 영원히 머무를 때 까지 행복 요가의 여정은 이어지리라.

---

18) 『하타라트나왈리』*Haṭharatnāvāli*(4. 36)에 의하면 이다는 타마스, 핑갈라는 라자스로 부른다. 이다와 핑갈라의 조화, 타마스와 라자스의 조화를 이루어야 제 3의 길로 나아갈 수 있음을 엿볼 수 있다. 『하타라트나왈리』 게송에 관하여 박영길(2011), 61쪽을 참조하시오.

현대 요가, 일상의 행복을 만난다

박효엽(경북대, 원광대 강사)

요가와 행복, 그 어색한 만남

우연히 '요가'와 '행복'이 한 자리에서 만난다. 둘 다 어색하다. 요가가 먼저 둘 사이의 공통분모를 찾기 위해 말을 꺼내지만 끊임없이 확인되는 것은 둘 사이의 낯섦뿐이다. 행복은 요가의 말을 거의 듣고 있지 않다. 행복은 마치 그 무수히 많은 찬양의 자리를 내버려두고 자신이 왜 여기에 있어야 하는지 알 수 없다는 투로 마뜩찮은 표정까지 짓는다. 요가는 마음으로 한숨을 쉰다. 어떻게 하면 행복이라는 저 만인의 연인과 가까워질 수 있을지 고민에 고민을 거듭한다. 바로 이렇게 요가와 행복의 만남은 시작된다.

그런데 이 만남의 자리에 앉은 요가와 행복은 각각 어떤 요가이고 어떤 행복일까? 어떤 요가이고 어떤 행복인지 알아야만, 그 만남이 실제로 가능할지 지속될지 좋은 결과를 낳을지, 가히 짐작이라도 할 수 있을 것이다. 둘 가운데 요가란 인도에서 오랜 역사를 가진 그 무엇인 만큼 그리 단순한 말처럼 보이지 않는다. 행복이란 유사 이래로 인류가 추구해온 최고의 가치인 만큼 무척 복잡한 말이다. 그러니 거칠게나마 우선 두 말을 확인해 볼 필요가 있겠다.

요가. 이것은 현재 가장 널리 오해되고 있는 말 가운데 하나이다. 시중에서는 요가를 거의 왜곡되게 이해하는 편이다. 즉 요가를 단순히 아사나(좌법)로써 몸매나 건강을 관리하는 것이라고 좁게 이해한다. 하지만 요가는 철학과 수행과 문화(삶의 방식)의 복합체이다. 요가의 종류만 해도 여럿이다. 고전 요가(약 5세기경 성립), 하타 요가(약 10세기경 성립), 현대 요가(19세기 후반 성립), 지혜(Jñāna)의 요가, 행위(Karma)의 요가, 사랑(Bhakti)의 요가, 쿤달리니Kuṇḍalinī 요가, 아슈탕가Aṣṭāṅga 요가, 아헹가Iyengar 요가 등등. 아사나 위주의 요가는 단지 하타 요가의 일부 요소가 특별히 강조된 것에 지나지 않는다. 이와 같이 '요가'라는 말은 복잡한 의미, 복잡한 배경, 복잡한 역사를 가진다.

그럼에도 현재 호명되고 있는 요가는 현대 요가 그 자체이다. 다시 말해, 누군가가 현재 살아 있는 요가를 언급한다면 그 요가는 반드시 현대 요가일 뿐이라는 것이다. 현대 요가는 이전 시대의 모든 전통적 요가들이 현대라는 시대에 걸맞게 재탄생한 요가이다. 20세기와 21세기의 요가이다. 모든 전통적 요가들은 드넓은 현대 요가의 품에서 변용되거나 융화된 채 '다양성 속의 통일'을 이루고 있다. 고전 요가라거나 하타 요가라고 불리는 것들마저 다만 현대 요가의 융융한 흐름 속에서 현대 요가의 부분으로 표상되는 요가에 불과하다. 예컨대 요가의 창시자인 파탄잘리Patañjali나 요가의 최고 경전인 『요가 수트라』Yoga sūtra의 권위조차도 상당 부분 현대 요가의 시대에 만들어진 것이다. 물론 역사적 유산으로서 고전 요가나 하타 요가를 말하는 것은 아니다. 그러한 것들은 문헌의 형태로 분명 존재하기 때문이다. 요컨대, 역사적 유산으로서 고전 요가나 하타 요가는 현재 살아 있는 고전 요가나 하타 요가와 '한편으로 같지만 한편으로 다른 것'이다. 현대에 생생하게 되살아나고 뒤섞이고 달라진 요가는 어떤 형태이든 결코 현대 요가의 손아귀를 벗어나지 못한다. 결국 여기서 행복을 만나는 요가는 현대 요가인 셈이다.

행복. 이것은 우리가 인생을 살아가면서 가장 많이 듣는 말이다. 대부분의 사람들은 인생의 목표를 이 행복에 둔다. 그런데 각자가 생각하는 행복이 다른 경우가 많아서 행복이 무엇인지 꼭 집어 말하기란 어려울 수밖에 없다. 간단한 예를 들어봐도, 우리는 물질적으로 풍요로운 북유럽 선진국의 국민들이 더 행복한지 부탄과 같은 가난한 나라에 살지만 마음이 부자인 국민들이 더 행복한지 각자 다른 답을 내놓기 일쑤다. 행복지수를 산출하는 기준이 주관적이고 다의적이고 복합적이듯이, 행복이라는 말도 그러하다.

'행복이란 무엇인가?'라는 질문에 관해서는 다음과 같은 대답들이 존재해 왔다. 가장 평범하게는 '행복이란 욕망의 충족이다'(desire fulfillment theory)라고 대답할 수 있다. 그런데 욕망은 채워도 또 채워도 끝끝내 채워지지 않는다. 욕망이 채워지지 않는다는 것은 행복해지지 않는다는 것이므로, 보다 지속적인 행복이 필요하다. 이로부터 '행복이란 목표의 달성이다'(goal theory)라는 대답이 나온다. 즉 행복이란 자기 자신이 목표로 삼은 가치를 실현하는 것이다. 그런데 또 다시, 그 가치는 다른 사람과의 비교 속에서 평가될 수밖에 없다. 예컨대, 돈을 모아 부자가 되는 것에 가치를 둔 사람은 오직 타인과의 비교를 통해 현재 행복한지 불행한지 판단을 내리게 된다. 이로부터 '행복이란 비교를 통한 목표의 달성이다'(comparison theory)라며 대답을 수정해야 한다. 그런데 또 다시, 이처럼 행복이 비교를 통해 가능하다면, 그 비교의 기준이 행복에서 가장 중요한 요소로 자리 잡는다. 문제는 바로 이 기준이 타성에 젖게 된다는 점이다. 인간의 뇌가 자신에게 유리한 정보는 증폭하고 불리한 정보는 축소하듯이, 한번 타성에 젖게 된 기준은 결코 새로운 상황에 대처할 수 없다. 예컨대, 부자를 목표로 삼아 부자가 된 사람은 지속적으로 행복할 수 있으나 갑작스럽게 그 부를 상실하는 경우에 그 상황에 맞게 새로운 가치 또는 기준을 찾기가 매우 힘들다. 이로부터 '행복이란 상황에 지혜롭게 대처하는 것이다'(coping theory)라는 대답이 나타난다. 이 대답에는 행복이란 스스로 삶의 의미를 찾아가는 것이라는 측면이 잘 녹아 있다.[1]

행복에 관한 대답은 이처럼 여러 가지였다. 더 나아가 저명한 문학가, 예술가, 윤리학자 등등도 각자 행복을 정의한 바 있다. 사정이 이러하다면 "행복에 관한 다른 모든 정의를 물리치는 그런

---

1) 이상 행복에 관한 여러 대답들은 이을상(2016)의 "행복의 조건: 우리는 '어떻게' 행복을 느끼는가?"라는 논문을 참조하여 내가 재구성한 것이다.

정의는 없다"[2]는 것이 최종 결론이다. 행복을 정의하려면 한마디로는 불가능하고 무수한 내용들이 필요하다는 것이다. 행복에 관해 단순하게 말할 수는 있더라도 본격적으로 말하기는 이처럼 매우 어렵다. 한 가지 다행인 점은 행복을 어떻게 규정하든지 간에 그 행복이 우리가 익히 아는 행복이라는 것이다. 참, 다행이다. 결국 여기서 요가를 만나는 행복은 아주 평범한 보통의 행복이자 일상의 행복인 셈이다.

그리하여 요가와 행복이 만났다. 더 자세하게는, 나의 짐작으로는, 현대 요가와 일상의 행복이 만났다. 다시 상상해 보아도, 이 얼마나 어색한 그림인가! 요가를 그저 팔다리 꼬는 것이나 섹슈얼리티가 충만한 것으로 알고 있어도 어색하기 그지없고, 요가를 고매한 철학에 기반을 두는 수행 체계로 알고 있어도 어색하기 그지없다. 하지만 어색하기 때문에, 둘 사이의 만남이 만드는 이야기가 조금은 특별할지도 모른다. 그 만남에서 기대할 것이 있을지도 모른다. 어쩌면.

요가, 먼저 일상으로 들어와야 한다

요점부터 말해서, 요가와 행복의 만남이 생산적이기 위해서는 무엇보다도 요가가 자기반성부터 시작해야 한다. 요가 측에서 그 어떤 준비나 성찰이 없이 그저 무턱대고 요가를 행복 담론으로 포

---

2) 시셀라 복(2012), p. 84.

장한들 그 무엇이 남겠는가. 요가가 행복에 기여할 수 있다고 장 밋빛 전망을 전해준들 그 누가 듣겠는가. 냉혹하게 말해서, 요가가 이 현대사회에서 '아무것도 아닌 것'이라는 점을 선명하게 자각하는 일부터 출발점으로 삼아야 한다. 요가의 과대망상부터 벗겨내야 한다.

오늘날 요가인들로부터 지겹도록 자주 듣는 말이 있다. '요즘 요가는 진정한 요가가 아니다', '아사나만 중요시하는 요가는 요가에 대한 왜곡이다', '요가의 본질을 잃어버려서는 안 된다'와 같은 넋두리이다. 정말 상당수의 사람들이 이런 주장을 펼치고 있으니, 마치 진리인 것처럼 들리긴 한다. 하지만 막상 이런 주장을 파헤쳐 보면 자기모순이거나 자기착각인 경우가 수두룩하다. 그냥 내던져진 말이다. 습관적으로, 통념적으로, 내던져진 말이다. 요가가 반성할 줄 아는 의지나 장치를 망각한 것은 어제오늘의 일이 아니다.

내가 생각하기에 요가를 괴롭히는 적은 다른 데 있지 않고 바로 요가 그 자체에 있다. 좀 어려운 말이지만, '영성靈性 절대주의', '요가 만능주의', '아사나 지상주의' 같은 것이 요가를 괴롭힌다. 이것들은 죄다 요가에 대한 극단적인 생각이나 태도들이다. 영성 절대주의란 요가는 오직 영성(spirituality)만을 추구하는 수행 체계라고 생각하는 것이다. 영성으로 나아가지 않는 요가는 모두 진정한 요가가 아니라고 주장한다. 이는 대체로 전통 절대주의의 입장과 궤를 같이한다. 요가 만능주의란 요가가 삶의 문제들 가운데 전부 또는 일부를 잘 해결해 줄 수 있다고 무작정 믿는 것이다. 그저 요가에 대한 찬양과 경배로 가득한 태도이다. 아사나 지상주의란 아사나가 요가에서 가장 중요한 것이자 가장 확실한 결과를 낳는 것이라고 간주하는 태도이다. 이는 영성 절대주의의 반대편에 서 있는 또 하나의 극단적 태도이다. 이외에도 요가 내부에서 요가를 좀먹는 것들은 상당히 많다. 과연, 현재의 요가를 좀먹는 것이 이와 같은 생각이나 태도들이 아니고 그 무엇이겠는가.

　무엇보다도 영성을 추구하는 것과 영성 절대주의는 다르다. 마찬가지로 전통을 존중하는 것과 전통 절대주의는 다르다. 누군가가 요가를 통해 전통적인 영성을 추구한다면, 그 고결한 목표 의식을 존중하면서 크게 박수를 보낼 만한 일이다. 반면에 '영성주의'라는 유령은 극히 경계해야 한다. 세상에 영성이 무엇이라고 모든 요가가 다 한결같이 영성만을 추구해야 하겠는가. 다양한 가치를 추구하는 현대 요가는 각자의 입맛에 맞는 다양한 요가를 환영할 뿐 결코 단 하나의 요가만을 환영하지 않는다. 또한 영성주의 담론은 얼마나 투덜거림이 심한가. 영성주의 담론은 요가가 대중화된 덕택에 그 힘을 발휘할 수 있었음에도 대중화된 '세속적 요가'를 끊임없이 비판하고 폄훼한다. 세속성을 공격함으로써 교묘하게 영성의 성역을 유지한다. 어찌 보면, 현재의 영성주의자는 '현대판 바라문(브라만)'과 다를 바 없다. 베다Veda 시대의 바라문들이 성聖과 속俗을 구분한 채 성의 수호신으로서 자신들의 권력을 지켜냈듯이, 요가의 영성에 절대성을 부여하는 이들도 세속적 요가를 지배하려는 욕구를 벗어나지 못한다. 역설적이게도, 영성주의자가 서 있는 땅은 세속적 요가를 따르는 다수의 요가인들이 만들어냈다. 그러니 영성주의자가 아사나 지상주의와 같은 것을 비판한다면 그 화살은 아마 자기 자신에게 되돌아오고 말 것이다. 그 누구도 요가를 독점할 수는 없다.

요가 만능주의도 요가를 병들게 한다. 어떤 요가인은 요가를 마치 삶의 종교인 양 받듦으로써 삶을 온통 요가로 도배한다. 그런데 누군가에게 어떤 것이 삶의 전부를 차지한다면, 필경 거기에는 광적인 무언가가 있기 마련이다. 자신이 가지지 못한 것에 대한 보상 심리 때문에 요가를 신처럼 숭배하고 있지는 않은지 의심해 보아야 한다. 그리고 어떤 요가인은 요가의 특정한 요소를 과대 포장하면서 요가 찬양에 골몰한다. 요가의 치유 효과? 요가가 주는 심신의 건강? 요가를 통한 삶의 성숙? 하지만 요가가 아닌 다른 무엇으로도 이러한 결과들은 충분히 가능하다. 아니, 요가가 없이 다른 무엇도 없이 그저 주어진 삶을 살기만 해도 이러한 결과들이 가능할 수 있다. 굳이 요가여야 할 필요는 없다. 요가가 자기 삶에서 '전무'全無인 사람에게는 극단적인 요가 찬양이 오히려 요가의 결함으로 비친다. 요가는 삶의 구호나 장신구가 아니다. 요가는 다만 삶의 무수한 계기들 가운데 하나로서 어떤 요가인에게 우연히 조금 특별한 의미로 다가갔을 뿐이다.

물론 요가를 대하는 다채로운 모습들이 우리가 받아들여야만 하는 요가의 현재 풍경이라고 말할 수도 있다. 요가를 구원의 길로 생각하든, 요가를 사업이나 산업으로 생각하든, 요가를 위안이나 자랑으로 생각하든, 요가를 만나는 여러 모습들이 현재의 요가를 가능하게끔 했다고 주장할 수도 있다. 충분히 수긍한다. 그럼에도 요가에 대한 비난이 아니라 비판은 지속되어야 한다. 지극히 당연하다고 받아들인 생각에 균열이 일어나야 한다. 대단하다고 생각한 요가가 아무것도 아닐 수 있음을 알아야 한다.

이러한 점에서 요가는 먼저 일상으로 들어와야 한다. 영성을 추구하는 순수한 요가를 외치지 말고, 혼탁한 세상에서 일상을 지켜나가는 요가를 속삭여야 한다. 요가에 대한 숭배와 찬양으로 삶의 외부를 꾸미지 말고, 요가에 대한 겸양과 성찰의 정신으로 삶의 내부를 채워야 한다. 일상으로 들어오는 것이 뭐 그리 복잡하랴! 그것은 머나먼 초월이나 미래의 유토피아가 아니라 현재에 더 관심을 기울이는 것이다. 또한 그것은 '요가 속의 삶'이 아니라 '삶 속의 요가'를 추구하는 것이다. 비유컨대, 요가의 어깨에서 힘을 빼는 것이다. 전 세계 모든 사람들이 요가를 해야 한다는 이상한 착각을 하고 있지 않다면, 직업인으로서의 요가인은 그저 일상적 직업인으로서 살아가면 된다. 수행에 관해서라면, 그건 공적인 문제가 아니니 혼자 열심히 수행하면 된다. 요가의 기본 정신부터 지키지 않으면서 요가를 선도하느니 요가적인 삶을 사느니 떠드는 것은 도리어 반反요가적이다. 물론 요가의 이러한 일상성은 전통적 요가에서 찾기가 어렵다. 그럼에도 이 일상성이야말로 현대 요가의 핵심이 될 수 있다. '과거의 요가는 어떤 모습이었느냐?'라는 문제보다 더 중요한 것은 '현재의 요가는 어떤 모습이어야 하느냐?'라는 문제이다.

비교적 최근에 요가가 세계적으로 대유행의 시기를 맞이하자 요가를 새롭게 해석하려는 움직임도 덩달아 커지고 있다. 이 움직임은 요가의 일상성을 추구하려는 것이기도 하다. 대표적으로 휘처Ian Whicher라는 학자를 들 수 있다. 그는 요가 수행자가 깨달음을 얻었을 때 그 자신의 사회적, 역사적, 육체적 동일성이 사라지는 것을 경계한다.[3] 다른 인도 사상에서와 마찬가지로 요가에서도 깨달음의 상태에서는 모든 개성이 사라진 채 '내용 없는 의식'만 존재한다고 주장하는데, 그는 이를 거부한다. 쉽게 말해, 깨달은 상태에서도 '나는 나로서 존재해야 한다'는 것이 휘처가 주장하는 핵심이다. 마음의 작용들이 멈춘(cittavṛtti-nirodha) 경지에서도 자신의 몸, 마음, 직업 등등에 대한 생각이나 기억이나 의식은 여전히 존속한다는 것이다.[4] 이 해석을 받아들이든 받아들이지 않든, 휘처가 전통적 요가의 깨달음을 일상의 영역으로 끌어온 것만큼은 틀림없다. 어쩌면 이와 같은 급진적인(?) 해석은 현대 요가의 특권일지도 모른다. 21세기에는 21세기에 맞는 요가의 옷이 필요하다. 요가는 이미 영성 중심에서 개성 중심으로, 목적 중심에서 과정 중심으로 이행했다고 볼 수 있다.[5] 요가의 일상성은 이렇듯이 이미 일상에 들어와 있다.

사실 인도에서는 종종 지향적 목표와 현실 사이에 큰 차이가 존재했었다. 인도에서 가장 오래된 문헌인 베다의 경우, 그 권위는

---

3) Whicher(1998), p. 291 참조.
4) 이러한 해석을 위해 휘처는 『요가 수트라』(1.2)의 "요가는 마음의 작용들을 멈추는 것이다"를 다르게 읽는다. 즉 이 수트라에 '잘못 동일시하는 것을'이라는 표현을 의도적으로 삽입하여 "요가는 마음의 작용들과 [잘못 동일시하는 것을] 멈추는 것이다"라고 읽는다. Whicher(1998), p. 1 참조. 이렇게 함으로써 그는 '잘못 동일시한 마음의 작용'만 멈출 뿐 '다른 마음의 작용'은 계속된다는 것을 이끌어낸다.
5) '영성에서 개성으로'라는 목소리는 박효엽(2015a)의 "요가는 방치된 삶에 적극적으로 개입하는 것이다"(p. 39)를, '목적에서 과정으로'라는 목소리는 박효엽(2012)의 "과정으로서의 요가"를 각각 참조하시오.

거의 신성불가침인 것으로 알려져 있다. 그러나 베다의 권위를 그렇게 강조한 것은 대중들이 그 권위를 크게 받아들이지 않았기 때문이었다. 권위가 계속 떨어지다 보니 권위를 더 내세운 것이었다. 베다가 권위를 가졌으면 하는 바람과 현실은 조금 달랐다. 또 다른 예로는 카스트 제도가 있다. 이 제도는 원래 계급 간의 이동이 원천 봉쇄되는 형태가 아니었다. 오히려 카스트 사이의 경계가 쉽게 무너지다 보니 각각의 카스트를 철저하게 지켜야 한다는 목소리가 더 컸다. 카스트가 잘 지켜졌으면 하는 바람과 현실은 조금 달랐다. 카스트 제도가 확고해진 것은 영국 식민지 시절이라고 잘 알려져 있다. 이처럼 이상적인 바람과 현실 사이에는 불가피하게 괴리가 있는 편이다. 그러니 요가의 지향적 목표도 실질적 목표로 하향될 필요가 있다.

요컨대 나는 '요가가 아무것도 아닌 것이 될 때 비로소 요가는 어떤 것이 된다'는 차원에서 요가의 자기반성을 말한다. 그리고 나는 요가의 자기반성이 요가의 일상성을 한번 주목함으로써 썩 괜찮은 기회를 얻을 수 있을 것이라고 말한다. 일상으로 들어온 요가라야만 어쨌든 누구나가 원하는 행복과의 만남이 가능하기 때문이다. 즉 요가를 행복 담론으로 이끌기 위해서는 그 선행 작업으로서 반드시 요가에 대한 재규정이 필요하기 때문이다. 물론 요가의 힘은 '전통을 가진 수행 체계'라는 데 있지만, 새로운 기술(description)이 새로운 전통을 만든다는 점도 잊지 말아야 한다. 요가의 일상성은 21세기 요가의 솔직한 민낯이 될지도 모른다.

행복을 위한 요가의 역할: 내적 환경의 개선

요가의 전통을 고려한다면 요가의 행복이란 곧 해탈(mokṣa)이어야 한다. 굳이 여러 증거들을 제시하지 않더라도 요가를 비롯한 힌두 사상에서는 해탈을 행복으로 간주한다. 즐거운 상태가 되거나 괴로운 상태를 피하는 것은 행복이 아니다. 행복은 즐거움과 괴로움의 이분법을 넘어서는 상태 또는 그 어떤 감정적 동요도 없는 상태이다. 초연함과 부동심이 행복에 가깝다. 이 점은 『전철학강요』Sarva-darśana-saṃgraha의 '파탄잘리의 사상'[6]에서도 다음과 같이 확인된다: "그리고 열망하는 것이란 즐거움을 획득하고 괴로움을 제거하는 형태로 원해진다. 하지만 요가에 대한 교시는 '즐거움'이나 '괴로움의 파기' 가운데 어느 하나도 아니기 때문에 길상이 아니다." 논의의 주제가 뭐든 간에 여기서 눈여겨보아야 할 점은, 즐거움의 획득이나 괴로움의 파기를 목적으로 요가를 가르치지 않는다는 것이다. 그렇다면 무엇을 목적으로? 정신이 그 어떤 콘텐츠도 가지지 않는 순수한 상태에 도달하는 것을 목적으로 요가를 가르친다. 이 상태는 일종의 무념무상無念無想이다. 이 상태에서는 그 어떤 경험의 내용도 존재하지 않으므로, 분명 요가의 목적은 초월지향적이다.

요가의 배경이라고 할 수 있는 힌두교에서는 인간(인생)의 4가지

---

6) 『전철학강요』는 기원후 14세기경에 인도인이 쓴 인도철학사이다. '파탄잘리의 사상'은 『전철학강요』의 15장이다. 파탄잘리가 요가의 창시자이기에 파탄잘리의 사상은 곧 요가 사상이다.

목표를 제시한다. 욕망, 재물, 의무, 해탈(자유)이 그 4가지이다. 이 가운데 가장 가치 있는 것은 마지막의 해탈이다. 진정한 행복이란 욕망이 충족되었거나 재물이 쌓였을 때 성취되는 것이 아니고, 심지어 삶의 의무를 다 했을 때 성취되는 것도 아니다. 진정한 행복은 오로지 정신적 자유에 도달했을 때 영구적으로 성취될 뿐이다. 그러고 보면 요가의 행복이란 평범한 것이 아니다. 대부분의 사람들은 해탈이라는 것을 꿈도 꾸지 않기 때문이다. 게다가 정신의 그 순수한 상태가 행복이라면, 우리가 행복이라고 느끼는 것조차 전혀 행복이 아니다. 아니, 무언가를 느끼는 것조차 그 상태에서는 불가능하다. 그래서 분명 요가의 행복은 초월 지향적이다.

하지만 해탈이 곧 행복이라는 등식은 이제 거부되어야 한다. 아, 해탈이라는 목표를 폐기하자는 것은 아니다. 해탈을 꿈꾸는 사람에게 해탈을 포기하라고 할 수는 없다. 다만, 무게 중심을 옮기자는 것이다. 해탈이라는 목표는 경험될 수 있지만 경험의 내용이 없는 '초월적 행복'일 뿐 일상적으로 경험되는 '지속적 행복'(지속도가 강한 행복)이나 '일시적 행복'(지속도가 약한 행복)이 아니기에, 초월에서 현실로 목표 수정을 하자는 것이다. 해탈만이 행복이라고 주장한다면, 사실 요가에 관한 이야기를 행복에 관한 이야기와 접목시킬 필요도 없다. 그냥 놔두기만 해도 요가 담론은 그 자체가 행복 담론이다. 요가 담론을 행복 담론으로 바꾸는 건 동어반복이 되고 만다. 그런데 전통적 요가에서 말하는 초월적 행복은 일상의 행복을 위해 그 어떤 긍정적인 역할도 할 수 없다. 일상의 행복을 버려야만 초월적 행복을 얻을 수 있기 때문이다. 따라서 초월적 행복이 아니라 상대적으로 지속적인 행복을 향해 요가 담론을 다시 기술해야 한다. 초월적 행복도 아니고 일시적 행복도 아닌 지속적 행복! 바로 이 지속적 행복을 현실화하기 위한 방식으로 요가 담론의 방향 전환이 필요하다.

그래서 만약 초월성을 요가의 중심에 두기보다 일상성을 요가의 중심에 둔다면, 요가의 행복은 군건하게 이 지상에 발을 디딜수 있을 것이다. '지금 여기'에서 실현 가능한 행복이 될 수 있을 것이다. 요가라는 프로그램을 통해 삶 전체를 바꾸겠다는 믿음과 노력! 바로 이것은 전통적 요가의 몫으로 놔둬야 한다. 솔직히 말해, (반론이 있겠지만) 아무도 요가를 통해 해탈을 추구하지 않는데, (또 반론이 있겠지만) 아무도 요가를 통해 해탈을 얻지 못했는데, 군이 요가의 행복을 해탈이라고 끝끝내 주장할 필요가 있겠는가! 요가에도 혁신이 필요하다.

알고 있다. 요가가 일상의 행복을 추구하는 길로 나아가기만 한다고 해서 즉시 행복에 가까워지는 것은 아니다. 행복이라는 것이 어디 그렇게 단순한 것이던가. 단지 자신에게 의미 있는 무언가를 추구한다고 해서 즉시 행복이 다가오는 것은 아니지 않던가. 유발 하라리는 『사피엔스』에서 "인간은 새로운 힘을 얻는 데는 극단적으로 유능하지만 이 같은 힘을 더 큰 행복으로 전환하는 데는 매우 미숙하다. 우리가 전보다 훨씬 더 큰 힘을 지녔는데도 더 행복해지지 않은 이유가 여기에 있다"[7]라고 말한 바 있다. 우리가 요가의 힘을 행복으로 전환하는 데는 더더욱 미숙할 것이다. 요가는 현

---

7) 하라리(2015), pp. 592~593 참조.

대라는 이 시대에 아직 그 자체의 힘을 확실히 증명하지도 못했으니 말이다. 요가가 세계화의 대표적인 사례가 되었다 하더라도 아직 문화의 주류로 자리 잡지는 못했으니 말이다.

그래서 주장하건대, 요가는 행복 담론에서 아주 작은 역할만을 담당해야 한다. 제대로 요가를 하기만 하면 일상의 행복에 도달할 수 있다고 주장하는 것은 일종의 공수표 남발일 수 있기 때문이다. 요가를 통해 일상의 행복에 도달하는 것은 어쩌면 해탈에 도달하는 것만큼이나 어려울 수 있다. 누군가에게 그것은 어처구니없는 말로 들릴 수 있다. 어떤 하나의 수단을 통해 행복에 도달할 수 있다고 말하기에는 이제 행복이라는 것이 너무 복잡한 대상이 되어 버렸다.[8] 복잡하기 때문에 또 도달하기 어려운 것이 되어 버렸다. 결국 요가가 할 수 있는 일은 일상의 행복에 도달하기 위해 최소한의 역할을 수행하는 것이다. 복잡한 행복이 요구하는 여러 조건들 가운데 일부를 요가가 충족시켜줄 수 있다는 데 만족해야 한다. 당연히 그것조차 어려운 일일지도 모른다.

자, 여기 긍정심리학의 대가 셸리그만M. Seligman의 행복 방정식이 있다.[9] 매우 잘 알려져 있는 이 방정식은 비록 행복에 관한 유일무이한 정답이 아닐지라도 현재 우리의 행복도(행복의 정도)를 경험적으로 측정하는 데 매우 신뢰할 만한 분석법이다. 일상의 행복을 이해하는 데 매우 적합한 참고자료이다. 그리고 이 방정식은 요가가 '할 수 있는 역할'을 어느 정도 암시해 준다.

---

8) 이는 행복에 대한 접근이 일원론적인 관점에서 다원론적인 관점으로 이행되었다는 것을 의미한다.
9) 셸리그만(2014), p. 118 참조.

영속적인 행복의 수준[H] =
이미 설정된 행복의 범위[S]+삶의 상황(외적 환경)[C]+자발적 행동(내적 환경)[V]

　여기서 영속적인 행복도인 H는 일상의 행복이요 지속적 행복인 것이 분명하다. 이 H를 결정하는 요인은 S, C, V라는 3가지이다. S라는 것은 개인의 유전적 특성, 쾌락의 늪 등을 가리키는데, 이는 행복의 빨간불이다. 예컨대 성격이 선천적으로 비관적인 사람은 행복의 범위가 그만큼 좁을 수밖에 없다. 그리고 C라는 것은 돈, 결혼, 지위, 섹스 등 무수한 외적인 요소들을 가리키는데, 이는 행복의 파란불이다. 삶의 상황 또는 외적 환경은 선천적인 것만큼은 아니지만 바꾸기가 매우 어렵다. 다행히도 외적 환경이 행복도에 미치는 비율은 8~15%에 지나지 않는다고 한다.[10] 그렇다면 남은 것은 내적 환경 즉 내적인 요인이다. 바로 이 내적 환경이 행복도를 높이는 데 실질적으로 매우 중요한 것이다. 파란불 중의 파란불이다. 요가가 주목해야만 하는 것도 바로 이 내적 환경이다.

　내적 환경을 개선하는 것이 행복의 핵심이라면, 이 내적 환경을 어떻게 가꾸어 나갈 수 있을까? 또 다시 셀리그만의 목소리를 들어보자. 그에 따르면 내적 환경을 개선하는 전략은 두 가지이다. 하나는 '긍정적인 정서, 일에 대한 몰입, 좋은 대인관계, 의미 있는 삶, 원하는 것의 성취'(PERMA)와 같은 것들을 통해 좋은 내부 환경

---

10) 셀리그만(2014), p. 132 참조.

을 만드는 전략이다.[11] 다른 하나는 학구열, 정서적 지능, 성실성, 자기 통제력, 열정 등등 성격의 무수한 강점들 가운데 자신의 강점들을 찾고 연마하여 지혜, 용기, 사랑, 정의, 절제, 영성 등과 같은 인류의 보편적 미덕을 추구하는 전략이다. 예를 들어, 학구열이라는 성격의 강점을 통해서는 지혜(지식)라는 미덕을 추구할 수 있고, 친절이라는 강점을 통해서는 정의감이라는 미덕을 추구할 수 있고, 감사라는 강점을 통해서는 영성이라는 미덕을 추구할 수 있다.[12] 결론적으로 요가는 이러한 두 가지 전략 모두에 부분적으로 유효할 것이다. 아니, 요가뿐만 아니라 모든 수행들이 내적 환경의 개선에 좋은 영향을 미칠 것이다. 그러니 그러한 개선과 관련해서 요가의 우월함이 아니더라도 요가의 특별함을 찾아내야만 한다.

굳이 셀리그만이 아니어도 내적 환경을 개선하는 것이 행복의 필요조건이라는 것쯤은 우리가 잘 알고 있다. 저 무수한 자기계발서를 들춰봐도 알 수 있지 않은가. 그 책들은 외적 환경이 상이한 수많은 사람들을 향해 내적 환경을 잘 다스리는 것이 행복에 이르는 지름길이라고 설파한다. 저 동네 할아버지 할머니도 그렇게 말씀하시지 않는가. '만족하고 살면 그게 행복한 것이지! 걱정 없이 살면 그게 행복한 것이지!' 이렇게 이렇게, 내적 환경을 좋게 만드는 것은 우리 스스로 행복의 도파민을 분비할 수 있는 가장 적절한 출발점이다.

---

11) 이 5가지는 차례대로 Positive emotion, Engagement, positive Relationship, Meaning, Accomplishment이다. Seligman(2012), p. 16 참조.
12) 셀리그만(2014), pp. 223~283 참조. 결국 영성이라는 것도 행복의 수단들 또는 요인들 가운데 하나인 셈이다.

바로 이 내적 환경을 개선하는 것을 나는 요가에 의거하여 '생태적 정화'[13]라고 부르고자 한다. 인간의 내적 환경이란 몸, 감각, 감정, 정서, 마음, 정신, 영혼 등이 공존하는 것으로서 생태계와 다르지 않다. 그 환경을 개선하는 것이란 생태계를 정화하는 것과 다르지 않다. 그래서 내적 환경의 개선은 몸 등등에 대한 생태적 정화인 셈이다. 간단하게 '몸과 마음의 생태적 정화'라고 정리할 수 있겠다. 아무래도 몸과 마음이라는 두 가지는 인간을 구성하는 가장 핵심적인 것이기 때문에 내적인 것들을 모두 대변할 수 있을 것이다. 게다가 요가는 흔히 몸과 마음을 정화하는 수행법이라고 잘 알려져 있기도 하다.

이처럼 몸과 마음의 생태적 정화를 통해 요가는 행복을 위한 터를 닦을 수 있다. 터를 닦는 것은 집을 짓기 위한 준비 작업이다. 요가도 행복이라는 집이 들어서는 데 어떤 준비 작업을 할 수 있다. 물론 요가의 생태적 정화가 전적으로 내적 환경을 개선하는 데 기여하는 것은 아니다. 다시 한 번, 요가는 만병통치약이 아니다. 요가는 다만 약간 더 효과 있는 약이 될 수도 있다. 요가에는 틀림없이, 몸과 마음의 생태계를 좀 더 효과적으로 조정하고 관리할 수 있는, 어떤 특별함이 있을 것이다.

---

13) 여기서는 '정화'라는 말을 가장 기본적이고 포괄적인 의미인 '깨끗하게 함'(purification)으로 사용한다. 세계, 사회, 육체, 마음, 정신 등 무수한 것들이 정화의 대상이 될 수 있을 것이다.

전 존재의 생태적 정화를 향하여

요가의 정화는 힌두교의 정화를 배경으로 한다. 요가가 힌두교에 뿌리를 두고 있는 이상, 정화와 관련된 교리로 가득한 힌두교가 요가에 영향을 준 것은 너무나도 당연하다. 힌두교의 양대 축은 종교적인 '의례'와 영적인 '구원'이다. 이 둘은 협력과 대립의 역사를 걸어 왔는데, 둘 모두 정화와 밀접하게 관련되어 있다. 의례는 세속적이고 사회적인 정화라고, 구원은 탈세속적이고 개인적인 정화라고 생각해 볼 수 있다. 그리고 의례와 구원은 속(俗)의 상태를 성(聖)의 상태로 바꾸려는 삶의 길이다. 속에서 성으로 향하는 것은 부정(더러움)에서 정(깨끗함)으로 향하는 것이나 다름없다. 즉 정화가 성스러움을 가능케 한다. 더 나아가 힌두교에서는 의식주, 카스트 등의 영역들에서도 정화의 중요성이 발견된다. 요가는 바로 이러한 힌두교의 정화가 구원을 중심으로 하여 통합적으로 재구성된 것에 지나지 않는다.

요가와 정화는 그야말로 바늘과 실처럼 떼려야 뗄 수 없는 관계이다. 요가의 역사를 초기 요가, 고전 요가, 하타 요가, 현대 요가라는 방식으로 나눈다면, 그 어느 시기에도 정화가 강조되지 않은 적은 결코 없었다. 오히려 점강법으로 정화의 중요성이 더 커졌다고도 말할 수 있다. 요가의 정의부터 시작해서 요가의 세계관, 요가의 목표, 요가의 실천적 수행법에 이르기까지, 요가는 정화를 온몸으로 주렁주렁 달고 다닌다. 시쳇말로, 정화 없는 요가는 앙꼬

없는 찐빵이다.

먼저 요가의 정의부터 보자. 『카타 우파니샤드』*Kaṭha-upaniṣad*(6,11)에서는 요가를 "감각기관을 고정적으로 제어하는 것"이라고 정의하고, 『요가 수트라』(1,2)에서는 요가를 "마음의 작용들을 멈추는 것"이라고 정의한다. 이 경우에 요가는 제어 그 자체이다. 세상에 대한 정보를 가져오는 눈, 귀 등의 감각기관들을 제어하고, 그 정보로 가득 차 있는 마음 자체를 제어하는 것이 요가인 셈이다. '요가'라는 말의 어원이 '묶다, 메다' 등을 뜻하는 '유즈'*yuj*이다 보니, 요가를 이런 식으로 정의하는 것은 매우 자연스럽다. 그리고 이 제어를 '정화'라고 불러도 무방하다. 보는 것, 듣는 것, 말하는 것, 마음먹는 것, 상상하는 것, 생각하는 것 등등을 제어하는 것이 정화가 아니면 무엇이겠는가. 제어하는 것이란 곧 불순물이 침입할 수 없게끔 하거나 기존의 불순물을 순화시키는 것이다. 마음의 입구(감각기관)를 청정하게 하고 마음 자체도 청정하게 해야 그 마음이 집중을 향할 수 있다. 그래서 요가는 또한 온전한 집중이다. 『요가 수트라 주석』*Yoga-sūtra-bhāṣya*(1,1)에서는 요가를 삼매로 정의한다. 삼매는, 우리가 일상에서 '독서 삼매경에 빠져 있다'라는 식으로 말하는 데서 그 뜻이 온전한 집중이라는 것을 알 수 있다. 이외에도 요가를 집중이라고 간주하는 문헌들은 꽤 많다. 그리고 온전한 집중으로서의 요가는 다른 생각의 개입이 없게끔 하는 것이므로 그 자체가 마음의 정화이기도 하다. 이와 같이 요가를 정의하는 데 핵심어인 제어와 집중은 정화라고도 설명할 수 있다. 더 나아가 요가를 정의하는 데 또 다른 핵심어인 '합일'合─도 정화의 일종이다.

인도의 밀교密敎 시대에 요가는 종종 '개별적 자아와 보편적 자아의 합일'로 정의되곤 한다. 이 경우에 합일이란 불순한 개별적 자아가 순수한 자아에 합해지는 것이기에, 요가는 자아의 정화에 비견될 수 있다. 마치 더러워진 물방울 하나가 그 더러움이 정화되면서 청정한 물에 합해지는 것과 같다.

요가의 정의가 이렇듯이 정화와 밀접하게 관련이 있는 것은 무엇 때문일까? 이는 기본적으로 요가의 세계관이 순수와 불순의 이분법을 따르고 있기 때문이다. 순수한 자아와 불순한 자아라는 이분법이다. 순수한 자아는 그 어떤 것에 의해서도 더렵혀지지 않는 청정한 존재이자 영원불멸하는 존재이다. 반면에 불순한 자아는 우리가 보통 자아라고 생각하는 것으로서 속된 존재이자 윤회하는 존재이다. 목표는 분명하다. 인간은 불순한 자아가 아니라 순수한 자아가 자신의 참모습이라는 점을 자각해야 한다. 이것이 바로 지혜이고 해탈이다. 순수한 자아를 회복하자는 고전 요가의 이러한 목표는, 그 이후, 요가의 모든 역사마저 집어삼킨다. 제어, 집중, 합일 등등은 모두 순수한 자아라는 목표를 얻기 위한 최고의 전략이다. 더 구체적인 수행법들마저 순수한 자아를 향해 나아가기 위한 기초적인 전술이다. 실제로 고전 요가의 아슈탕가(8단계), 무욕(vairāgya), 수련(abhyāsa), 하타 요가의 정화법, 좌법, 호흡법 등등은 몸, 감각기관, 마음, 정신 따위들로 이루어진 불순한 자아를 일차적으로 정화하기 위한 전술들이다. 적어도 불순한 자아가 일차적으로 정화되어야만 순수한 자아에 다가갈 수 있는 가능성의 길이 열린다.

현대의 몇몇 요가학자들도 정화를 크게 강조한 바 있다. 대표적으로. 채플C. K. Chapple과 휘처가 있다. 이들은 요가학파와 그 자매학파인 상키야Sāṃkhya학파 사이의 차이점에 보다 주목하는데, 그 차이점이 곧 요가의 정화라고 말한다.[14] 물론 이들이 상키야학파의 핵심 내용인 '순수한 자아에 대한 지혜'를 요가학파와 관련해서 부정하는 것은 아니다. 지혜도 지혜 나름대로 중요하지만, 요가학파에서는 적어도 지혜와 별도로 정화의 가치를 인정해 주어야 한다는 것이다. 이러한 점에서 나는 이들의 주장이 두 가지 시사점을 던져준다고 본다. 하나는, 현대 요가에서는 앞으로 점점 더 요가학파의 독립성을 주장할 가능성이 크다는 점이다. 독립성을 주장하기 위한 실마리가 바로 정화이다. 다른 하나는, 현대 요가의 흐름 자체가 현대라는 시대를 반영함으로써 좀 더 실천적인 정화를 강조한다는 점이다. 상키야학파의 형이상학적 지혜는 힌두교의 세계관이 강하게 반영되어 있기에 보편성이 떨어진다. 그와 달리 요가학파의 실천적 정화는 보편적으로 수용할 만한 삶의 방법론이다.

만약 요가의 핵심이 대대로 정화였고 또 앞으로 정화일 것이라면, 이러한 정화가 행복 담론을 위한 요가의 대표 주자가 되는 것에 큰 거부감은 없을 것이다. 반복하건대, 이 정화는 생태적 정화이다. 개인마다 상이한 내적 환경을 개선하기 위해서는 개인마다 상이한 정화가 요구되기 때문이다. 그리고 이 정화는 몸과 마음에 대한 정화이다. 아니, 이 정화는 몸과 마음에 대한 정화의 차원을 뛰어넘는다. 전 존재에 대한 정화이다. 개인의 내적 환경 전체를

---

14) Chapple(1996), p.132와 Whicher(1998), p.4, 58 참조. 좀 더 자세한 논의는 박효엽(2015b), pp.73~74를 참조하시오.

총체적으로 개선하는 것이기 때문이다. 요컨대, 요가는 자기의 전 존재에 대한 생태적 정화를 추구하며, 이는 행복을 위해 개인마다 전 존재를 최적화 상태로 만드는 것이다. 바로 여기에 요가의 특별함이 있다고 나는 주장한다. 요가의 특별함은 생태적 정화의 특별함이다. 그 특별함이란 인간이 자신의 전 존재를 총동원하여 전 존재를 총체적으로 개선하려는 부단한 노력이다. 이 점에서 요가는 다른 수행 체계들로부터 차별화된다.

전 존재를 총동원하는 것이 중요하다. 요가는 몸, 감각기관, 행위 기관(발성기관, 손, 발, 생식기관, 배설기관), 마음, 정신, 영혼 등등 내적 환경을 이루는 모든 것들을 동원한다. 고전 요가에서는 윤리적 수행, 육체적 수행, 심리적 수행을 모두 요청한다. 윤리적 수행은 불교의 오계五戒와 유사한 것인데, 불살생不殺生 등은 세상과의 관계 속에서 우선 도덕적으로 정화가 이루어져야 한다는 점을 암시한다. 육체적 수행은 좌법, 호흡 조절, 감각 제어이고, 심리적 수행은 집중, 선정, 삼매이다. 이것들은 몸과 마음의 추상적인 정화가 아니라 구체적인 정화이다. 반면에 하타 요가에서는 좌법, 호흡 조절, 무드라mudra, 비음鼻音 명상이라는 육체적 수행의 다양한 양상들을 모두 요청한다. 육체를 정교하게 연마함으로써 육체의 신인神人이 되라고 한다. 세계적으로 육체를 이처럼 상세하게 정화하려는 수행을 대면하기란 쉽지 않다. 비록 고전 요가와 하타 요가에서 몸을 대하는 태도가 조금은 상이할지라도, 요가의 여러 전통들을 하나의 통합적 전통으로 간주한다면, 가히 요가는 전 존재를 총동원하는 방법론을 적용한다.

내가 강조하려는 것은 요가의 목표가 영혼의 해방(자유)이더라도 요가는 방법론적으로 '정화의 예술'이라는 점이다. 분명 고전 요가도 하타 요가도 전 존재를 총동원하여 궁극적으로는 영혼의 해방을 꿈꾼다. 하지만 영혼의 해방은 소수의 전유물이다. 대다수는 오늘도 요가를 좋아하기 때문에 요가를 한다. 그러니 오히려 지혜를 통해 영혼의 해방에 도달하기 이전의 사태 즉 자기 존재를 개선하려는 노력 또는 정화하려는 노고를 찬양할 필요도 있다. 정화는 굳이 지혜를 목적으로 하지 않고 그 자체로 목적이어도 좋다. 마치 예술 그 자체를 목적으로 하는 예술도 가능한 것처럼 말이다.

약간은 거창하게 말한 듯하다. 그런데 연극이 종합예술이듯이 요가도 수행의 종합예술이다. 요가는 한 개인이 할 수 있는 모든 수단들을 동원하여 그 자신의 존재를 고양시키려는 실천인 것이다. 소우주의 춤사위요 한 존재의 몸부림이다. 외적 환경은 대개 주어진 것이기 때문에 바꾸기가 어렵다. 특히 인도에서는 한 번 주어진 것을 바꾸는 일이 더더욱 어려웠다. 내적 환경은 다르다. 요가는 내적 환경을 자기 자신에게 적합하게 정화함으로써 삶을 변모시키려는 시도이다. 그 무수한 시도들이 모여 오늘날 우리가 말하는 요가 전통이 만들어졌다. 요가는 하나의 학파로 형성되기 이전부터 '적용, 응용, 실천'을 의미했다. 『바가바드 기타』에서 요가는 '삶의 길'을 의미했다. 그저 애쓰고 노력하는 삶들이 집합적으로 모여 '요가'라는 정화의 예술이 되었을지도 모를 일이다.

'요가'라는 동사와 '행복'이라는 명사

인도에는 '앎(knowing)을 통한 되기' 전통과 '함(doing)을 통한 되기' 전통이 있었다. 앞의 것을 '상키야'라 부르고, 뒤의 것을 '요가'라 부른다. 기원전 4~1세기의 『아르타 샤스트라』*Artha-śāstra*에서도 이 두 전통을 철학(ānvīkṣikī)의 주요 분과로 제시한 바 있다.[15] 이 경우에 '상키야'와 '요가'라는 말은 일반적으로 알려져 있는 상키야학파나 요가학파를 지시하지 않는다. 다만 이 두 말은 두 학파와 각각 간접적으로 관련되기는 한다. 어쨌든 앞의 것은 원리나 이론을 통한 접근법이고, 뒤의 것은 적용이나 실천을 통한 접근법이다. 두 접근법에 큰 차이가 있다고? 천만에! 두 접근법은 모두 '진리나 실재 자체가 되기(becoming)'를 목적으로 하기 때문에 그 목적은 동일하다. 그 방법론도 강조점만 다를 뿐 별 차이가 없다. 실제로 앎을 통해 '그것'이 된다면, 그 앎이야말로 '되기'를 이끌어냈기 때문에 가장 적극적인 실천(함)이다. 또 함을 통해 '그것'이 된다면, 그 함이야말로 앎으로부터 가능했기 때문에 가장 적극적인 이론(앎)이다. 이론과 실천을 분리하기란 이처럼 어렵다. 그리고 기실 인도에서 극단적으로 이론인 철학은 거의 존재하지 않는다.

요가 전통은 '앎을 통한 되기'와 '함을 통한 되기'라는 두 가지를 모두 수용한다. 이론과 실천을 가리지 않으니 전 존재를 총동원

---

15) 『아르타 샤스트라』(1.2.10) 참조. 이곳에서는 철학을 상키야, 요가, 로카야타Lokāyata라는 세 분과로 나눈다.

하는 것과 궤를 같이하는 셈이다. 그리고 요가 전통은 '되기'를 지향한다. '되기'란 우파니샤드 시대부터 성행하던 논리로서 '자기 자신이 자신의 참모습으로 되는 것'을 의미한다. 인도에서 자기 수양(self-culture) 문화가 강화된 것은 바로 이 '되기' 덕택이다. 그리고 이 '되기'는 요가의 역동성을 고스란히 전해 준다. 자신의 참모습으로 되는 것은 그 '과정'의 지난함을 애당초에 암시하고 있는 것이다.

이리하여 나는 '요가'라는 말을 동사(동사적 의미)로 간주한다.[16] 요가는 자기가 자기로 '되기' 위한 부단한 노력이다. 그러한 과정 자체가 요가이다. 무언가가 되려고 노력하는 과정은 명사가 아니라 동사이다. 이제껏 요가의 역사는 '요가'라는 말을 명사의 관점으로 이해하면서 요가 수행의 도달점을 강조하는 방식으로 전개되어 왔다. 특히 독존獨存이라든가 해탈이라든가 삼매라든가 고매한 이상향을 요가의 유일한 목적이라고 늘 강조함으로써 '요가의 명사화'를 고착시켜 왔다. 다시 말해 '요가'라는 말 자체가 깨달음, 자유, 완전성, 영적인 경지 등의 목적 지향적 의미만 가진다고 포장해 왔다는 것이다. '요가'라는 말 자체의 과정 중심적 의미는 대부분 무시되었다는 것이다. 어쩌면 오늘날 현대 요가는 요가의 과정 중심적 의미를 되살리고 있는지도 모르겠다. 요가의 역동성이 요가의 의미를 되살려내고 있다.

잘 알다시피 우파니샤드 시대에 요가라는 것은 참된 자아에 대한 앎 또는 지혜를 얻기 위한 수단에 지나지 않았다. 지혜의 빛을

---

16) 박효엽(2015a), p. 44 참조.

예비하기 위한 수단이었다는 말이다. 요가가 체계화되지 않은 시대였기에 요가의 위상은 그리 높지 않았다. 그러다가 고전 요가의 시대에 접어들면서 요가는 그 자체가 하나의 완결적인 체계로 자리 잡았다. 요가는 마침내 자체적인 수행 과정과 수행 목표를 보유하게 되었다. 위상도 높아졌다. 이때부터 요가는 소위 '해탈의 학문'(mokṣa-śāstra)으로 분류되면서 오직 해탈만을 목표로 삼는 이론과 실천의 체계로 간주되었다. 오직 요가의 '성공' 여부가 중요시될 뿐이었다. 이러이러한 수행을 하면 저러저러한 결과를 낳는다는 목표 지향적이고 결과 지향적인 태도가 만연하였다. 예를 들어 『요가 수트라』의 경우에는 '어떤 수행을 하는 것으로부터 어떤 결과가 생긴다'라는 형식의 수트라가 매우 많다. 하타 요가의 문헌들에서도 호흡 조절을 하면 질병이 사라진다거나 감각 제어를 하면 죄악이 사라진다는 식의 내용들이 매우 많다. 이러한 여러 결과들의 최종점이 깨달음이고 해탈이다. 결국 목적이나 결과 지향적 사고는 '요가'와 '깨달음'이라는 명사를 동일시하는 길로 나아갈 수밖에 없었다.

내가 이와 같이 요가의 과정적 의미를 되살리려는 것은 단순한 이유에서이다. 요가가 그 자체의 최종 결과인 해탈을 떠나보내지 않는 한 행복 담론과 만나기 위한 입장권조차 가질 수 없기 때문이다. 요가가 과정적일 경우라야 행복을 위한 예비 수단이 될 수 있기 때문이다. 만약 우리의 도달점이 일상의 행복이라면, 해탈을 목적으로 하던 시대에 요가를 명사로 간주하던 고정관념을 깨고 요가를 동사로 간주하려고 해야 한다. 요가라는 동사로써 행복이라는 명사에 도달할 수 있도록 해야 한다.

인도적 사유에서 매우 흔하게 작동하는 '질병, 질병의 원인, 건강, 건강의 수단'이라는 의학적 패러다임도 요가의 과정적 의미와 요가의 역동성을 지지한다. 이 패러다임은 『요가 수트라 주석』(2.15)에도 등장한다. 이 패러다임을 '고통, 고통의 원인, 고통의 소멸, 고통 소멸의 수단'으로 바꾸면 불교의 사성제(四聖諦, 4개의 성스러운 진리)가 된다. 이 패러다임을 '불행, 불행의 원인, 행복, 행복의 수단'으로 바꾸면 인도식으로 행복의 진리가 된다. 그렇다. 우리는 늘 불행한 상태로 살아간다. 그 불행에는 원인이 있고, 그 불행의 원인을 제거하는 것이 곧 행복의 수단이다. 행복의 수단을 통해 행복에 도달할 수 있다. 이 경우에 사성제를 적용하자면 이 4가지의 하나하나가 모두 진리이다. 요가가 관여할 수 있는 것은 3번째인 행복을 제외한 '불행, 불행의 원인, 행복의 수단'이라는 3가지이다. 이 3가지는 목표 달성 또는 문제 해결과 관련하여 '문제점, 원인, 해결 방안'이라는 전형적인 논리적 사고를 닮아 있다. 요가는 행복이라는 목표를 달성하기 위해 전 존재를 총동원하여 내적 환경을 개선할 수 있는 바로 이러한 진리들을 구체적으로 실현하려고 한다. 몸의 문제는 몸의 문제대로, 마음의 문제는 마음의 문제대로, 요가는 생태적 정화라는 과정을 통해 제각각의 문제를 역동적으로 해결하려고 한다.

과정으로서의 요가는 이미 우리 주변에서 자연스럽게 받아들여지고 있다. 누가 뭐라고 하기 전에 요가 전통은 마치 살아 있는 듯 그 자체로 움직인다. 요가에서 과정을 강조하는 것은 다원적 가치를 수용하는 현대라는 시대에 적절하다. 적절하기 때문에 그 방향으로 움직인다. 과정을 강조한다고 해서 목적 중심적 요가가 결코 훼손되는 것도 아니다. 고전 요가와 하타 요가의 차이만큼 현대 요가도 전통적 요가들과 차이를 만들고 있을 뿐이다. 심지어 전통적 요가들을 품은 채로 그렇게 한다. 이렇게 현대 요가가 움직이고 있는 것도, 알고 보면, 요가가 동사이기 때문인 것일까?

행복을 담기 위한 존재의 그릇 만들기

좀 싱거운 결말이지만, 요가와 행복의 만남은 이렇게 끝을 맺는다. 요가는 일상의 지속적 행복이라는 목적을 위해 그 수단의 역할을 하는 것으로 끝을 맺는다. 요가가 동사이고 행복이 명사라는 것은 바로 이런 뜻이다. 그리고 요가가 누구에게나 행복의 수단이 된다고 말하는 것은 아니다. 요가를 삶의 중요한 동반자로 선택한 사람들에게 그 요가가 행복의 조건을 만드는 데 유용하다고 말하는 것일 뿐이다. 행복에 관해 무수한 담론들이 존재하는 이 시대에, 행복에 관해 다원론적인 관점이 받아들여지고 있는 이 시대에, 요가에 관해서라면 딱 이 정도의 역할을 기대할 수 있다.

요가와 행복에 관한 이야기는 불가피하게 '이러이러해야 한다'라는 식으로 말할 수밖에 없다. 그만큼 낯선 이야기이기 때문이다. 그만큼 새로운 방향성이 필요하기 때문이다. 현재의 관점에서 보자면 고대 인도의 힌두교에서도 다양한 행복이 존재했다. 욕망, 재물, 의무, 해탈(자유) 등등이다. 그런데 요가는 유독 해탈이라는 행복과 밀착되고 말았다. 아니, 힌두교에서 세속적인 것들을 부정하는 경향에 따라 요가도 그러할 수밖에 없었다. 이제는 요가도 이 개성의 시대에 걸맞게 '자리 잡고 호흡해야' 한다. 각자가 다양한 행복을 추구하면서 다양한 요가를 추구해야 한다.

우리가 요가에서 '해탈'이라는 이름표를 떼어 내고 '일상의 행복'이라는 이름표를 붙이면 요가가 이상해지는 것일까? 결코 아니라고 말한다. 전혀 요가가 아닌 것이나 요가일 수 없는 것은 전통의 힘을 통해 자연스럽게 걸러지고 말기 때문이다. 도리어 행복 담론과 결합되는 요가는 보편성의 지위까지 획득할 수 있다. 요가를 왜곡하는 것이 아니라 확장하는 것일 수 있다. 인도에서도 전통적 요가가 확장의 길을 걸어 왔다면, 탈인도화된 현대 요가가 확장의 길을 걸어가는 것은 얼마나 당연한 일이겠는가! 그 확장의 길 위에 행복 담론이 서 있다. 누구나가 보편적으로 일상의 행복을 추구하고 있지 않은가! 이와 같이 요가가 행복 담론을 껴안는 것은 전통적 요가를 계승하는 길인 동시에 미래를 향해 요가를 확장하는 길이다.

인도에서 수행이란 지혜가 담기기 위한 청정한 그릇을 만드는 것에 비유되곤 한다. 더럽혀지고 오염된 영혼에는 고매한 지혜가 결코 깃들지 않는다는 점을 강조한 것이다. 부처마저도 처음에는 정화의 일종인 극단적인 금욕(고행)을 실행했다고 한다. 요가에서 윤리적이고 육체적이고 심리적인 수행법들은 모두 지혜를 위한 영혼의 청결한 준비이다. 요가는 벌리M. Burley가 주장하듯이 우파니샤드 시대의 금욕주의자들 가운데 일부가 잉태하고 출산한 수행법이다.[17] 요가 역시 지혜를 맞이하기 위한 영혼의 정화 노력이라는 것이다. 전통적 요가의 이러한 측면을 고스란히 행복 담론에 옮겨 온다면, 요가는 행복을 담기 위한 존재의 그릇 만들기이다. 행복 방정식에서 내적 환경을 개선하는 것이란 행복을 담기 위해 마치 준비된 그릇처럼 개인을 철저하게 준비된 존재로 만드는 것에 다름 아니다. 이러한 과정을 나는 '전 존재의 생태적 정화'라는 이름으로 계속 강조한 바 있다. 요가가 삶에 대해 능동적이고 적극적인 태도를 보여주듯이, 행복을 위한 전 존재의 생태적 정화도 능동적으로 또 적극적으로 행복을 예비하고 예열한다.

요가가 미래에 어떤 모습일지 예측하는 것은 그 누구에게도 가능하지 않다. 행복과 관계하여 요가가 탁월한 수단이 될지 아무런 역할도 하지 못할지 우리는 정말 알 수 없다. 심지어 현재 요가를 통해 행복하다고 주장하는 사람이 얼마만큼 어떻게 행복한지 우리는 정말 알 수 없다. 그렇다면 요가를 수행한 고대 인도인들은? 그들이 요가를 통해 해탈을 얻었는지 우리는 정말 알 수 없다. 다만 우리가 알 수 있는 것은, 그들이 적어도 요가를 통해 삶의 '변화'를 경험했다는 그 정도이다. 몇몇 학자들이 인도의 철학과 종교와 수행이 존재의 '변화 또는 변형'(transformation)을 목적으로 한다고 말할 때의 바로 그 '변화'이다. 변화란 특정한 프로그램을 통해 케케묵어 화석화되고 경화된 습관으로부터 탈피하는 것을 가리킨다. 그나마 이 변화가 희망 섞인 전망을 열어 놓는다. 삶의 변화가 가

---

17) Burley(2007), pp. 36~38 참조.

능했다는 것은 요가라는 프로그램이 그래도 어느 정도 효력을 가진다는 것을 알려주기 때문이다. 생태적 정화와 같은 것이 실제로 가능하다는 것을 알려주기 때문이다.

마지막으로 나는 요가의 일상성을 다시 한 번 역설하고자 한다. 요가의 일상성은 먼 곳에 있지 않다. 그저 동시대인으로 동시대의 삶에 동참하면서 동시대의 일상을 희생하거나 폐기하지 않는 것이 요가의 일상성이다. 수행과 일상을 분리하지 않는 것이 요가의 일상성이다. 요가가 제어와 집중이라면, 일상의 삶을 온전하게 제어하거나 일상의 어떤 일에 온전하게 집중하는 것이 더 요가적인 삶이다. 요가가 거창하게 전 존재의 생태적 정화라면, 일상의 삶이 '하늘을 우러러 한 점 부끄럼이 없도록' 자신의 모든 부분들을 잘 다스리는 것이 더 요가적인 삶이다. 그렇게 하면 억지 쓰지 않아도 요가가 저절로 나의 것이, 우리의 것이, 인류의 것이 된다. 요가의 낮은 자세가 행복을 드높인다.

[약호 및 참고문헌]

| 행복 추구와 그 역설에 관한 단상 |

고진하 옮김(Steven C. Hayes 등 지음), 『알아차림과 수용』, 서울: 명상상담연구원,
    2010.
공병혜 옮김(한스–게오르그 가다머 지음), 『고통 : 의학적, 철학적, 치유적 관점에서
    본 고통』, 서울: 철학과 현실사, 2005.
권석만, 「긍정심리학, 개인과 사회의 상생적 행복을 꿈꾸다–행복에 관한 과학적
    연구」 『행복, 채움으로 얻는가 비움으로 얻는가』, 서울: 운주사, 2010.
권수영, 「서구 긍정심리학, 얼마나 긍정적인가?–실천신학적 전망–」 『신학과
    실천』30권, 2012.
김상봉, 『호모에티쿠스』, 경기: 한길사, 2004.
김양현, 「행복에 대한 서양인의 고전적 이해」 『용봉논총』28, 1999.
김태환 옮김(한병철 지음), 『피로사회』, 서울: 문학과 지성, 2012.
노양진, 「도덕의 영역들」 『범한철학』47, 범한철학회, 2007.
노양진, 『몸이 철학을 말하다–인지적 전환과 체험주의의 물음』, 경기도: 서광사,
    2013,
문현미 옮김(Steven C. Hayes 등 지음), 『마음에서 빠져나와 삶 속으로 들어가라』,
    서울: 학지사, 2010.
박병준, 「행복과 치유–아리스토텔레스의 『니코마코스 윤리학』의 행복개념을
    중심으로」 『철학논집』42, 2015.
박종현 역주(플라톤 지음), 『파이돈: 플라톤의 대화편』, 파주: 서광사, 2003.
박한선, 이수인 옮김(로널드 W. 드워킨 지음), 『행복의 역습』, 서울: 아로파, 2014.
서은국, 『행복의 기원』, 경기도: 파주, 2014.
안희영 등 옮김(Ruth A. Baer 편저), 『마음챙김에 근거한 심리치료』, 서울: 학지사,
    2009.
윤병운, 『서양철학사』, 서울: 삼광출판사, 1996.
이상형, 『철학자의 행복 여행』, 서울: 역락, 2013.
이진남, 「긍정심리학의 행복 개념에 대한 비판적 고찰」 『한국칸트학회 2015년도
    추계학술대회 자료집』, 한국칸트학회, 2015.

임승택, 「불교에서 몸이란 무엇인가─초기불교와 체험주의의 비교를 중심으로」 『불교평론』16권 1호, 만해사상실천선양회, 2014.

임승택, 「초기경전에 나타나는 궁극 목표에 관한 고찰」, 『불교학 연구』19, 불교학연구회, 2008.

임지룡·윤희수·노양진·나익주 옮김(G. 레이코프.M. 존슨 지음), 『몸의 철학: 신체화된 마음의 서구 사상에 대한 도전』, 서울: 박이정, 2002.

홍병선, 「행복에 관한 인문학적 성찰」 『시민인문학』21, 경기대학교 인문과학연구소, 2011.

Aṅguttaranikāya(AN), Ed. Morris, M. and E. Hardy. 5 vols. , London: PTS, 1955~1961(reprints).

Dīghānikāya(DN), Ed. Rhys Davids, T.W. and J.E. Carpenter. 3 vols., London: PTS, 1942, 1982, 1932 respectively(reprints).

Majjhimanikāya(MN), Ed. V. Trenckner and R. Chelmers, 3 vols, London: PTS, 1979, 1925 & 1951 respectively(reprints).

Saṁyuttanikāya(SN), Ed. M.L. Feer, 5 vols, London: PTS, 1991, 1989, 1975, 1990 & 1976 respectively(reprints).

Yogasūtra(YS), Tr. Bangali Baba, *The Yogasūtra of Patañjali with the Commentary of Vyāsa*. Delhi: Motiral Banarsidass, 1976.

Germer, Christopher K., "Mindfulness and Compassion in Western Psychotherapy", *The Fress in 2009 Fall Conference of Korean Association of Buddhism and Psychotherapy*.

Johansson, Rune E. A., *The Psychology of Nirvana*, London: George Allen and Unwin Ltd. 1969.

Kalupahana, David J., *Buddhist Philosophy: A Historical Analysis*, Honolulu: The University Press of Hawaii, 1976.

| 요가, 행복을 향한 행복한 여정 |

김형준 역(Georg Feurstein), 『요가전통』*Yoga Tradition*, 무우수, 2008.

이태영 역(Georg Feurstein), 『탄트라』*Tantra; The Path of Ecstasy*, Shambhala(1998), 여래, 2006.

임근동 역(을유문화사 편집부), 『우파니샤드』, 을유문화사, 2012.

Georg Feurstein, *The Deeper Dimension of Yoga*, Shambhala. 2003.

Georg Feurstein, *Encyclopedic Dictionary of Yoga*, Unwin Paperbacks, 1990.

S. Radhakrishnan, *The Principal Upaniṣads*, Harper Collins.

Patanjali, *Yoga Sutra*, 2006.

Telang Kashinath Tryambak, *Anugita*, Wizards Bookself, 1986.

Swami Vivekananda, *The four Yogas*, Advaita Ashrama, 1987.

| 아유르 베다와 요가에서 행복론 |

1) 약호

BG; *Bhagavad gītā*

CS; *Caraka Saṁhitā*

HP; *Haṭhapradīpikā of Svātmarāma*

SK; *Sāṁkhya Kārikā of Īśvarakṛṣṇa*

YS; *Yoga Sūtra of Patañjali*

2) 참고문헌
곽미자, 『요가심리치료 프라티야하라: Pratyāhāra 감각의 내면화』, 경남: 도서출판
　　　한글문화사, 2014.

문을식, 『바가바드 기타: 비움의 길 채움의 길』, 서울: 서강대학교출판부, 2012.

문을식, 『요가상키야 철학의 이해』, 서울: 여래, 2013.

문을식a, 「판차 코샤Pañca kośa의 요가 철학적 이해」, 『남아시아연구』 제20권 3호,
　　　2015, pp.1~25.

문을식b, 「Vivekacūḍāmaṇi에 나타난 판차코샤Pañca kośa의 이해」, 『불교연구』 43.
　　　2015, pp.393~422.

문을식c, 『요가경전의 이해』, 서울: 여래, 2015.

박광수 옮김(사라스와티, 스와미 사티야난다), 『쿤달리니 탄트라』, 서울:
　　　양문출판사, 2003.

박미라, 「차크라 체계에 관한 현대심리학적 해석: 인간의식의 발달을 중심으로」,
　　　서울불교대학원대학교 심신통합치유학과 박사학위논문, 2015.

박종운, 『아유르 베다 입문』, 서울: 지양사, 2008.

이태영, 『요가: 하타요가에서 쿤달리니탄트라까지』, 서울: 여래, 2005.

정승석 역주(비야사), 『요가수트라 주석』, 서울: 소명출판, 2010.

최여원 옮김(비틀링어, 아놀드), 『칼 융과 차크라』, 경남 창원: 슈리크리슈나 다스
아쉬람, 2008.

황지현 옮김(데이비드 프롤리, 수바슈라나데), 『자연의학 아유르 베다』, 창원: 슈리
크리슈나다스 아쉬람, 2008.

Avalon, Arthur, *The Serpent Power: Being the SaṭCakra Nirūpaṇa and Pāduka Pañca
Pañcaka*, New York: Dover Publications, Inc., 1958.

Frawley, David, *Yoga and Ayurveda: Self-Healing and Self-Realization*, Delhi: Motial
Banarsidass Publishers Private Limited, 2002.

Lad, Vasant, *Ayurveda: The Science of Self-healing,* Delhi: Motilal Banarsidass Private Limit
ed, 2011.

Mishra, Satyendra Prasad, *Yoga and Āyur Veda*, Varanasi: Chaukhambha Sanskrit Sansthan,
2004.

Sharma, Priyavrat trans., *Caraka Saṁhitā*, Varanasi: Chaukhambha Orientalia 2004.

Sharma, Priyavrat, *Essentials of Āyurveda: Text and Translation of Ṣoḍaśāṅgahṛdaya*, Delhi:
Motilal Barasidass Private Limited, 2009.

Shiva Tirtha, Swami Sada, *The Ayurveda Encyclopedia*, Health & Harmony An imprint of
B. Jain Publishers Ltd., 2008.

| 고전 요가에서 행복한 마음 찾기 |

1) 약호

BG;   *Bhagavad Gītā*

ChUp; *Chāndogya-Upaniṣad*

SK ;   *Sāṃkhya Kārikā*

Ybh;   *Yogasūtrabhāṣya*

YS;   *Yoga Sūtra*

2) 참고문헌

정승석 역(비야사), 『요가수트라 주석』, 소명출판사, 2010.

장소연, 「상캬와 요가 철학의 쁘라끄리띠와 독존에 관한 연구」, 원광대학교
박사학위논문, 2015.

Āraṇya, S. H., *Yoga Philosophy of Patañjali with Bhāsvatī*, Calcutta: University of Calcutta. 4th. ed, 2000.

Arjunwadkar, *Yogasūtra of Patañjali with the Bhāṣya of Vyāsa commented on by Vāchaspati Miśra*, Delhi: Bhandarkar Oriental Research Institute, 2006.

Mainkar, T, G., *Sāṃkhyakārikā of Īśvarakṛṣṇa with the commentary of Gauḍapāda*, Delhi: Chaukhamba Sanskrit Pratishthan, 2004.

Monier Williams, *A Sanskrit-English Dictionary*, Bharatiya G. N., 2005.(URL: http://www. sanskrit-lexicon.uni-koeln.de/index.html)

Radhakrishnan, S., *The Bhagavadgītā*, London: George Allen & Unwin Ltd. 1948.: The Principal Upaniṣads Ⅰ.Ⅱ, London: George Allen & Unwin Pub, 1968.

Rukmani, T., *Yogavārttika of Vijñānabhikṣu*, 4Vols, Delhi: Mundhiram Manoharlal Publishers Pvt, 1981

Woods, J. H., *The Yoga System of Patañjali English translation of the Patañjala Yoga sūtras and Vyāsa bhāṣya Vāchaspati Miśra*, Delhi: Motilal Banarsidass Publisher, 1981.

| 요가 수련자가 경험하는 행복의 충분조건 |

곽영단 역(마틴 셀리그만),『완전한 행복』*Authentic happiness: Using the new positive psychology to realize your potential for lasing fulfillment*, 서울: 물푸레, 2004.

김순금 역(스리 스와미 싸치다난다),『빠딴잘리의 요가쑤뜨라』*The yoga sutras of patanjali*, 서울: 동문선, 2006.

김숭욱 역(달라이 라마, 라우렌스 판 덴 마위젠베르흐),『리더스웨이』, 문학동네, 2009.

김효명 역(비베카난다 켄드라 요가 리서치 파운데이션),『질병을 치료하는 요가』*Yoga for common ailments*, 서울: 아카데미북, 2003.

왕인순,「요가 자세・호흡・이완 프로그램이 스트레스의 신체증상, 피로, 스트레스 반응, 자아존중감에 미치는 효과: 비정규직 여성을 중심으로」서울불교대학원대학교 박사학위논문, 2009.

왕인순,「요가의 치료적 관점과 효과에 대한 고찰」『요가학연구』제3호, 2010, pp.136~169.

왕인순a,「심신치료개입으로서의 요가의 치유 기제에 관한 고찰」『요가학연구』제13호, 2015, pp.89~117.

왕인순b,「요가의 전일건강모델과 요가심신테라피 실제」『불교와 심리』제8호,

2015, pp.78~124.

왕인순, 조옥경, 「자애명상이 자기자비, 마음챙김, 자아존중감, 정서 및 스트레스에 미치는 효과」『한국심리학회지:건강』제16권 4호., 2011, pp.675~690.

이태영 옮김(스와미 라마), 『요가 그 깨달음의 세계』, 서울:여래, 2002.

조옥경, 「요가심리학과 긍정적 정서」『한국심리학회지:사회문제』제15권 1호., 2009, pp.227~239.

조옥경 옮김(게리 크라프트소우), 『웰니스를 위한 비니요가-Kraftsow의 요가치료입문』Yoga for wellness, 서울:학지사, 2011.

조옥경, 김채희 옮김(샌드라 앤더슨, 롤프 소빅), 『요가첫걸음』Yoga mastering the basics, 서울:학지사, 2006.

조옥경, 왕인순, 「심신중재법으로서 요가의 치료적 적용」『한국심리학회지:건강』, 제21권 1호, 2016, pp.1~18.

조옥경·왕인순·김아신·박미라·양희연 옮김(스와미 아자야), 『요가를 통한 심리치료』Healing the whole person- Application of yoga Psychotherapy, 서울:학지사, 2015.

한국싸띠아난다요가아쉬람 출판위원 옮김(스와미 싸띠아난다 사라스와티), 『요가니드라』Yoga Nidra, 장흥:한국요가출판사, 2009.

Blossom, C., Yoga and psychoneuroimmunology. International Journal of Yoga Therapy, vol 14, 2004, pp.23~27.

Clare, T., Yoga for men- postures for healthy, stress-free living.New York:Career Press, 2004.

Desikachar, TKV., Desikachar, K., Moors, F., The viniyoga of yoga- Applying yoga for healthy living.Chennai: Krishnamacharya Yoga Mandiram, 2001.

Forbes, B., Yoga for emotional balance- Simple practices to help relieve and anxiety and depression.Boston: Shambhala, 2011.

Lasater, J.,Relax and renew-Restful yoga for stressful times. Berkeley: Rodmell press,1995.

Singh, B.B., Vinjamury, S.P, Singh,V.J., Integrative approach to chronic fatigue syndrome, In B. Kligler & R. Lee (Eds.), Integrative Medicine(pp.417~432). New York: McGraw-Hill, 2004.

Smith, J.C., The psychology of relaxation. In P.M. Lehrer, R.L. Woolfolk, & M.E. Sime (Eds.), Principle and practice of stress management(pp.38~52). New York: Guilford Press, 2007.

| 몸 공부와 의식 확장 그리고 행복 |

서봉기, 「싯다아사나(Siddhāsana)에 대한 통합적 이해」『남아시아 연구』제19권 1호., 2013 b.

임근동 옮김,『우파니샤드』, 서울: 을유문화사, 2012.
정승석,『요가수트라 주석』, 서울: 소명출판사, 2010.

S. Radhakrishnan(Ed.,Tr.), *The Principal Upaniṣads*, London:George Allen & Unwin
    LTD,2nd,1968.
Patrick Olivelle(Tr.), *The Early Upaniṣads*, NewYork Oxford:Oxford University Press,1998.

| 행복의 패러다임
 : 차크라에 흐르는 행복의 색깔 |

곽미자,『요가생태학적 명상』. 한글문화사, 2015.
김병채 옮김(스와미 묵타난다),『명상』, 슈리크리슈나다스아쉬람, 2004.
문용린외 7인,『우리는 무엇으로 행복해지나』, 프런티어, 2016.
박영길,『요가학연구』, 한국요가학회, 2011.
스와미 샤티야난다,『쿤달리니 탄트라』. 한국요가출판사, 2008.
이용택 역(기시미 이치로),『행복해질 용기』, 더좋은책, 2015.

Swami Niranjanananda Saraswati. *Yoga Sadhana Panorama*. India, Bihar ; Bihar School of
    Yoga, 1997.
Swami Satyadharma. *Yoga Chudamani Upanishad*. India, Bihar ; Yoga Publication Trust,
    2005.
Rishi Vivekananda. *Practical Yoga Psychology*. India, Bihar ; Yoga Publication Trust, 2005.
Shyam Sundar Goswami. *Laya yoga*. India: Motilal Banarsidass, 2011.

| 현대 요가, 일상의 행복을 만난다 |

김인자, 우문식 옮김(마틴 셀리그만),『마틴 셀리그만의 긍정심리학』, 서울:
    도서출판 물푸레, 2014.
노상미 옮김(시셀라 복),『행복학 개론』, 서울: 이매진, 2012
박효엽,「과정으로서의 요가」『요가학연구』7, 한국요가학회, 2012, pp.11~45.
박효엽,「요가란 방치된 삶에 적극적으로 개입하는 것이다」『요가란 무엇인가』,
    서울: 씨아이알, 2015a.

박효엽,「요가생태학은 어떻게 가능한가-그 현실적이고 구체적인 전망을 향한 시론」『종교연구』제75집 4호, 한국종교학회, 2015b, pp.55~80.

이을상,「행복의 조건: 우리는 '어떻게' 행복을 느끼는가?」『철학연구』139, 대한철학회, 2016, pp. 133~167.

조현욱 옮김(유발 하라리),『사피엔스』, 서울: 김영사, 2015.

Burley, Mikel. *Classical Sāṃkhya and Yoga: An Indian Metaphysics of Experience*. Oxon: Routledge, 2007.

Chapple, C. K., Living Liberation in Sāṃkhya and Yoga. *In Living Liberation in Hindu Thought,* ed. A. O. Fort and P. Y. Mumme. Albany: State University of New York Press. 1996.

Seligman, M., lourish, *A Visionary new Understanding of Happiness and Well-Being*. New York: Free Press, 2012.

Whicher, Ian., *he Integrity of the Yoga Darśana: A Reconsideration of Classical Yoga*. Albany: State University of New York Press, 1998.

【색 인】

행복을 디자인하는 요가

2016년 11월 10일 초판 1쇄 인쇄
2016년 11월 20일 초판 1쇄 발행

엮은이   원광대학교 요가학 연구소
펴낸이   정창진
펴낸곳   도서출판 여래
출판등록   제2011-81호(1988.4.8)
주소   서울시 관악구 행운2길 52 칠성빌딩 5층
전화번호   (02)871-0213
전송   (02)885-6803

ISBN   979-11-86189-55-9 03270
Email   yoerai@hanmail.net
blog   naver.com/yoerai
값은 뒤표지에 있습니다.